DUY TAN

Un empereur dans la France libre

DU MÊME AUTEUR

Nouvelle histoire de l'Indochine française, Paris, Perrin, 2022.

Nam Phuong. La dernière impératrice du Vietnam, Paris, Perrin, 2019.

Monnaies impériales d'Annam, Monaco, Gadoury, 2019.

Monnaies et numismates d'Indochine française, Paris, Les Indes savantes, 2017.

L'Association des nations d'Asie du Sud-Est (ANSEA), Paris, PUF, coll. « Que sais-je ? », 1997.

La Tentation impériale. Politique extérieure de la Chine depuis 1949, Paris, Imprimerie nationale, 1994.

La Politique extérieure du Japon, Paris, PUF, coll. « Que sais-je ? », 1993.

Géopolitique de l'Extrême-Orient. II. Frontières et stratégies, Bruxelles, Complexe, 1991 ; 2e édition revue et corrigée, 1993.

Géopolitique de l'Extrême-Orient. I. Espaces et politiques, Bruxelles, Complexe, 1991 ; 2e édition revue et corrigée, 1993.

La Chine et le Pacifique (en collaboration), Paris, Fondation pour les études de défense nationale, 1989.

La Nouvelle Question d'Extrême-Orient. 2. L'ère du conflit sino-soviétique (1959-1978), Paris, Payot, 1988.

La Politique asiatique de la Chine (en collaboration), Paris, Fondation pour les études de défense nationale, 1986.

La Nouvelle Asie (dir.), Paris, Hachette, coll. « Pluriel », 1984.

La Nouvelle Question d'Extrême-Orient. L'ère de la guerre froide (1945-1959), Paris, Payot, 1984.

La Politique extérieure de la Chine populaire, Paris, PUF, coll. « Que sais-je ? », 1983. Traduction coréenne, Séoul, 1989 ; traduction japonaise, Tokyo, Hakusuisha, 1990.

La Chine face au monde. La stratégie chinoise, constantes et évolutions (en collaboration), Paris, Robert Laffont, 1983. Publié sous l'égide de la Fondation pour les études de défense nationale.

La Chine et le règlement du premier conflit d'Indochine, Paris, Publications de la Sorbonne, 1979. (Couronné par l'Académie des sciences morales et politiques.) Traduction vietnamienne, Hanoï, Éditions Nha Xuat, Ban Thong Tin Ly Luan, 1981.

Mao Tse-toung (dir.), Paris, Cahiers de L'Herne, 1972.

François Joyaux

DUY TAN

Un empereur dans la France libre

PERRIN

92, avenue de France
75013 Paris
Tél. : 01 44 16 08 00

ISBN : 978-2-262-10107-7

Dépôt légal : mai 2023
Mise en pages : Nord Compo

À la mémoire de tous ceux qui, comme le prince Vinh San, ont courageusement répondu à l'Appel du général de Gaulle en 1940.

Avant-propos

Ce livre n'a pas été écrit parce que l'histoire de l'empereur Duy Tan, révolté contre le régime colonial français d'Indochine et finalement rallié au général de Gaulle pour défendre la patrie « contre le boche », était une « belle histoire ». Il a été écrit parce que cette vie, mais surtout les idées qu'elle incarne, sont singulièrement absentes de la bibliographie relative à l'histoire contemporaine du Vietnam et en particulier celle de sa décolonisation.

On ne compte plus les ouvrages concernant les origines de la révolution au Vietnam, l'histoire du communisme dans ce pays, la vie et l'action politique du futur président Ho Chi Minh et finalement les guerres – française, américaine, voire chinoise – qui s'ensuivirent. On en remplirait une bibliothèque entière. D'où l'impression dominante que cette histoire fut seulement celle d'un affrontement inéluctable entre un colonialisme exécrable et un communisme salvateur, qui réussit à libérer ce pays du joug impérialiste et à lui rendre la dignité nationale et internationale que la France lui avait honteusement confisquée un siècle plus tôt.

Les idées proclamées par l'ex-empereur Duy Tan, redevenu prince Vinh San dans la seconde partie de sa courte vie, illustrent à quel point cette impression est fausse. Sa biographie est d'autant plus intéressante qu'il ne peut être soupçonné d'avoir toujours été un « réactionnaire » dévoué au colonialisme français. Son opposition à son propre gouvernement, effectivement soumis à l'administration coloniale, et la décision qu'il prit en 1916 de se porter à la tête d'une insurrection nationaliste contre la France, prouvent combien, du début à la fin de sa vie, sur le trône, comme dans l'exil et dans la France libre, il demeura sans cesse et fondamentalement attaché à l'indépendance du Vietnam.

Attaché, mais autrement. Comme bien d'autres, au début du XXe siècle, la rupture violente avec la métropole lui était apparue comme étant la seule solution pour restaurer l'indépendance du pays. Tel était le cas également, pour ne citer que l'un des plus connus, de Phan Boi Chau, le révolutionnaire auquel on devait, en 1912, la création de la Ligue pour la restauration du Vietnam (*Viet Nam Quang Phuc Hoi*) : c'est sous l'influence de dirigeants de celle-ci que le jeune empereur Duy Tan prit, quatre ans plus tard, la tête d'un complot visant à soulever l'Annam contre le pouvoir colonial.

Ce fut alors l'exil, mais aussi la réflexion de l'adolescent devenu adulte, l'observation d'une colonie, La Réunion, dont les hommes de gauche les plus activistes se feront bientôt les promoteurs de la départementalisation, et puis finalement le ralliement au général de Gaulle, la figure emblématique de la lutte contre le nazisme, le défenseur entêté de la souveraineté nationale. Tout cela avait fait évoluer l'ex-empereur, de la révolution à la réforme. Le but, bien évidemment, demeurait le même : l'indépendance, une indépendance à laquelle, répétons-le, il était viscéralement attaché. Mais une indépendance obtenue sans violence, par paliers, dans le respect des liens avec une France destinée à devenir, un jour, l'ex-métropole. Il assumait toutes les contraintes d'un tel programme. Finalement, en décembre 1945, il se disait convaincu qu'au fond, la France du général de Gaulle avait « reconnu notre droit à l'indépendance » et que celle-ci serait atteinte, l'unité nationale étant rétablie, grâce, de la part de la France, « à une aide économique largement conçue », sa « protection militaire pendant un temps rigoureusement déterminé » et « l'appui de sa diplomatie ». C'était cet objectif de coopération franco-annamite en vue d'une indépendance à terme qui, aux yeux de l'ex-empereur Duy Tan, justifiait de considérer la France comme étant « sa patrie » – il demanda la nationalité française – tout en demeurant foncièrement annamite, et justifiait de se battre pour elle – il ne cessa de réclamer le privilège d'aller combattre sur le front. Et c'était la raison pour laquelle il avait demandé qu'on gravât sur sa tombe : « J'ai conscience d'avoir servi la France comme j'ai servi mon propre pays. »

L'histoire de la décolonisation de l'Indochine, c'est aussi ce choix de certains nationalistes – comment les appeler autrement ? – d'effacer un siècle de colonisation, mais aussi de tirer de ce siècle, sans violence, ce qui pouvait contribuer à la modernisation du futur État vietnamien. Or, très nombreux furent ceux qui avaient opté pour cette voie vers la décolonisation. Faut-il rappeler des hommes comme Pham Quynh, contemporain de Duy Tan, auteur d'*Essais franco-annamites*, qui écrivait : « Je suis un homme de transition. Sincère ami de la France, on me reproche de cacher sous ma francophilie de façade un nationalisme exacerbé. Patriote vietnamien, on m'accuse de trahir ma patrie en pactisant avec le conquérant. » La voie était difficile, effectivement : le Vietminh l'assassina dès 1945. Ou encore Nguyen Tien Lang, son gendre, romancier, qui écrivait : « Il s'agit, pour nous, d'être à la fois bons Annamites et bons Français », autrement dit, l'indépendance dans la coopération : le Vietminh l'emprisonna. Il faudrait encore citer Bui Quang Chieu, le fondateur du Parti constitutionnaliste, exécuté par le Vietminh avec sa famille, le traducteur de la littérature française, Nguyen Van Vinh, et bien d'autres.

On remarquera d'ailleurs que ce courant réformiste, si important, n'était pas spécifique à l'Indochine, mais se retrouvait dans de nombreuses autres parties de l'Empire français de l'époque. Faut-il rappeler qu'un homme comme l'Algérien Ferhat Abbas, le rédacteur de *L'Entente franco-musulmane,* dont on ne peut pas mettre en doute le nationalisme, écrivait, en 1936 : « Notre avenir, c'est celui de l'œuvre française dans ce pays. »

En Indochine, ce réformisme colonial ne put résister à la tornade communiste. Dont acte. Il a néanmoins existé et mérite mieux que des notes en bas de page. D'où cette biographie de l'ex-empereur Duy Tan, qui en fut l'une des illustrations, peut-être surprenante, mais tellement vraie.

À Rome, on ne se contentait pas d'éliminer ses ennemis : il fallait encore les frapper de *damnatio memoriae,* en faire oublier jusqu'à la mémoire. Ce livre, avouons-le, a pour but de faire en sorte que les réformistes vietnamiens ne soient pas frappés de *damnatio memoriae,* mais trouvent dans l'histoire de la décolonisation et de la modernisation de l'Indochine la place éminente qui leur est due. Ou tout simplement, si l'on préfère, que se réalise ce qu'on promit à l'ex-empereur Duy Tan en lui décernant la médaille de la Résistance : *Patria non immemor.*

Introduction

Que de relations, que de poèmes, que de descriptions émerveillées ont célébré la Cité impériale de Hué, dans l'ancien Annam. Hué était la capitale traditionnelle des seigneurs du Sud, les Nguyen. Lorsque ceux-ci prirent le pouvoir et fondèrent leur dynastie, en 1802, la ville devint celle de l'empire réunifié. Le premier souverain de la dynastie nouvelle, Gia Long, y fixa sa résidence et sa cour. Dès lors, Hué ne cessa d'être embellie. La Cité impériale y est imposante, la rivière des Parfums qui sépare la ville ancienne, au nord, de la ville moderne, au sud, est majestueuse. Un havre de paix. C'est là que vivent l'aristocratie et les mandarins. Tout le passé de la dynastie. La langue y est belle, l'accent y est pur. La musique y est sans égale. Aucune autre gastronomie régionale ne saurait être comparée à celle de Hué, dit-on. Que de louanges ont été déversées sur cette ville si chère au cœur des Annamites !

Relisons par exemple les pages que lui consacrera Roland Dorgelès, en 1925, dans son livre de souvenirs d'Indochine, *Sur la route mandarine* :

> Quel singulier prestige exerce ce vieil Hué mélancolique chargé de souvenirs ! Elles sont plus émouvantes encore

d'être désertes, ces grandes cours du Palais, celle des grands laïs, où sont les « lions rapides » en bronze doré, et les vasques de porcelaine bleue, celle des petites audiences, qui entoure le somptueux palais construit par Gia Long, celle de Thi Mieu, où les pesantes urnes dynastiques se dressent sur leurs trois pieds d'airain. Ce palais où vécurent dix rois ne doit-il pas avoir son âme propre, que le souverain aspire, quand il pose sur sa tête le Grand Dragon aux Cinq Griffes, pour ne l'exhaler que le dernier jour[1] ?

Et pourtant, Hué est aussi la ville la plus tragique de l'ancien Annam. La ville des coups d'État, la ville des complots incessants, la ville des assassinats les plus sordides. C'est le premier empereur de la dynastie lui-même, Gia Long, qui fonda le nouveau régime sur le crime en faisant torturer et exécuter aussi bien certains de ses compagnons de combat que ses anciens ennemis ou leurs descendants. Pas un seul empereur, au XIXe siècle, qui ne se rendit coupable de meurtres affreux, y compris l'empereur Tu Duc, le plus long règne du siècle, de 1847 à 1883, celui qui précéda immédiatement la colonisation française.

Ce dernier, n'ayant pas d'enfant, avait désigné comme son successeur le prince Ung Chan, son neveu et fils adoptif. À la mort de Tu Duc, le prince Ung Chan fut effectivement proclamé empereur, en juin 1883. L'Annam était alors en pleine crise. Les factions s'affrontaient et la France menaçait d'occuper le pays. Cette proclamation allant à l'encontre des projets personnels de deux régents, ceux-ci firent emmurer vivant le nouvel empereur trois jours après son intronisation et le laissèrent mourir de faim. C'était le grand-père de l'empereur Duy Tan. Puis suivirent les empereurs Hiep Hoa, qui ne régna que quatre mois et fut empoisonné, Kien

Phuc (1883-1884), qui régna huit mois et fut également empoisonné (ou étranglé), Ham Nghi (1884-1885), qui régna onze mois, se révolta et fut déporté en Algérie par la France qui s'était définitivement imposée en Annam et au Tonkin depuis 1884. Hué, belle mais tragique capitale.

Il fallut attendre les deux règnes de Dong Khanh, en 1885-1889, et de Thanh Thai, en 1889-1907, pour qu'un calme, d'ailleurs très relatif, s'imposât enfin à la cour de Hué. Ce dernier, né prince Buu Lân, qui allait être intronisé sous le nom d'empereur Thanh Thai, était le septième des onze fils de l'éphémère empereur Duc Duc, emmuré vivant après trois jours de règne, en 1883. Au moment de la succession, l'aîné des fils de Dong Khanh n'avait que trois ans. Aussi la Cour se prononça-t-elle, après diverses intrigues et négociations, pour le prince Buu Lân, choix avalisé par le gouverneur général Rheinart, lui-même probablement influencé par son secrétaire particulier annamite. Le nouvel empereur, toutefois, n'avait que dix ans, l'administration coloniale espérant bien que ce jeune âge lui permettrait de contrôler la situation en toute quiétude.

Or, cela n'avait pas été le cas, tant s'en fallait. Il est vrai que pour la cour de Hué, cette période était difficile à vivre. Juridiquement, les traités de protectorat imposés à l'Annam en 1883-1884 lui garantissaient le maintien de sa souveraineté, incarnée par l'empereur et son gouvernement. En fait, la France ne cessait de s'arroger des prérogatives de plus en plus nombreuses. Le résident supérieur en Annam, à Hué, le gouverneur général de l'Indochine, à Hanoï, et le ministre des Colonies, à Paris, étaient devenus les seuls maîtres du pays. Sous le gouvernorat général de Paul Doumer, entre 1897 et 1902, furent lancés de grands travaux, l'administration fut réorganisée, des institutions prestigieuses créées, mais tout cela s'accompagna d'une centralisation accrue, réalisée au détriment des pouvoirs de l'empereur et de son gouvernement.

Au fur et à mesure qu'il prit de l'âge, le jeune empereur manifesta de plus en plus clairement son opposition à cette politique. On a parlé de résistance passive. Toutefois, celle-ci prit progressivement des aspects de quasi-rébellion ou de comportement extravagant. La presse coloniale finit par l'accuser des pires crimes ; il fut même question d'actes de pur sadisme. Plus troublant, des plaintes de plus en plus graves émanaient de la Cour elle-même, de mandarins haut placés, mais les rivalités de sérail n'en étaient-elles pas l'origine ?

À la fin de 1909, le dramaturge Eugène Brieux, qui venait d'être élu à l'Académie française, se rendit en Indochine où il fut présenté au tout jeune empereur Duy Tan, fils de Thanh Thai. Il en rendit compte dans un livre publié en 1910, évoquant ainsi sa visite à la Cité impériale, tout emplie de cruauté :

> Dans ces salles où il vit [l'empereur], que de cris de douleur ont été étouffés, que de sang répandu, que d'agonies contemplées avec joie, que de crimes ont été commis ! Il y a moins de vingt ans, deux de ses prédécesseurs, des enfants comme lui, ont été étouffés ou empoisonnés par des hommes semblables à ceux qui l'entourent aujourd'hui. Et il n'y a pas si longtemps que son propre père, le sinistre Thanh Thai, ouvrait le ventre de ses femmes « pour voir ce qu'il y avait dedans » et leur coupait les seins « pour s'amuser »[2].

Et nombre d'autres témoignages allaient dans le même sens[3]. Affabulation ? Triste réalité ?

Paul Doumer, ancien gouverneur général de l'Indochine, qui avait si souvent rencontré l'empereur Thanh Thai, en brossait pourtant un portrait nettement plus modéré :

> [Thanh Thai] n'était pas, et à aucun degré, l'homme fou et sanguinaire dont on parlait trop volontiers. Il avait au contraire une intelligence vive, une raison droite, une grande possession de soi. Mais son éducation de jeune roi, le pouvoir absolu dont il disposait dans la demeure royale fermée à tous les regards et où l'autorité des reines mères et des régents ne se faisait sentir que par intermittence et dans les cas graves, avait développé en lui des défauts qu'on se fût appliqué à détruire chez tout autre. Il était volontaire, capricieux, fantasque [...]. Il faut ajouter à cela qu'à l'âge où les Annamites sont rarement mariés, Thanh-Thai avait eu un nombreux harem de femmes légitimes, de concubines et de servantes, et que cela n'était pas fait pour aider à son bon équilibre intellectuel et moral. Dans les longues heures de claustration et d'oisiveté, il se laissait aller à des brutalités, voire à des cruautés déplorables, mais trop faciles à expliquer et qu'on exagérait à plaisir. Les lectures qui lui étaient faites de livres français, d'histoires de la vie de nos anciens rois, n'étaient pas toujours édifiantes ; elles excitaient son imagination, le poussaient à des expériences dangereuses pour ceux ou celles qui en étaient le sujet[4].

C'était là un jugement plus nuancé que certains autres, mais les termes « cruautés déplorables » ou « expériences dangereuses » n'en demeuraient pas moins inquiétants.

Des années durant, les gouverneurs généraux et les résidents supérieurs en Annam avaient plus ou moins temporisé, dissimulant les excès les plus graves. Puis en

1907, la situation était devenue explosive. À la Cour, l'empereur devait faire face à l'hostilité de plusieurs personnalités de premier plan, en particulier le ministre de l'Intérieur. Mais cette détérioration coïncidait aussi avec l'arrivée, en mai 1906, d'un nouveau résident supérieur en Annam, Fernand Lévecque. Ancien député, devenu directeur des Douanes et Régies en Indochine, puis résident supérieur en Annam, d'un caractère autoritaire, peu diplomate, il se heurta très vite au caractère non moins facile de l'empereur. Les incidents se multiplièrent ; une crise ouverte était inévitable. « Membre de la franc-maçonnerie, Lévecque dut sa nomination à cette société secrète. Il n'était pas au courant des affaires de l'Indochine. Également de caractère irritable et arrogant par-dessus le marché, il désirait avoir toujours la prédominance vis-à-vis du roi. Leurs relations allèrent empirant pendant deux années avant que Thanh Thai ne fût détrôné et déporté », écrira un historien vietnamien[5].

De nos jours, même chez les Vietnamiens, les opinions restent partagées quant à la folie de Thanh Thai. Des sources contemporaines soulignent son intelligence, mais aussi son « tempérament anormal », sa « débauche », notant que dès 1893 – l'empereur avait alors quatorze ans –, la Cour avait demandé qu'il « repose son esprit troublé au palais Bong Dinh[6] ». Certaines, rappelant qu'en 1903, l'empereur avait tenté de fuir en Chine, admettent « qu'il rouait de coups les serviteurs du palais », qu'« il formait secrètement un bataillon de soldats féminins qu'il habillait d'uniformes particuliers et instruisait lui-même en équitation et au tir à l'arbalète, dans le dessein de les faire participer plus tard à la révolte, au moment opportun »[7]. D'autres, en revanche, tout en reconnaissant qu'il avait un comportement parfois anormal, plaident pour une folie feinte[8]. D'autres, enfin, se refusent à tout jugement, évitant d'accuser ou de défendre Thanh Thai[9].

Finalement, nous aurions tendance à nous rallier au jugement d'Eugène Thébault, qui, plus tard, à La Réunion, sera l'ami très proche du prince Vinh San, ex-empereur Duy Tan, et qui n'aurait certainement pas écrit les lignes qui suivent s'il n'avait pas été convaincu de leur véracité. Probablement même ne faisaient-elles que traduire ce que lui avait dit le prince lui-même. Il écrivait en effet : « En 1906 et 1907, l'empereur Thanh-Thai, qui régnait alors à Hué sur l'empire d'Annam, donna des signes de plus en plus évidents et fréquents de déséquilibre mental : non seulement il se désintéressait complètement des affaires de l'État, mais il était atteint d'une véritable folie sadique[10]. » « Folie sadique » : cela va très loin.

Quoi qu'il en soit, Lévecque décida, le 29 juillet 1907, de priver l'empereur de tout pouvoir et de l'astreindre à résidence au palais de Can Chanh, dans la Cité impériale, surveillé par deux membres de la Garde indigène, dont Léon Sogny, affecté depuis 1906 à la sécurité personnelle de l'empereur. Le jour même, le gouvernement annamite avait été érigé en conseil de régence. Une proclamation du 30 juillet avait déclaré que cette décision avait été prise en raison de « la maladie de l'empereur[11] ». C'était une véritable révolution de palais, laquelle, certes, donnait satisfaction à Lévecque, mais aussi à de nombreuses personnalités de la Cour qui espéraient bien, à la faveur de cette destitution, faire progresser leurs propres intérêts.

Toutefois, restait à sortir de cette nouvelle crise, c'est-à-dire à statuer sur le sort définitif de l'empereur Thanh Thai et lui trouver un successeur. La tâche allait s'avérer moins aisée que prévu.

1

Une succession difficile

En 1907, l'Indochine avait connu des périodes beaucoup plus difficiles, mais la situation générale de la colonie n'en était pas moins encore très tendue.

À Hanoï, depuis 1902, le gouverneur général était Paul Beau ; il demeurera à ce poste jusqu'en 1908 et eut donc à résoudre toute cette crise de succession. Paris lui avait donné les pleins pouvoirs en cette affaire. À Hué, le résident supérieur était toujours Fernand Lévecque, qui avait fait destituer l'empereur Thanh Thai en juillet 1907 : il demeura à ce poste jusqu'en août 1908.

Paul Beau se retrouvait face à une situation assez inquiétante. Depuis longtemps, certains nationalistes annamites observaient avec intérêt l'évolution du Japon qui, depuis Meiji, réussissait à se moderniser tout en demeurant indépendant. N'était-ce pas une voie à suivre pour l'Annam ? La victoire japonaise sur la Russie, en 1905, avait encore accru cet intérêt. À la suite de ces événements, en 1906, le leader nationaliste Phan Boi Chau avait créé une « Société pour un nouveau Viêtnam », *Viet Nam Duy Tan Hoi,* à laquelle s'était rallié le prince Cuong De, descendant direct de l'empereur Gia Long, partisan d'un appui sur Tokyo en vue de l'indépendance du pays. *Duy Tan* : nous retrouverons bientôt ce nom. Ce mouvement n'était pas encore très important : il allait pourtant très vite faire parler de lui. Mais il est vrai que le 10 juillet 1907, Paris et Tokyo avaient conclu un accord par lequel les deux pays reconnaissaient leurs positions coloniales respectives en Extrême-Orient, la France, celles du Japon en Chine, le Japon, celles de la France en Indochine. Cela réduisait fortement les chances des nationalistes annamites de trouver une aide importante à Tokyo. La destitution de l'empereur Thanh Thai, toutefois, avait également ravivé d'autres courants nationalistes, par exemple, au Tonkin, l'agitation menée par Hoang Hoa Tham, dit le De Tham. La rébellion paysanne animée par ce dernier dans la région du Yen The, à une cinquantaine de kilomètres au nord de Hanoï, s'était un temps calmée, mais elle reprit à la suite de la destitution. Autant de sources d'agitation qui pouvaient s'avérer inquiétantes pour le pouvoir colonial.

Par ailleurs, le gouverneur général de l'Indochine ne devait pas seulement se préoccuper de l'Annam, mais aussi du Laos et du Cambodge. Or, en mars 1907, avait été signé un nouveau traité entre la France et le Siam, par lequel étaient restituées au Cambodge les trois provinces de Battambang, Siem Reap (celle d'Angkor Vat) et Sisophon, occupée par les Siamois depuis 1863. L'intégration à l'Indochine de ces immenses provinces occidentales du Cambodge n'était pas une mince affaire. Certes, c'était le résident supérieur à Phnom Penh qui en était principalement chargé, mais également le gouverneur général à Hanoï qui en assumait la responsabilité au plus haut niveau. Tout cela venait s'ajouter aux préoccupations relatives à l'agitation nationaliste en Annam et au Tonkin et à la crise successorale à Hué.

Que faire de l'empereur Thanh Thai ?

Cette succession, en effet, se révélait fort compliquée à résoudre, car il fallait compter avec les directives émanant de Paris, mais surtout avec les différentes factions qui s'activaient à la Cour, ce qui était le plus délicat.

La première question à régler était celle du devenir de l'empereur Thanh Thai, destitué *de facto* et maintenu en résidence surveillée à l'intérieur de la Cité impériale de Hué depuis le 29 juillet 1907. Au bout d'un mois, il fut finalement décidé de faire signer à l'empereur, le 3 septembre, un acte d'abdication :

> Investi par le Ciel (du mandat de faire) prospérer le cycle impérial, Nous, empereur, décrétons ce qui suit :
>
> Le Souverain étant Maître du Ciel, de la Terre, des génies et des hommes, la dignité impériale est de la plus haute importance.
>
> Avec Notre mince vertu, Nous avons renoué avec la grande chaîne de succession impériale et Nous avons régné, à présent, dix-neuf années. C'est grâce à la protection de la grande France et aux bons services de nos mandarins dévoués que Nous avons pu parvenir jusqu'à ce jour. Cependant, malade par suite de l'accumulation des soucis, il Nous est devenu excessivement pénible de continuer l'exercice de Notre haute charge.
>
> En matière d'abdication, il y a déjà eu des précédents aux temps de nos dynasties vietnamiennes des Trân et des Lê. Après avoir délibéré avec le noble gouverneur général, Notre choix s'est porté sur le cinquième prince Vinh San, qui mérite que Nous abdiquions en sa faveur, afin qu'il continue la garde des temples des Ancêtres et du Sol. Nous n'osons avoir en cela aucune arrière-pensée. Nous Nous retirons en Notre palais particulier

pour Nous reposer et Nous soigner. Pour les formalités qu'il y aura lieu d'accomplir, que le Conseil de la famille royale et les mandarins de la Cour confèrent avec le noble gouverneur général. Qu'on en informe la capitale et les provinces par voie de proclamation, afin que tous en aient connaissance.

Respect à ceci

Le 26e jour du 7e mois de la 19e année Thanh Thai[1].

Dans le même temps où était proclamé cet acte d'abdication par lequel l'ex-empereur Thanh Thai se reconnaissait « malade » et désignait son fils, le prince Vinh San, pour lui succéder, il était exilé dans le sud, en Cochinchine. Initialement, Thanh Thai avait demandé à pouvoir demeurer à Hué ; cela lui avait évidemment été refusé. Mais ce qu'il craignait surtout, c'était de connaître le sort de l'empereur Ham Nghi ou de la reine Ranavalona de Madagascar – dont il savait les déboires – c'est-à-dire une déportation hors d'Annam, par exemple à La Réunion ou en Algérie. Finalement, on lui avait épargné cet exil lointain et on se contenta de l'assigner à résidence en Cochinchine. Il y serait installé dans la luxueuse Villa Blanche, dominant la mer, au cap Saint-Jacques. C'était la villa qu'avait fait construire Paul Doumer, en 1898, pour ses villégiatures, lorsqu'il était gouverneur général de l'Indochine. La « Villa Blanche » devenait le « Palais du Roi »[2]. L'ex-empereur fut embarqué sur le *Cachar*, paquebot mixte des Messageries maritimes, accompagné de cinq de ses épouses, dix de ses enfants, un médecin, et vingt servantes[3]. Quant aux autres épouses et concubines, les unes furent purement et simplement chassées, les autres affectées au « culte rendu aux impériales mânes[4] ».

Il y eut bien quelques mouvements d'opinion à l'annonce de cette destitution et de cet exil, en particulier chez les jeunes mandarins. Une violente proclamation dénonça le comportement du Co Mat, le Conseil secret de l'empereur, c'est-à-dire, en fait, son gouvernement, ainsi que celui de son président, Truong Nhu Cuong, qui fut très critiqué : le rédacteur de cette proclamation fut emprisonné[5] et l'affaire se calma. Pour éviter tout risque de rebondissement, Lévecque, ce même mois de septembre, fit également éloigner de Hué le frère cadet de l'empereur, le prince Buu Toan, qui fut installé à Nha Trang, ville côtière du sud de l'Annam. À la Cour, il y eut aussi un opposant notable, le ministre des Rites, Ngo Dinh Kha. Il appartenait à une puissante famille catholique d'Annam (il était le père du jeune Ngo Dinh Diem, le futur président de la République du Sud-Viêtnam en 1955). Or, par honnêteté, il avait refusé d'avaliser le texte d'abdication de Thanh Thai, imposé par les autorités coloniales. Lévecque, franc-maçon, en prit ombrage et sous prétexte qu'il avait fait construire une église catholique sans autorisation, il fut mis en retraite sans pension et avec rétrogradation de trois échelons de mandarinat. C'est dire que cette crise était grave.

Le nationaliste Phan Boi Chau cite, dans ses Mémoires, le cas d'un mandarin de la province de Nam Dinh qui démissionna à la suite de la destitution de Thanh Thai, et s'exila, d'abord à Canton, puis à Tokyo. Là, devant des étudiants annamites, il lut ces deux vers qui illustraient le degré de virulence auquel certains de ces mandarins étaient arrivés : « Le seul riz qui puisse apaiser notre faim doit être sauté avec la chair de l'ennemi ;/ Le seul potage à notre goût est celui qu'assaisonne une goutte de son sang[6]. »

Probablement était-ce un cas extrême ; il n'en montrait pas moins la gravité de la situation. Mais enfin, le sort de l'ex-empereur étant réglé, par qui le remplacer ?

Il fut un temps question de remettre sur le trône l'ex-empereur Ham Nghi, celui-là même qui s'était révolté contre la France en 1885 et avait été déporté à Alger. Depuis ce temps-là, l'ex-empereur avait profondément évolué. Alors qu'au début de son exil, il demeurait très replié sur lui-même, dans une attitude d'hostilité, il s'était habitué peu à peu à la vie algéroise, il s'y était fait de nombreux amis et surtout était devenu passionné de peinture et de sculpture pour lesquelles il montrait un certain talent. Qui plus est, en 1904, il s'était marié à une Française, Marcelle Laloë, fille du procureur général d'Alger[7]. C'était précisément ce dernier point qui constituait un problème. Le Co Mat, c'est-à-dire le gouvernement annamite, le trouva trop français, presque un étranger, pour remonter sur le trône. Et puis tous ceux qui, par intérêt personnel, avaient applaudi à sa destitution, n'avaient aucune envie de le retrouver sur le trône de Hué. L'idée fut finalement abandonnée.

De son côté, Paul Beau, le gouverneur général, franc-maçon peu favorable à l'institution impériale, se posait la question de savoir si cette déposition de l'empereur Thanh Thai n'était pas l'occasion de supprimer purement et simplement le système monarchique de l'Annam. Il aurait pu être remplacé par une sorte d'assemblée de notables. C'était déjà une idée de Paul Bert, lorsqu'il était résident supérieur en Annam-Tonkin, à la fin des années 1880 : il avait songé à créer à Hanoï un Congrès permanent des conseils de notables. En 1907, cette idée aurait pu être acceptée par certains nationalistes acquis à l'idée d'institutions politiques de type occidental. En revanche, la masse du peuple n'était certainement pas prête à voir ainsi disparaître la monarchie. Il aurait pu s'ensuivre des troubles qu'il fallait absolument éviter, alors que le De Tham et ses milices paysannes s'agitaient à nouveau dans le Yen The, précisément sur le thème de la défense de l'empereur. Les hauts dignitaires de la Cour eux-mêmes, mais aussi de nombreux mandarins dans les provinces, s'inquiétaient d'une possible décision française de supprimer l'institution impériale. De plus, cette dernière constituait un paravent commode derrière lequel l'administration coloniale pouvait agir à sa guise. Pourquoi ne pas la conserver ? Aussi cette idée d'une suppression de la monarchie fit-elle long feu, comme celle du rétablissement de Ham Nghi.

Au Co Mat, plusieurs clans s'affrontaient. L'un était mené par le ministre de l'Intérieur, Truong Nhu Cuong, beau-père du prince Buu Dao, lequel avait été écarté de la succession impériale de 1889. Le ministre, devenu président du Conseil de régence, espérait bien que, cette fois, ce serait son gendre qui serait retenu pour cette nouvelle succession. De leur côté, certains hauts dignitaires catholiques étaient favorables à une succession par le prince Cuong De, ce qui était une idée fort osée, alors que ce dernier était en train de se rallier au mouvement d'indépendance du nationaliste Phan Boi Chau, lequel songeait à s'appuyer secrètement sur le Japon. C'était néanmoins la position de Ngo Dinh Kha, qui avait refusé d'avaliser le texte d'abdication de l'empereur Thanh Thai, ainsi que celle du ministre des Travaux publics, Dao Tien, tous deux soutenus par le père Allys, remplaçant l'évêque de Hué, démissionnaire depuis juillet[8]. Finalement, ce fut l'opinion de la majorité du Co Mat qui l'emporta, à savoir une succession conforme à la tradition : l'intronisation du fils aîné de l'empereur.

Sur les quinze enfants qu'avait eus l'empereur Thanh Thai à cette date[9] – famille déjà nombreuse, à l'âge de vingt-huit ans –, les deux fils aînés étaient décédés et deux autres enfants étaient des filles. L'aîné des garçons était donc son cinquième enfant, le prince Vinh San[10]. C'est celui-ci qui fut choisi. Dans l'acte d'abdication qu'on fit signer à l'empereur, le 3 septembre, le Co Mat et le gouverneur général prirent bien soin de préciser que Thanh Thai renonçait à sa charge au profit de ce fils : « Après avoir délibéré avec le noble gouverneur général, Notre choix s'est porté sur le cinquième prince Vinh San, qui mérite que Nous abdiquions en sa faveur, afin qu'il continue la garde des temples des Ancêtres et du Sol. Nous n'osons avoir en cela aucune arrière-pensée[11]. »

Le choix du jeune prince Vinh San est parfois rapporté de façon beaucoup moins conventionnelle. En effet, selon certains[12], le gouverneur général Beau et le résident supérieur Lévecque, juste après l'abdication, se seraient rendus à la Cité impériale pour arrêter le choix du nouvel empereur. Ils auraient exigé que tous les fils de Thanh Thai leur fussent présentés. Or ils s'aperçurent qu'il en manquait un. Émoi général. Finalement, un garde leur amena le petit prince manquant, barbouillé et tout sale : il était en train de chasser les grillons sous les meubles du palais. C'était le prince Vinh San et ce fut celui-ci que choisit le gouverneur général. Anecdote réelle ou belle histoire ? Quoi qu'il en soit, ce fut bien le prince Vinh San, aîné des garçons, qui fut désigné pour succéder à son père. Les sources vietnamiennes contemporaines font souvent remarquer que les Français choisirent un jeune enfant pour mieux le contrôler et l'amener progressivement à une collaboration étroite avec les autorités coloniales[13]. En fait, ce choix était assez naturel puisque c'était l'aîné des fils de Thanh Thai encore en vie. A-t-on jamais soupçonné la cour de Versailles d'avoir fait roi l'arrière-petit-fils de Louis XIV, sous prétexte qu'il n'avait que cinq ans, fils et petits-fils étant décédés ?

Un empereur enfant

Le prince Vinh San était né le 3 août 1899 ; il n'avait donc que huit ans en 1907, à moins que ce soit en 1898, et il aurait eu neuf ans[14]. Comme son père, il était un descendant direct de l'empereur Gia Long, fondateur de la dynastie en 1802. Cette légitimité de naissance aura par la suite une grande importance sur le plan politique, nous aurons l'occasion d'y revenir. En revanche, sa mère, Nguyen Thi Dinh, était une concubine du rang le plus bas (*Thai Nan*), ses parents étant de simples paysans[15]. Lorsqu'elle apprit que son fils allait être élevé à la dignité impériale, elle en fut affolée : « La mère de ce nouvel élu ne vit point son élévation sans frayeur. Comme si elle avait prescience de la fin navrante de ce règne, elle s'accrocha aux habits de son enfant, quand on vint le chercher pour le sacrement. “Laissez-moi mon fils, je ne veux point qu'il soit roi !” s'écria-t-elle. Quand on parvint à la détacher de celui qui allait posséder la toute-puissance, elle s'arracha désespérément les cheveux et se meurtrit le visage. Pauvre femme ! Pauvre enfant ! », écrira Huynh Con, ancien ministre des Finances et des Rites, dans ses Mémoires[16]. Effectivement, les destinées tragiques des empereurs d'Annam des années 1880 pouvaient effrayer une mère. Et si l'on se reporte au livre de Roland Dorgelès, *Sur la route mandarine*, on y trouve encore une version assez différente de ce moment historique : le prince Vinh San ne chassait nullement les grillons sous les meubles, mais était en prison où son père, l'empereur Thanh Thai, l'avait fait jeter, par pure lubie.

L'abdication acquise, la Cour et l'administration coloniale s'employèrent immédiatement à organiser les cérémonies d'intronisation de l'enfant-empereur. Il fallut tout d'abord consulter les astrologues de la Cour pour déterminer le jour le plus faste : ils eurent le bon goût de proposer le 5 septembre, soit deux jours après la signature de l'acte d'abdication par l'empereur Thanh Thai. Tout le monde était pressé. La journée du 4 fut occupée à faire les offrandes dans les différents tombeaux de la dynastie, autour de Hué, afin d'avertir les ancêtres du grand événement qui allait se produire.

Dans le même temps, la Cour choisit le nom de règne du nouvel empereur. On s'arrêta à Duy Tan, en chinois Wei Xin 維新, c'est-à-dire « Attaché au nouveau ». Ce nom de règne traduisait-il un simple souhait de réformes ? On a rappelé comment, en 1906, le chef nationaliste Phan Boi Chau, partisan d'une libération nationale et d'une restauration de l'autorité de l'empereur, avait créé, avec un prince du sang, Cuong De, un mouvement qu'il avait appelé « Société pour un nouveau Viêtnam ». Or, en langue annamite, cette société s'appelait « Viêt Nam Duy Tan Hoi » : on y retrouvait ces deux mêmes caractères, « Duy Tan », « Nouveau », « Attaché au nouveau ». Curieuse et troublante coïncidence[17]. Pourtant, certains Français connaissaient bien la langue annamite, tel Léon Sogny, chef de la Garde indigène locale, précisément chargé de la sécurité de l'ex-empereur Thanh Thai. N'avaient-ils rien noté[18] ?

Les cérémonies d'intronisation proprement dites, ordonnancées avec minutie par le ministère des Rites, commencèrent donc le 5 septembre 1907. La citadelle entourant la Cité impériale était entièrement pavoisée d'oriflammes. À l'intérieur, soldats, éléphants et chevaux étaient prêts à rendre les honneurs ; princes du sang et mandarins, en tenue d'apparat, étaient alignés devant le palais Thai Hoa. L'heure venue, c'est-à-dire cinq heures de l'après-midi, vingt et un coups de canon ayant retenti, l'empereur, en large robe jaune brodée de dragons, fut installé sur un palanquin et porté de son palais Can Chanh au palais Thai Hoa, suivi d'un long cortège de mandarins et de gardes. Certes, cela faisait un peu provincial, comparé aux grandioses cérémonies de la Cité interdite de Pékin qui en étaient le modèle, mais l'ensemble avait néanmoins belle et fière allure. Puis le jeune empereur prit place sur son trône, au palais Thai Hoa. Princes et mandarins se prosternèrent cinq fois, ce qui était assez méritoire car il pleuvait et le sol était trempé. L'état des habits de cérémonie en soie ! Un mandarin fit alors lecture d'une longue harangue relative aux vertus du nouvel empereur et aux bienfaits qu'en attendait le peuple. Puis cinq nouvelles prosternations. Un autre mandarin présenta alors une première ordonnance sur laquelle, pour la première fois, Duy Tan apposa son sceau. Enfin, après neuf coups de canon, précédé et suivi du même cortège avec lequel il était venu, l'empereur s'en retourna à son palais Can Chanh. À la porte Ngo Mon, lecture était alors donnée de l'ordonnance devant les mandarins à genoux, lesquels, la lecture terminée, firent, à nouveau, cinq prosternations.

Bien évidemment, l'administration coloniale s'était immiscée dans cette intronisation traditionnelle. Le gouverneur général Beau et sa suite participèrent à toute la cérémonie : curieux mélange des rites républicains et impériaux. D'ailleurs, le gouverneur était venu avec une garde d'apparat, qui, à l'occasion, aurait pu se transformer en garde de sécurité, en cette période de crise. C'était la première fois que des troupes françaises pénétraient dans la Cité impériale pour une telle cérémonie. Dès avant celle-ci, le matin, à neuf heures, avait eu lieu la remise à l'empereur de son sceau dit « de la succession de famille » : le gouverneur général était déjà présent. Puis, au début de la cérémonie de la soirée, l'empereur était descendu de son trône – tout un symbole – pour saluer le gouverneur, lequel avait prononcé le discours d'ouverture – tout un symbole également[19]. Il fut évidemment difficile, durant ces interminables déclarations, de constamment contrôler les agissements de cet enfant dont on faisait un empereur. Le protocole en souffrit. Ainsi rapporte-t-on qu'à l'arrivée des personnalités françaises, Duy Tan leur avait crûment posé la question : « Parmi vous, lequel est gouverneur général et lequel est supérieur ? » Et à la fin de l'intervention du gouverneur général : « Vous sentez-vous fatigué après un si long discours ? »[20] Innocent, espiègle ou effronté ?

De son côté, Eugène Thébault rapportera une anecdote qui lui avait probablement été confiée par son ami, le prince Vinh San lui-même :

> Effrayé par tout cet apparat, par la présence de tous les hauts dignitaires de la Cour, par ces acclamations et musiques, l'enfant impérial donnait des signes de peur et d'effroi. Le gouverneur général de l'Indochine, M. Beau, qui marchait à ses côtés, le vit sur le point de fondre en larmes et de vouloir s'enfuir : en dépit des règles du protocole, il ne cessait de l'encourager et de le réconforter à mi-voix et, finalement, lui donna la main et le conduisit ainsi jusqu'aux pieds du trône impérial ; là, il s'effaça,

laissant aux bonzes et grands dignitaires le soin de déposer le petit empereur sur le trône, tout ruisselant d'or et de soieries[21]...

La revue *L'Illustration* rendit compte de cette intronisation avec quelques remarques supplémentaires, elles aussi très touchantes, concernant ce début de vie officielle d'un empereur de huit ans : « C'est un enfant d'aspect chétif et d'allure déjà grave, avec une physionomie très douce, et il ne semble pas avoir hérité des tares paternelles, ni même du tempérament violent, cruel, de ses ancêtres. Mais, à huit ans, qu'en peut-on savoir ? » Et de poursuivre :

> Conduit par le ministre des Rites et le chef des eunuques, Duy Tan s'avance jusqu'au seuil de la salle pour y attendre le représentant de la France. Tout menu, tout frêle, promenant devant lui de grands regards doux et surpris, tenant un bâton d'ivoire, le « maintien », sorte de sceptre, qui le force à garder la pose rituelle, arrêté bientôt au haut des degrés dans une attitude hiératique, il apparaît comme perdu dans les plis rigides de sa robe royale, brocart d'or constellé de pierreries, parure trop lourde à ses épaules enfantines [...]. C'est réellement un spectacle émouvant que cette adoration muette, abîmée, d'un pauvre petit être si fragile par l'élite de tout un peuple.

Puis le lendemain, 6 septembre, le nouvel empereur se rendit à la résidence supérieure pour y « remercier » le gouverneur général et les autres fonctionnaires français du « puissant appui qu'ils ne cessent de prêter à l'Annam en toutes circonstances ». À nouveau, mandarins en grande tenue, éléphants caparaçonnés, gardes, oriflammes, etc., à l'aller comme au retour. Le président du Conseil de régence y alla également de ses remerciements : « Sa Majesté le roi, les membres du Conseil de la famille royale, les membres du Conseil de régence et les mandarins à la Cour ont tenu à venir remercier le gouvernement français, M. le gouverneur général, M. le Résident supérieur et tous les fonctionnaires français d'avoir bien voulu faire désigner pour l'Annam, un nouveau roi, donnant ainsi au pays un gouvernement conforme à sa constitution ». Et *L'Illustration* de conclure laconiquement : « Le soir même, [l'empereur] était invité au maniement du pinceau et prenait au Noi Cac, au secrétariat royal, sa première leçon de caractères : car il lui faudra désormais savoir signer[22]. »

L'Annam avait un nouvel empereur. Restera à lui faire comprendre et admettre, lorsqu'il grandira, qu'il ne s'agissait que de régner, et non de gouverner.

2

Neuf années de règne

Le jeune empereur Duy Tan devait régner durant neuf années, de 1907 à 1916. Une période durant laquelle la résistance à la colonisation fut moins vive que ce qu'elle avait été dans les décennies précédentes, mais durant laquelle un nouveau nationalisme se fit progressivement jour. Il résultait non seulement des empiétements continuels du pouvoir colonial sur la souveraineté de l'Annam, mais aussi des événements extérieurs, en particulier la montée en puissance du Japon et la révolution républicaine en Chine.

Le gouverneur général de l'Indochine, Beau, et le résident supérieur d'Annam, Lévecque, qui tous deux avaient été à l'origine de la destitution de l'empereur Thanh Thai, le père de Duy Tan, quittèrent leurs fonctions durant l'année 1908. Le premier fut remplacé, en 1908-1910, par Antony Klobukowski, gendre de Paul Bert, puis par toute une série d'intérimaires ou de titulaires parmi lesquels se détacha surtout Albert Sarraut en 1911-1914 ; le second, à Hué, le fut par diverses personnalités qui n'occupèrent la fonction que peu de temps, à l'exception d'Eugène Charles qui devait être maintenu résident supérieur de 1913 à 1920 et jouer un rôle important à la fin du règne de Duy Tan, en 1916.

Au tout début du règne, dès mars-avril 1908, la première affaire grave fut, après deux années de mauvaises récoltes, un véritable soulèvement paysan dans quelques provinces du centre de l'Annam contre le poids des impôts : un des principaux leaders, Phan Chau Trinh, mandarin révolutionnaire acquis aux idées républicaines, qui avait déjà adressé un célèbre mémoire contre la colonisation au gouverneur général Beau en 1906, fut déporté au bagne de Poulo Condore. Selon un journal publié en 1949, le jeune empereur Duy Tan – il avait neuf ans en 1908 – aurait déclaré à propos de ce mouvement contre les impôts : « S'il y a souvent des perturbations dans le pays, c'est que le peuple ne mange pas à sa faim. À partir d'aujourd'hui, sur ma liste civile de 6 000 $ (piastres), je prélève 3 600 $ pour être distribuées par vos soins aux pauvres[1]. » La réflexion est-elle authentique ? Est-ce une partie de la légende qui se créait autour de Duy Tan ?

Puis en juin 1908, la crise rebondit avec l'empoisonnement d'une partie de la garnison de Hanoï : le complot était lié à la rébellion paysanne du De Tham. Qu'elle ait eu pour origine des lettrés révolutionnaires ou des masses paysannes pressurées par le mandarinat conservateur et l'administration coloniale, l'agitation devenait permanente.

La victoire de la révolution républicaine en Chine, en 1911, contribua également à cette grave agitation. À Canton, Phan Boi Chau, expulsé du Japon, proclama un gouvernement provisoire en exil : le prince Cuong De en était le président lui-même, le vice-président et le ministre des Affaires étrangères. Ils réussirent, en 1913, à susciter divers attentats au Tonkin et en Annam. Tous deux furent condamnés à mort par contumace. Enfin, le début de la guerre franco-allemande, en 1914, allait également encourager quelques nationalistes, sinon à imaginer un soutien direct de la part de l'Allemagne, du moins à profiter de l'engagement militaire de la France en Europe pour relancer leur action révolutionnaire.

Toutes ces difficultés, néanmoins, n'empêchèrent pas quelques progrès, notamment lorsqu'Albert Sarraut, à partir de 1911, fut gouverneur général. Ceux-ci furent surtout significatifs dans le domaine social – écoles, hôpitaux –, en matière d'infrastructures – réseaux routier et ferroviaire –, mais aussi sur le plan politique, avec un accroissement prudent de la représentation indigène dans les divers conseils. En revanche, les hostilités en Europe, à partir de 1914, entraînèrent une réduction des investissements, un ralentissement des réformes et même une contribution de l'Indochine à l'effort de guerre métropolitain, tant matérielle qu'humaine : des dizaines de milliers de travailleurs et de tirailleurs indigènes furent envoyés en France et même en Orient, sur le front de Macédoine.

Un enfant dans la Cité impériale

Quel étrange paradoxe qu'un enfant de huit ans, dont on a fait un empereur, au cœur de tous ces événements ! Qui plus est, un enfant enfermé dans une cité impériale, à Hué, coupé de tout ce qui se passe autour de lui. Car le pauvre garçon, on s'en doute, est littéralement prisonnier dans son palais. Comment le comprendre si on oubliait le cadre – lugubre – dans lequel il vivait ? Revenons à Eugène Brieux, ce dramaturge fraîchement élu à l'Académie française, pour lequel, lors de son passage à Hué, on organisa, Dieu sait pourquoi, une audience avec l'empereur tout nouvellement intronisé. Sa description de la Cité impériale en dit long sur l'ambiance qui y régnait.

> La porte [de l'enceinte] s'ouvre sur un désert, avec une grande allée le long des remparts rouges évoquant irrésistiblement le souvenir de Versailles [...]. Une nouvelle porte donne accès à la cour du Palais. Et c'est derrière tout cela, dans un endroit plus sombre, plus humide, plus éloigné encore du reste des vivants, qu'habite cet enfant de huit ans que nous élevons en roi avec la ferme intention de ne pas le laisser gouverner et dont l'enfance s'écoule sous la surveillance de deux vieilles femmes – dont l'une est la femme de celui qu'on a chassé pour l'élire – et sous le regard incessant des longs hommes noirs aux ongles courbés [...].
>
> On nous précède, on nous invite à franchir une petite porte. Nous voici dans l'intérieur du Palais, dans les appartements privés... et le premier objet qui se présente à mes yeux, alors qu'en moi ressurgissent les crimes passés accomplis là, c'est un jouet d'enfant, une automobile pour gamin qu'on met en marche avec des pédales de chevaux mécaniques ! Une autre porte s'est ouverte, et devant la rangée de ministres lugubres, un petit bonhomme, tout vêtu de jaune, vient à nous, grave, surveillé, poussé presque, et nous tend la main. Il n'a pas l'air d'avoir plus de six ans. Et il a une certaine allure, le malheureux ! Et les gestes par lesquels il nous indique, au Résident et à moi, des places à côté de lui, sont pleins de dignité ! Une grande pitié, voilà tout ce qu'on éprouve [...].
>
> Pendant qu'il échange les politesses protocolaires avec le Résident supérieur, je regarde le petit roi : il a une figure intelligente, mais qui montre, à l'étudier de près, plus d'ennui que de gravité. Il a visiblement peur de ne pas savoir sa leçon : ses petites mains qui triturent un mouchoir de soie traduisent son énervement. Et pendant que

des mots de « Majesté » souvent répétés me parviennent vaguement, je regarde ce petit nez en l'air, et ce petit front, et j'ai envie de lui dire : « C'est bien. Tu as bien répondu. Va jouer ! »[2]

Pour un si jeune empereur, plus enfant qu'empereur, le mot « régner » est évidemment à prendre dans son acception la plus restrictive, c'est-à-dire, au fond, au sens latin de *regnare*, « être roi », ou si l'on préfère, au sens de la formule de Thiers, « le roi règne et ne gouverne pas ». Comment, à cet âge, aurait-il pu avoir la moindre autorité sur qui que ce soit, en quelque matière que ce soit ? Même les pouvoirs résiduels, bien minces, que la colonisation abandonnait théoriquement à l'empereur d'Annam ne relevaient pas de lui, mais, durant toute sa minorité, du Conseil de régence. Or, cette minorité, précisément, allait correspondre exactement à la durée de son règne. Jamais il ne régnera en tant qu'empereur majeur. C'est dire que *de facto* comme *de jure*, Duy Tan sera toujours un enfant empereur sans aucun pouvoir. À huit ans, cela peut être accepté ; à dix-sept ans (peut-être même dix-neuf, on ne sait exactement), c'est plus difficile.

L'histoire du règne de Duy Tan, au moins jusqu'en 1915 – la crise de 1916 étant exclue – c'est donc, avant tout, celle d'un enfant qui grandit, et qui, peu à peu, prit conscience de sa situation étrange, au sommet d'un État qu'il incarnait, mais ne contrôlait en rien. « Son » Conseil de régence se confondait avec « son » Conseil secret, le Co Mat, qui était « son » gouvernement. Or, celui-ci était impuissant face au résident supérieur de Hué, lequel était sous les ordres du gouverneur général de l'Indochine ; ce dernier, jouissant d'une assez grande liberté, il est vrai, dépendait, à Paris, du ministre des

Colonies, lui-même soumis au président du Conseil. Que l'empereur d'Annam était loin du centre du pouvoir ! Même s'il n'avait pas été enfant, il en eut néanmoins été à mille lieues. Enfant, il n'existait quasiment pas. C'est dire que Duy Tan, durant tout son règne, se contenta d'apposer des points rouges, marques de son accord, sur les propositions et projets qu'on lui présentait.

En fait, son « règne », ce fut tout d'abord son éducation. Jusqu'à son intronisation, il n'avait probablement guère reçu d'instruction particulière. La destitution de son père avait surpris la Cour ; le jeune prince Vinh San n'avait nullement été préparé à son rôle d'empereur. Son éducation était donc la première urgence.

Ce furent tout d'abord Huynh Con et Le Trinh, deux ministres du gouvernement annamite, le premier aux Finances, le second aux Rites, qui furent chargés de l'éducation du jeune empereur. Bien évidemment, ils lui donnèrent un enseignement traditionnel annamite, Huynh Con étant très versé dans la langue chinoise classique. Dans ses Mémoires, ce dernier écrira : « Instruit par l'un ou par l'autre, le nouveau maître de nos destinées donnait toute satisfaction à ses professeurs. Il paraissait sage et intelligent et mon âme était remplie de joie[3]. »

Toutefois, le gouvernement français et l'administration coloniale, inquiets de la propagande qui parvenait en Annam par le biais des publications chinoises et voulant donner au jeune empereur une éducation plus occidentale – c'était une période de francisation de l'enseignement –, firent remplacer ces deux éminents précepteurs annamites par un professeur français, Philippe Eberhardt. Celui-ci était un scientifique, docteur ès sciences naturelles, ayant travaillé au laboratoire de botanique de la Sorbonne. Âgé de trente-deux ans, il était arrivé en 1906 en Indochine, avec son épouse Gabrielle, au sein d'une mission scientifique officielle, pour y étudier certaines plantes locales (la badiane, l'hévéa, le sésame) et s'était passionné pour l'Annam. En 1914, il publia d'ailleurs, outre ses travaux scientifiques, un *Guide de l'Annam*[4] et fut membre correspondant de l'École française d'Extrême-Orient de 1912 à 1920. Il fut désigné dès 1909 comme précepteur de l'empereur Duy Tan, fonction qu'il exerça d'ailleurs avec son épouse. Indépendamment de ce rôle auprès du jeune empereur, Philippe Eberhardt devait rester très apprécié, y compris encore de nos jours, dans le milieu vietnamien des sciences naturelles pour son apport à leur vulgarisation dans la jeunesse et la qualité de ses publications pédagogiques[5].

Pendant les absences de Philippe Eberhardt, à partir de 1913, il était remplacé par Léonard Aurousseau, un ancien élève de chinois à l'École des langues orientales de Paris, arrivé en Indochine en 1909 comme simple militaire, devenu membre temporaire de l'École française d'Extrême-Orient dès 1911. S'étant orienté vers des études sino-annamites, c'est alors qu'il fut désigné, à vingt-trois ans, pour remplacer Philippe Eberhardt quand celui-ci était indisponible. Il le fera jusqu'à la fin du règne, en 1916, date à laquelle il devra d'ailleurs rentrer en France, ayant été mobilisé[6].

Dans le même temps, la Cour, soucieuse de l'éducation traditionnelle du jeune empereur, lui avait donné un professeur de caractères chinois et d'histoire et littérature annamite, Mai Khac Don : ce dernier deviendra son beau-père en 1916. La bonzesse Dieu Khong, fille d'un ministre de Duy Tan, écrira plus tard, dans ses Mémoires :

> [L'empereur] se montrait un très brillant élève, surtout en philosophie et en mathématiques. De l'aveu de M. Aurousseau, il advint qu'il lui posât des questions si ardues que le maître dut revoir ses livres avant de répondre. La même chose était quelquefois arrivée avec son précepteur de caractères chinois, M. Mai Khac Don. Au dire de mon père, Duy Tan avait une très bonne mémoire et était, en outre, ordonné, posé et réfléchi[7].

Ce témoignage, toutefois, porte sur la fin du règne de Duy Tan, vers 1914-1916, alors qu'il avait déjà seize ou dix-huit ans.

Précisément, en 1915, une réforme du régime de ses études fut envisagée de façon à donner au jeune empereur quelques ouvertures sur le monde extérieur. Il en avait bien besoin. Qu'on en juge, ne serait-ce que par cette lettre du résident supérieur en Annam au gouverneur général : « Isolé dans son vaste palais, entouré de serviteurs âgés et, jusqu'il y a seulement quelques mois, de vieilles servantes et d'eunuques, avec l'unique société de son précepteur et de son professeur de caractères, sans aucun camarade de son âge avec lesquels il puisse jouer ou simplement causer, il est certain que S.M. Duy Tan a une vie anormale. » Et de conclure : « La solitude lui pèse et il s'ennuie. Cette existence, privée des distractions habituelles à son âge, peut-être autant et plus que la lourde hérédité de tares et de vices qui pèse sur lui, est la cause des fautes qu'on a eu à lui reprocher. » On imagina donc d'agrémenter sa vie et son instruction par des « promenades du matin à cheval », des « petits voyages dans les provinces voisines de Hué », et « l'inviter souvent à dîner sans aucun cérémonial », de lui faire faire des causeries par des fonctionnaires dans les domaines de leurs compétences, et même, après la guerre, de lui faire « faire un séjour en France »[8]. Un nouvel emploi du temps fut organisé, à vrai dire fort contraignant lui aussi, quelque peu monacal :

6 h-7 h : Lever. Toilette
7 h-8 h : Leçon de caractères
8 h-8 h 30 : Équitation
8 h 30-9 h : Ablutions, repos
9 h-10 h : Leçons de français
10 h-10 h 30 : Jeux
10 h 30-10 h 45 : Repos
Repas et sieste
2 h : Douche
2 h 15-3 h : Caractères
3 h-3 h 30 : Exercices de gymnastique
3 h 30-3 h 45 : Repos
3 h 45-4 h 45 : Leçons de français
4 h 45-5 h 30 : Promenade. Leçons de choses
Le jeudi après-midi : promenade en chaloupe[9]

En fait, on alignait cet emploi du temps impérial sur celui des pensionnats de métropole, y compris le temps libre du jeudi après-midi. Tout cela fut notifié par le gouverneur général Roume au précepteur du jeune empereur, Eberhardt, en septembre 1915, à la fin des vacances scolaires, en vue de la rentrée d'octobre, comme pour les petits écoliers de France. Le gouverneur général ajoutait même quelques précisions : « Exercices d'assouplissement » au lever, la toilette en « *tub* froid », « la promenade dans le parc de 10 heures à 10 h 30, le matin, s'effectue en commentant les événements relatés dans les Havas et communiqués », équitation remplacée par gymnastique en cas de mauvais temps, « mouvements d'assouplissement » le soir, de 10 heures à

10 h 30, etc. On le constate, la précision administrative ne devait pas perdre ses droits. Et bien évidemment, le contenu de cet enseignement était tout aussi réglementé – pour l'histoire de France, la Révolution et l'Empire ; pour les causeries, celles qui concernaient « la mise en valeur de l'Indochine » ; pour la littérature, les XVIIIe et XIXe siècles, etc.[10].

Toutefois, ces années d'enseignements dispensés par ses maîtres français et annamites furent apparemment d'excellente qualité. Par la suite, l'empereur Duy Tan écrira nombre de textes en français qui sont d'une forme parfaite et qui témoignent d'une culture profonde concernant la France et son histoire. Sur le plan annamite traditionnel, on lui doit des sentences parallèles, les célèbres *doanh thiep,* forme poétique populaire ou savante si appréciée en Annam, qui, aux dires des spécialistes, ne sont pas sans qualité. En revanche, il n'était pas très bon pour ce qui était des caractères chinois. Le ministre Huynh Con, qui continua à les lui enseigner jusqu'à la fin du règne, l'admettra : « En dehors de mes occupations habituelles, je fus, en outre, chargé d'enseigner les caractères chinois à Sa Majesté. Certes, Elle les dessinait bien, mais en comprenait mal le sens et cela chagrinait quelque peu le vieux lettré que j'étais[11]. »

Parmi les anecdotes souvent relatées à propos de cet enseignement sous la direction de Philippe Eberhardt, figure celle des séances de pose de l'empereur pour une sculpture de son buste. En 1907, dès l'avènement de Duy Tan, le résident supérieur avait demandé que l'on fît, d'après une photographie, une statue du nouvel empereur, en vue d'une exposition à Paris. On s'adressa pour la réaliser au peintre et sculpteur Ton That Sa qui était professeur de dessin à l'École pratique et d'industrie de Hué. Puis en 1911, on lui demanda de réaliser une autre statue de l'empereur, cette fois d'après nature et grandeur réelle, à nouveau pour une exposition prévue à Paris l'année suivante. Les séances de pose eurent lieu au palais Duong Tam, deux fois par jour, à chaque fois pendant deux heures, le jeune empereur étant en costume de cérémonie. Au début, ces séances de pose eurent lieu en présence de Philippe Eberhardt, puis peu à peu, l'empereur s'y habitua, devint plus familier avec Ton That Sa, et vint poser à des heures où son précepteur était absent. Un jour, l'œuvre étant presque terminée, le sculpteur eut la surprise de constater qu'en son absence, la bouche avait été modifiée, faisant « la moue, toutes dents dehors, comme pour railler quelqu'un d'en face ». Il découvrit rapidement que c'était l'empereur lui-même qui avait modifié la sculpture, lequel déclara : « J'ai voulu tout simplement que ma statue raille toute la France quand elle sera exposée à Paris ! » Inquiétant. Toutefois, ayant apprécié le travail de Ton That Sa, il lui demanda ensuite de continuer à venir au palais « pour exécuter son portrait suivant plusieurs procédés : à l'huile, à l'aquarelle, au crayon, à la plume, etc. ». Selon la grandeur du portrait, il glissait discrètement de vingt à cinquante piastres dans la poche de Ton That Sa. Or un jour, en fin de mois, que Ton That Sa avait achevé un portrait, l'empereur ne lui donna rien. Il en fut très surpris. Un garde lui en expliqua la raison : « Pourquoi avez-vous choisi le 25 pour venir ? Je vous informe que tous les mois, à partir du 20, Sa Majesté est complètement à sec[12]. »

De la vie privée de l'empereur, on sait finalement assez peu de choses. Les quelques détails connus seront donnés, plus tard, par son épouse[13]. La journée commençait par un petit-déjeuner qui consistait le plus souvent en riz gluant avec de la viande de porc. Il aimait beaucoup ce plat. Ce premier repas achevé, il prenait ses cours de caractères chinois avec son professeur, Mai Khac Don, suivis de ceux de littérature avec le ministre Huynh Con. Puis venait le déjeuner qu'il souhaitait toujours assez léger : « Deux ou trois mets bien préparés me suffisent », disait-il. Ces plats venaient bien évidemment de la *Thuong Thien*, la cuisine royale. Pendant ces repas, il appréciait la musique traditionnelle que jouait l'orchestre du palais. Suivait une longue sieste d'une ou deux heures, à la suite de quoi avaient lieu les leçons de français par Philippe Eberhardt ou Léonard Aurousseau. L'après-midi se terminait par quelques exercices physiques, puis un dîner, souvent de la soupe au poulet, autre plat qu'il appréciait particulièrement.

Parmi ses passe-temps, figurait la musique, dont il était très amateur : lui-même jouait assez bien de plusieurs instruments à cordes annamites, mais aussi du violon. Mais son divertissement favori était l'équitation. Souvent, il se promenait à cheval, à l'intérieur de la Cité impériale. Et lorsqu'il sortait de celle-ci, c'était toujours en voiture à cheval. Parfois, dans les rues de Hué, apercevait-on « la voiture découverte dans laquelle se laisse voir Sa jeune et gracieuse Majesté, en robe et turban jaune, escortée de cavaliers rouges, armés de la lance à oriflammes, et précédée de coureurs qui font faire place[14] ». Il possédait bien une automobile – l'une des quatre alors en circulation dans Hué – mais il ne s'en servait que pour les manifestations officielles, lorsqu'il y était contraint.

Les journées s'écoulaient assez semblables les unes aux autres, sauf obligations rituelles – et il y en avait beaucoup – ou manifestations officielles. Le dimanche matin était généralement consacré aux visites aux reines mères. En été, l'empereur prenait quelques vacances à la station balnéaire de Cua Tung, sur la mer de Chine, à environ une centaine de kilomètres au nord de Hué. Le lieu est réputé pour la beauté du paysage et de la plage, ainsi que pour son air frais. L'empereur y passait plusieurs semaines chaque année, accompagné de deux ministres qui constituaient sa suite, et de quelques gardes.

La résidence officielle de l'empereur était le palais Can Chanh, dont l'intérieur était assez grandiose, peu approprié à la vie d'un jeune garçon de dix-sept ans. Aussi, en 1915, fut entreprise la construction d'une nouvelle maison d'habitation, plus moderne et plus fonctionnelle, à un étage. La première pierre en fut posée le 4 juillet. Elle était située sur l'emplacement de l'ancien palais Minh Vien qui avait été détruit en 1876. Les plans en furent dessinés par un architecte français, Auclair, l'un des architectes du Musée d'art cham de Tourane, ouvert cette même année 1915. Cette nouvelle résidence à l'européenne fut terminée dès le 31 décembre suivant. Duy Tan décida de la nommer Du Cuu, « Pour un temps illimité ». Et sur l'étage, il fit inscrire, en caractères chinois, la maxime « Garder le juste milieu, s'appliquer à la suprême perfection »[15]. On ne pouvait trouver formule plus confucéenne.

L'initiative, en fait, coïncidait avec les projets de mariage de l'empereur. Ce fut dès 1914, en dépit de son jeune âge – il n'avait que quinze ans (ou dix-sept ?) – qu'on songea à le marier, voire à lui constituer un gynécée.

En cet été 1914, Duy Tan était en vacances à Cua Tung. Cette année-là, parmi les deux ministres composant sa suite, se trouvait Ho Dac Trung, ministre de l'Instruction publique, qui avait amené avec lui ses enfants, deux garçons et deux filles, pour tenir compagnie à l'empereur. Apparemment, celui-ci tomba sous le charme de l'aînée des deux filles, Ho thi Chi. Elle n'avait que douze ou treize ans, mais faisait déjà preuve de nombreuses qualités : elle était douée pour la calligraphie des caractères chinois et parlait très bien le français. La jeune fille, de son côté, ne fut pas insensible aux avances du jeune empereur ; elle pleura quand il fallut se séparer, à la fin de l'été. L'année suivante, celle-ci ne fut pas autorisée à retourner à Cua Tung pour les vacances, mais quand elles furent terminées, un mandarin vint chez le ministre demander une photo de sa fille aînée ; une semaine après, le palais faisait envoyer deux boucles d'oreilles et deux bracelets en or comme cadeaux de fiançailles. On avait décidé de marier l'empereur. Malheureusement, en décembre 1915, Duy Tan renonça à ce mariage : « Sa Majesté expliqua que c'était par affection pour toute la famille qu'Elle renonçait au mariage avec celle qu'Elle aimait depuis bientôt deux ans. » Sur le moment, personne ne comprit. Plus tard, la sœur de Ho thi Chi, devenue bonzesse Dieu Khong, expliquera que l'empereur ne voulait pas impliquer la famille de Ho thi Chi dans des projets de complot. On comprendra bientôt la vraie raison de ce renoncement[16].

Toutefois, lorsqu'il devra partir en exil, l'empereur déchu, redevenu prince Vinh San, éprouvera le besoin de s'expliquer plus clairement sur ce renoncement. En fait, le fond de l'affaire était qu'il s'opposait à la politique pro-française d'Ho Dac Trung, le père de la jeune fille. Il le lui écrira crûment en septembre 1916. Lors de diverses crises politiques entre le gouvernement annamite et les autorités coloniales, notamment celle de la recherche du trésor et celle de l'application du traité de protectorat sur lesquelles nous reviendrons, le ministre avait adopté une position contraire à celle de Duy Tan et ce dernier n'avait pas apprécié : « De là à vous considérer comme un ennemi, il n'y avait qu'un pas. Ce pas, je l'ai fait [...]. Or ne voulant pas me mettre dans le cas d'être obligé de sévir plus tard contre mon beau-père, j'ai résolu de refuser votre fille[17]. » C'était clair.

Dans le même temps où il rompait avec la fille de son ministre de l'Instruction publique, l'empereur demandait à ce dernier – quelle ironie et quelle désinvolture ! – de lui choisir une autre épouse. Celui-ci songea alors à la fille aînée de Mai Khac Don, le professeur de caractères chinois et d'histoire et littérature annamites de l'empereur. Les cadeaux de fiançailles furent rendus et bientôt offerts à la fille de Mai Khac Don[18]. Tout cela serait assez surprenant si l'on oubliait que la tradition était, en Annam, celle des mariages arrangés. Mai thi Vang, celle qui allait devenir son épouse, a elle-même rapporté les circonstances de son mariage.

Passant en calèche devant le ministère des Rites, à l'intérieur de la Cité impériale, où était logé Mai Khac Don, son professeur de caractères chinois, l'empereur lui demanda : « Cette fille-là est-elle votre enfant ? » Elle l'était. Quelques jours plus tard, deux dames du palais vinrent voir quelle allure avait cette jeune fille, Mai thi Vang, et en emportèrent des photographies. De leur côté, à la Cour, les mandarins avaient fourni des photographies de leurs propres filles, espérant bien qu'elles pourraient être choisies. Finalement, l'empereur s'arrêta à la recommandation de son ministre de l'Instruction publique qui lui avait conseillé la fille de son professeur Mai Khac Don.

Les fiançailles eurent lieu dans la belle propriété familiale de ce dernier, puis le mariage – fastueux – eut lieu à partir du 31 janvier 1916 ; il dura trois jours et trois nuits. Le gouverneur général en avait été averti par avance ; on lui avait même laissé entendre que « conformément à l'usage établi, le mariage aura lieu sans fête ni apparat extérieur[19] » !

> Donc, vers les onze heures, la cérémonie *Nap Phi* [mariage] fut célébrée : le cortège nuptial, composé en grande partie des femmes de ministres et de hauts dignitaires de la Cour, habillées en *Mang Phu* [grandes dames], se rendit au ministère des Rites, accompagné d'une *Ngoc Lo*, calèche impériale, richement agrémentée et traînée par quatre chevaux. Leur suite, composée de *Thi Nu* [servantes du palais], portait, outre une boîte contenant des bijoux, cadeaux de noces, des noix d'arec, du bétel, des jarres d'alcool, des pétards, deux oies, etc. Ainsi, le cortège nuptial se composait uniquement de femmes. Aussitôt que le cortège arriva au ministère des Rites, on procéda à la cérémonie de présentation des *Nap Le* [cadeaux de noces]. Après quoi, des arecs, du bétel, du thé, de l'alcool et des gâteaux furent servis selon l'usage aux arrivants. Et quand sonna midi, la mariée, vêtue d'une robe de brocart lamé d'or aux larges manches, coiffé d'un *Mang Phu* [grand turban jaune modèle] et parées de bracelets et de boucles d'oreilles en or, vint faire des prosternations devant l'autel des ancêtres, puis devant ses parents. Alors, on fit éclater un long chapelet de pétards pour annoncer la *Ruoc Dau* [cérémonie de réception de la bru] : la mariée et les six femmes de ministres montèrent dans la *Ngoc Lo* [calèche impériale] pour se diriger au pas vers le palais royal, suivies du cortège nuptial. Arrivée au palais, la mariée vint présenter ses respects aux reines mères, sans autre forme de cérémonie. Pendant trois jours de suite, au ministère des Rites, festoyèrent les grands mandarins, les hautes

personnalités du protectorat et les parents de la mariée, tandis que la nuit, des séances de danses folkloriques et de musiques traditionnelles furent données en spectacle aux invités[20].

Les nouveaux époux furent installés au palais Kien Trung, l'empereur dans l'aile gauche, l'impératrice dans l'aile droite. Ils y résideront trois mois, jusqu'au 3 mai 1916, date fatidique d'un complot qui bouleversera toute la vie de l'empereur.

Ainsi, l'empereur était marié. Toutefois, la tradition, bien éloignée de celle du mariage à l'européenne, avec une unique femme, était celle du gynécée. Depuis toujours, les empereurs d'Annam avaient eu un gynécée fort nombreux, dont il était résulté des enfants tout aussi nombreux. L'empereur Gia Long, fondateur de la dynastie, qui régna de 1802 à 1820, avait eu treize fils et dix-huit filles, soit trente-deux enfants, ce qui était relativement peu ; son fils et successeur, Minh Mang, en avait eu cent quarante-deux.

Parallèlement à ce mariage avec la fille de son professeur, ce que beaucoup, à la Cour, considéraient comme un mauvais mariage, il fut donc question de chercher d'autres épouses pour le jeune empereur. Cela n'aurait pas été bien difficile, tant il existait de hauts dignitaires tout à fait prêts à donner leur fille à l'empereur. C'était également l'idée de son professeur français, Philippe Eberhardt. Celui-ci, en effet, s'inquiétait de certains penchants de Duy Tan. Par exemple, « il s'ingéniait à faire souffrir les bêtes. Il lui arriva de faire enfouir des chiens dans le sable. Il les laissait mourir lentement sous le poids de la terre qu'on tassait, peu à peu, autour de leur pauvre tête aux yeux angoissés ». Eberhardt minimisait ces tendances sadiques qu'il mettait sur le compte de dérèglements de l'adolescence, mais au fond, il s'en inquiétait. Aussi conseilla-t-il à Huynh Con, le ministre des Rites, « de chercher trois femmes pour Sa Majesté ». De fait, en plus de sa nouvelle épouse, « d'autres femmes partagèrent, en outre, la couche royale, puis elles furent abandonnées les unes et les autres, Sa Majesté n'ayant point trouvé plaisir à ce jeu », rapportera le ministre[21]. Finalement, Duy Tan n'aura jamais de gynécée.

Il semble d'ailleurs que le jeune empereur fut réellement amoureux de son épouse. Du moins si l'on en juge par ce poème qu'il lui dédia, mais eut le tort d'écrire en français, celle-ci ne comprenant pas cette langue :

À ma chère bien-aimée,
... Et j'écartais sur la fenêtre des anges,
Et je te regardais dormir sur les langes
J'effeuillais des jasmins et des œillets sans bruit
Et je priais, veillant sur tes paupières closes
Et mes yeux se mouillaient de larmes songeant aux choses
Qui nous attendent dans la nuit[22].

Grand pontife entre Terre et Ciel

Plus qu'un enfant qu'il fallait instruire, discipliner, distraire, et finalement marier, Duy Tan, comme tout empereur d'Annam et indépendamment de son âge, était l'« Unique », celui qui était l'intermédiaire sacré entre la Terre et le Ciel, le grand pontife chargé de répandre « sous le Ciel » les bontés venues d'En haut. C'est dire que l'accomplissement des rites et le respect des traditions étaient fondamentalement son rôle. D'autant que pour ce qui était du gouvernement du peuple, c'était l'administration coloniale qui s'en chargeait. Le règne de Duy Tan, comme celui de ses prédécesseurs depuis l'instauration du protectorat, se résumait en grande partie à cette fonction rituelle.

Or dans la capitale impériale, cérémonies et fêtes étaient innombrables. R. Orband, administrateur civil à cette époque, et excellent connaisseur de l'Annam, en dressait une liste impressionnante :

> À Hué plus que partout ailleurs en Indochine, souvent on « renferme les sceaux », on suspend l'expédition des affaires, on ferme les bureaux, pour célébrer une fête ou, plus exactement, pour accomplir des cérémonies rituelles. L'empereur qui, tous les trois ans, au Nam Giao, rend solennellement un culte au Ciel et à la Terre, auxquels il associe ses grands ancêtres, a, par ailleurs, de nombreuses obligations cultuelles ou rituelles à remplir, étant donné qu'il est le chef de sa famille, que cette famille est innombrable, et que le culte ancestral est, partout en Annam, *a fortiori* dans la famille impériale, porté au plus haut degré. D'un bout de l'année à l'autre, il faut, aux anniversaires, au ministère des Rites, songer aux jours fériés, au culte à rendre aux génies, aux honneurs que l'on doit à Confucius, aux sages et aux savants, aux rites à accomplir en l'honneur du génie du sol, du foyer, aux offrandes à faire aux âmes abandonnées, aux esprits affamés, etc.[23].

Une des premières préoccupations de la Cour, dès après l'intronisation, fut d'émettre des sapèques nouvelles au nom de Duy Tan. La sapèque, pièce ronde en laiton, percée en son centre d'un trou carré, à l'imitation des sapèques chinoises, était, depuis toujours, la monnaie de base en Annam. À chaque début de règne, il était de tradition de fondre de nouvelles sapèques au nom de l'empereur qui venait d'accéder au trône. En

1907-1908, l'utilité monétaire d'une telle émission ne se justifiait plus guère, depuis que la piastre coloniale et ses subdivisions étaient devenues, à la fin du siècle précédent, la monnaie commune de toute l'Indochine française. Toutefois, pour les tout petits paiements, la tasse de thé, le *banh bao,* un petit pâté qu'on mange dans la rue pour couper une faim, la sapèque était encore largement utilisée ; ainsi le nom de l'empereur régnant était-il lu de tous, au moins ceux qui connaissaient les caractères chinois. En 1908, fut donc émise une nouvelle sapèque. Il s'agissait surtout d'une monnaie d'avènement à laquelle la Cour tenait beaucoup : c'était un signe de la souveraineté, devenue bien théorique, de l'empire d'Annam. On fabriqua également quelques belles monnaies de présentation au nom de Duy Tan, celles-ci en or, d'un modèle tout différent, ornées d'un dragon, destinées à récompenser les Européens ou les mandarins qu'on voulait honorer[24]. L'empire d'Annam donnait ainsi l'impression d'exister, de braver les siècles et les intempéries de l'histoire, comme depuis toujours.

Ces monnaies de présentation en or pouvaient également servir de décorations : on les appelait alors *kim-tien,* « monnaies d'or ». Au tout début de son règne, l'empereur Duy Tan en décerna une qui mérite d'être évoquée. Lorsque l'empereur Thanh Thai, son père, avait été considéré comme dément, en juillet 1907, l'administration coloniale avait jugé bon de faire constater cette démence par un médecin. Ce fut le Dr Albert Sallet, médecin militaire en poste en Annam, qui fut désigné. Or, celui-ci refusa de se prononcer sur l'état mental de l'empereur. Aussi, pour l'en remercier, son fils et successeur, l'empereur Duy Tan, quatre mois après son accession au trône, conféra au Dr Sallet, le 28 décembre 1907, un *kim-tien,* c'est-à-dire cette décoration constituée d'une monnaie de présentation ornée d'un dragon[25]. Bel exemple de l'utilisation de ces monnaies pour récompense d'actions exceptionnelles. Bel exemple, également, de la maturité d'esprit du jeune empereur.

Parmi les traditions les plus respectées figuraient, on l'a rappelé, les cérémonies du Nam Giao, qui se célébraient tous les trois ans. Sous le règne de Duy Tan, les premières tombèrent en 1909. C'étaient des cérémonies tout à fait essentielles dans la tradition impériale de l'Annam, puisqu'elles étaient destinées à renouveler et confirmer le mandat du Ciel dont l'empereur était titulaire. Elles trouvaient leur origine en Chine, il y a des milliers d'années, mais avaient été peu à peu transformées, en Annam, au cours des siècles. Il s'agissait d'un grand sacrifice que l'empereur offrait au Ciel et à la Terre, étant l'intermédiaire suprême entre l'un et l'autre. Y était associé un sacrifice aux mânes des aïeux de la famille impériale. Ces fêtes étaient très spectaculaires. En un long cortège, l'empereur se rendait de la Cité interdite à l'esplanade du Nam Giao, construite en 1806, située à environ quatre kilomètres au sud de Hué. Le cortège, grandiose, comprenait mandarins en costumes rituels, gardes, bannières, orchestres traditionnels, éléphants. La cérémonie principale était celle des sacrifices d'animaux et offrandes de produits du sol. L'empereur lui-même était le seul officiant, même s'il était entouré de très nombreux assistants pour la célébration. La signification profonde de la cérémonie était le renouvellement du lien personnel existant entre l'empereur et le Ciel. L'empereur rendait compte de ses actes ; en retour, le mandat du Ciel lui était confirmé et l'autorité impériale légitimée. Ainsi était avalisé ce qui se passait « sous le Ciel » par l'intermédiaire de l'empereur. On conçoit aisément l'importance fondamentale du Nam Giao dans le fonctionnement de l'État.

En 1909, ce fut le ministre des Rites, Huynh Con, qui fut chargé d'instruire le jeune empereur sur cette question si importante et d'organiser les cérémonies. Il en a donné un court compte rendu dans ses Mémoires :

> Comme gardien des vieilles traditions, il m'appartient, tout naturellement, d'instruire Sa Majesté de leur objet et surtout de lui indiquer minutieusement le rôle qu'Elle allait avoir à remplir dans la grandiose manifestation du « Sacrifice au Ciel et à la Terre ». Je n'ai certes pas la prétention de décrire ici cette imposante cérémonie. Je me contenterai de dire que le roi avait dix ans quand il dut, pour la première fois, en 1909, se faire le mandataire de son peuple pour implorer la grâce divine. Il y apporta le sérieux et la conscience dont il ne se départit jamais quand il s'agit des prérogatives et charges impériales.
>
> Le gouverneur général, le résident supérieur, les fonctionnaires français résidant à Hué étaient présents à la cérémonie. Tous purent et durent rendre hommage au zèle infatigable de cet enfant qui voulait attirer sur ses sujets le bonheur et la prospérité.
>
> Comme le veut la loi, Sa Majesté s'était rendue, la veille du sacrifice, au Palais du Jeûne et Elle devait y attendre l'heure d'officier. Rompue par la fatigue, Elle s'était assoupie. Je vins pour la réveiller et je reçus un fort coup de pied près de l'oreille. Mais je ne devais tenir aucun compte de cette manifestation de mauvaise humeur et je parvins peu à peu à tirer le roi de sa somnolence. Mais ceci nous mit en retard. Nous arrivâmes quinze minutes après l'heure fixée. Je craignais fort que le censeur, mandarin qui doit signaler toutes les fautes commises et en déclarer responsable le fonctionnaire négligent, nous fît une observation méritée. Par bonheur, c'était mon ami Ton That Han qui

> était de service et, se rendant compte du jeune âge de l'officiant, il se montra peu sévère.
>
> De trois heures à six heures du matin, l'empereur s'inclina, se prosterna, se releva, éleva les offrandes et refit maintes et maintes fois ces gestes fatigants. Nous étions à peu près certains qu'il ne pourrait aller jusqu'au bout de l'office. Il sut nous montrer ce que la volonté peut exiger d'un corps chétif[26].

Mais ce que le ministre Huynh Con ne rapporte pas, c'est que ces offrandes, entre trois et six heures du matin, n'étaient que le prélude à des cérémonies, autrement plus importantes, qui devaient durer toute la journée. L'empereur, dans une chaise à porteur, la « chaise royale », offerte par Louis XVI à son ancêtre l'empereur Gia Long, allait ensuite se rendre en grande pompe de la Cité impériale à l'esplanade du Nam Giao, en un somptueux cortège de mandarins, gardes, musiciens, laquais, chevaux, éléphants. C'est là qu'aura lieu le véritable sacrifice, c'est-à-dire l'offrande au Ciel et à la Terre, du jade et de la soie, puis de la viande des bufflons et buffles précédemment abattus : « Esprits du Ciel azuré et de la Terre jaune, splendidement et majestueusement présents devant Nous, en cet heureux jour choisi, voilà les victimes succulentes, animaux jeunes et de belle apparence, témoignages de notre profond respect ! Voilà les ministres du sacrifice qui tremblent dans leur action pieuse et sincère ! Daignez jeter sur Nous votre regard pénétrant et faire descendre sur Nous un bonheur sans fin ! » Puis suivent les offrandes du vin, le partage de la « viande du Bonheur ». Tout cela durant des heures. Et puis ce sera le retour à la Cité impériale, dans le même appareil[27]. Quel extraordinaire spectacle !

On imagine l'inquiétude du ministre des Rites, mais surtout l'épuisement de cet enfant de dix ans. Au-delà de l'épuisement, toutefois, ces cérémonies ne lui faisaient-elles pas prendre conscience, réellement, de ce qu'il était, de ce qu'il incarnait, et par là même, de l'étendue de ses responsabilités ? Celles-ci n'étaient pas anodines : « attirer sur ses sujets le bonheur et la prospérité », comme l'écrivait le ministre Huynh Con. En dépit de son jeune âge, ou peut-être à cause de lui, ces fêtes du Nam Giao, tous les trois ans, en 1909, puis en 1912 et 1915, sont probablement à compter parmi les événements qui transformèrent peu à peu l'enfant en empereur.

On s'en rendit bien compte, dès 1913, lors de l'affaire dite des tombeaux. Robert Regnault de La Susse, délégué du résident supérieur auprès du Conseil de régence, sur un renseignement qui lui avait été confié, avait entrepris de faire rechercher un hypothétique trésor dans l'enclos de la tombe de l'empereur Tu Duc. Il est vrai que, par le passé, bien des trésors impériaux avaient été découverts, notamment dans la Cité impériale elle-même. C'était l'habitude des souverains annamites de faire enterrer de grandes quantités de monnaies d'or et d'argent, une sorte de thésaurisation impériale. Mais cette fois, on ne trouva rien. En revanche, l'affaire fit grand bruit, car elle fut purement et simplement assimilée à une profanation du tombeau impérial. Le ministre Huynh Con fut impliqué, car c'est avec lui, mais contre son avis, que de La Susse avait voulu faire procéder aux fouilles. L'empereur entra dans une grande colère, accusa les ministres de lui avoir caché cette profanation, proféra les pires menaces. Il fallut que le gouverneur général s'en mêle – à cette époque, Albert Sarraut – pour que la crise s'apaise.

Mais le scandale fut connu en Annam et y provoqua une vive émotion. Le respect des ancêtres y est sacré et l'empereur y était particulièrement attaché.

Si les cérémonies du Nam Giao étaient les plus solennelles et grandioses, elles n'étaient pas les seules que devait accomplir l'empereur tout au long de l'année, tant s'en faut. À partir de 1914, Richard Orband, administrateur des services civils de l'Annam, a tenu des « Éphémérides annamites » dans le *Bulletin des amis du Vieux Hué*. La liste des obligations auxquelles l'empereur était astreint est impressionnante. Il faut l'avoir parcourue pour comprendre ce qu'était la vie de cet adolescent de quinze ou seize ans. Qu'on en juge :

> Le 24 octobre 1914, Duy Tan dut assister aux cérémonies rituelles à l'occasion de la mort de l'empereur Duc Duc, c'est-à-dire son grand-père. Cela se passait au temple de Long An, où était également inhumée Tu Minh, sa grand-mère. Comment y échapper ?
>
> Le 3 février 1915, eut lieu la cérémonie du Phat Thuc, c'est-à-dire du « Nettoyage des sceaux royaux » : on devait ouvrir les armoires les contenant en présence de l'empereur.
>
> Le 5 février, c'était la fête de l'arrivée du printemps : le ministre des Rites adressa un rapport à l'empereur pour le lui annoncer.
>
> Le 14 février, eut lieu la fête du Têt, le Nouvel An annamite : l'empereur y assista, vêtu de satin jaune et coiffé du bonnet aux neuf dragons.
>
> Le 25 février, ce fut la fête de la « promenade du Printemps » : l'empereur se rendit à l'Hôtel de la Légation où il fut reçu par le résident supérieur.
>
> Les 30-31 mars, fête du Nam Giao, comme nous l'avons rappelé.

Et ainsi de suite, de mois en mois, tout au long de l'année, sachant que la plupart de ces cérémonies donnaient lieu à des déclarations, des ordonnances, des défilés, des prosternations des mandarins, etc. La vie de la Cour donnait l'impression d'être une suite ininterrompue de célébrations. D'autant qu'à ces innombrables rituels, authentiquement annamites, s'ajoutaient évidemment toutes les cérémonies qui étaient organisées du fait des liens avec la France. Ainsi,

le 14 novembre 1914, « Sa Majesté l'empereur d'Annam ordonne qu'à compter du 1er jour et jusqu'au 15e jour du 10e mois, des prières soient faites par les bonzes dans les pagodes publiques, pour obtenir que les vaillantes troupes françaises et celles non moins vaillantes des alliés qui défendent à leurs côtés la cause du droit, de la justice et de la civilisation, remportent la victoire ».

Le 4 janvier 1915, « Sa Majesté l'empereur d'Annam décerne à M. le généralissime Joffre, commandant en chef des armées françaises en campagne, la décoration du Kim Kanh hors classe, avec insigne et sautoir en or, brevet en caractères chinois brodés sur soie » ; « Mon empire, déclarait l'empereur, étant uni à la France par des liens d'amitié qui de jour en jour deviennent plus étroits, je me félicite de voir à la tête des armées de l'État protecteur, un Chef tel que vous dont le génie militaire incontesté a permis d'obtenir les succès dont je me réjouis [...][28]. »

Le 28 mai 1915 : « Arrivée à Hué de M. le gouverneur général Roume qui échange sa première visite officielle avec Sa Majesté l'empereur d'Annam. »

Le 14 juillet 1915 : « Sa Majesté l'empereur reçoit au premier étage de la porte monumentale Ngo Mon, M. le Résident supérieur en Annam, L.L. Excellences les ministres, les mandarins et toute la population européenne, pour assister à la revue des troupes de la garnison [...]. Des dames qui ont aimablement accepté de quêter ce jour-là au profit des soldats qui, en Europe, défendent si héroïquement l'honneur des armes françaises, offrent à tous un joli insigne destiné à glorifier notre canon de campagne qui, depuis août 1914, a fait la bonne besogne que l'on sait. C'est la "Journée d'apothéose du 75" qui commence. »

Et comment ne pas citer l'édit promulgué par l'empereur le 13 janvier 1916, relatif à la participation des Annamites à la guerre contre l'Allemagne :

> Depuis que notre État s'est placé sous l'égide du Protectorat français, sur notre sol, le fléau de la guerre est passé à l'état de souvenir ; la grande piraterie a disparu, cependant que les affaires du gouvernement se sont heureusement améliorées, le progrès a marché à grands pas, sous l'influence et l'action bienveillantes de la France protectrice. Nous vivons aujourd'hui en des heures grandioses. L'Allemagne, cet ennemi à la voracité des loups, à la rage furieuse du *hac-lu* [âne noir], qui foule aux pieds le droit et la justice, a osé s'attaquer à notre État suzerain [...]. Ô peuple, mes sujets, vous qui êtes connus comme étant aussi courageux et braves que distingués par votre loyalisme, de l'ennemi de la France, faites-en le vôtre. Pour l'honneur de notre pays, enrôlez-vous pour la guerre, afin de donner des preuves de vos meilleurs sentiments et payer votre dette de reconnaissance en retour des inestimables bienfaits du Protectorat [...][29].

Ironie de l'histoire : c'est alors qu'il exhortait ses braves et courageux sujets à s'enrôler contre l'Allemagne aux côtés de la France, qu'il préparait la rébellion qui allait éclater quatre mois plus tard. Une rébellion qui voulait précisément profiter de la guerre entre la France et l'Allemagne pour en finir avec le protectorat et s'appuyer sur ces volontaires pour organiser l'insurrection avant qu'ils ne s'embarquent pour la métropole.

3

Insurrection manquée

Durant tout son règne, mais en particulier les dernières années, à partir de 1914, le jeune empereur avait souvent fait preuve d'une grande indépendance d'esprit, quand ce n'était pas d'une réelle volonté de révolte. Nombreuses avaient été les personnalités annamites ou françaises qui avaient relevé des comportements et des réflexions illustrant la difficulté qu'il avait à supporter les empiétements constants du pouvoir colonial.

Un jour, lors de vacances à Cua Tung, où il se rendait régulièrement chaque été avec certains de ses ministres, on l'a noté, il s'adonna, avec Nguyen Huu Bai, son ministre des Travaux publics, au jeu des sentences parallèles qu'il goûtait fort. Il lui lança :

> « Assis sur l'eau, je ne suis pas en mesure de contenir son cours,
>
> Mais puisque l'hameçon est lancé, il faut que je tire sur la ligne. »

Le ministre, très embarrassé, dut s'exécuter et répondre par une sentence parallèle :

« En méditant sur les vicissitudes de la vie, mais me sentant impuissant,

Je ne puis que me fier, les yeux fermés, aux caprices du Destin. »

Cette sentence attira au ministre une cinglante réplique :

« Vous vous fiez toujours au destin et ne pensez jamais à réagir contre l'adversité. »[1]

Pour bien saisir la signification de l'échange, il faut savoir que « l'eau », dans la langue annamite, a aussi le sens de « nation » – « Assis sur l'eau » signifiait donc « À la tête de la nation » – et que le ministre Nguyen Huu Bai, catholique, était totalement rallié à la France. L'empereur lui reprochait ouvertement de ne pas « réagir ».

Toujours à Cua Tung, durant les villégiatures, l'empereur s'étant sali les mains, on lui apporta de l'eau pour les laver. « Quand les mains sont sales, vous les lavez avec de l'eau, mais quand l'eau est sale, avec quoi la lavez-vous ? » Embarras du mandarin. « Eh bien, il faut débarrasser l'eau des matières étrangères qui la souillent[2]. » L'eau étant la nation, c'était clair.

Dans une autre circonstance, après la fête du Têt, il donna l'ordre à deux de ses ministres d'aller à Paris pour y rencontrer le président de la République et lui faire accepter une révision des traités liant l'Annam à la France. Évidemment, les ministres pressentis déclinèrent cette mission. Mais c'était caractéristique de ce à quoi songeait l'empereur : l'indépendance, et au minimum des liens moins contraignants avec la métropole. Jamais, on s'en doute, cette « ambassade » n'eut lieu. Quant au résident supérieur Charles, il se contenta de conclure : « Il est jeune, il faut le surveiller, simplement ! » Mais cette affaire fut à l'origine d'une véritable cassure entre l'empereur insoumis et son gouvernement acquis au protectorat.

Vingt ans plus tard, en 1936, Duy Tan reviendra sur cet incident, renversant totalement les rôles et les responsabilités :

> Au début de l'année 1916, un parti s'était constitué pour essayer d'obtenir une complète révision des traités passés entre la France et l'Annam[3]. Ce parti, constitué secrètement et dirigé par de vieux Annamites, envoya des émissaires auprès de moi afin de me décider à prendre la tête du mouvement. Il ne m'appartenait pas de dénoncer mes compatriotes au Gouvernement français et je ne le fis pas, mais à leur instance, j'opposais un refus motivé par la vanité d'un tel projet dont les conséquences ne pouvaient qu'être désastreuses pour ses promoteurs[4].

La suite des événements allait bientôt montrer toute la faiblesse de cette argumentation spécieuse.

À une autre occasion, un jour que le ministre Huynh Con lui enseignait les caractères chinois, l'empereur se mit soudainement en colère : « Aucun ministre ne m'écoute. Je ne suis roi que de nom ! » Le ministre Nguyen Huu Bai osa lui répliquer : « Vous voulez combattre les Français, soit ! Avec quoi le ferez-vous ? Vous n'avez ni argent, ni armée ! » Furieux, l'empereur rétorqua : « C'est le moment de soulever le pays, durant que la France est en guerre[5]. » Tout cela était rapporté à la résidence supérieure. Celle-ci commençait à s'inquiéter car il était clair que, devenu adolescent, l'empereur s'insurgeait de plus en plus nettement contre la domination française. Le triste sort de son père ou encore celui de l'empereur Ham Nghi, exilé en Algérie, l'avaient toujours tourmenté, mais désormais les effets de la guerre – recrutement de volontaires annamites pour aller travailler ou se battre en France, réquisition de vivres – ajoutaient encore à ses inquiétudes. Quant au résident supérieur Eugène Charles, il ne prenait aucune décision, se contentant de temporiser à chaque nouvelle crise de colère de l'empereur.

De plus, le comportement de Duy Tan était assez contradictoire et traduisait probablement les hésitations et tourments de l'adolescence. Parfois, il était question de réviser le traité de protectorat, mais nullement de l'annuler ; en d'autres termes, cela signifiait que le protectorat était accepté quant à son principe, mais non son application exorbitante par l'administration coloniale locale. Ce sera effectivement, plus tard, la position mûrement réfléchie de Duy Tan. Mais il était également question de soulèvement pur et simple, ce qui était tout différent. Le jugement du résident supérieur Eugène Charles – « Il est jeune ! » – pouvait sembler perspicace, mais il était très optimiste.

Lorsque le jeune empereur eut environ quinze ans, il tenta effectivement de reprendre les affaires en main. Il convoqua les ministres de son gouvernement et voulut qu'ils s'engagent par écrit à le laisser gouverner personnellement. Bien évidemment, ils s'inquiétèrent de ce que serait la réaction des autorités coloniales face à une telle initiative. Ils incitèrent la reine mère à amener son fils à plus de modération et, on s'en doute, refusèrent de signer un tel engagement. Selon Nguyen Van Mai, chef de la province de Quang Tri, le projet de l'empereur alla même plus loin puisqu'il aurait demandé qu'on lui prépare un nouveau traité avec la France. La résidence supérieure d'Annam eut vent de l'affaire, ce pourquoi la Cour se garda bien de donner suite[6]. La question en resta là, mais dès lors, Duy Tan se trouva en constante opposition avec son gouvernement et une partie de la Cour.

Or, dans le même temps, l'agitation politique, dans certaines régions, devenait continuelle. Il s'agissait surtout des deux provinces côtières du Quang Nam et du Quang Ngai, au sud de Hué. C'étaient les provinces dans lesquelles la jacquerie contre les impôts, en 1908, avait été la plus suivie, mais les troubles avaient tendance à s'étendre à d'autres régions. Ainsi, en septembre 1915, éclata une grave mutinerie au pénitencier de Lao Bao, dans la province Quang Tri : les prisonniers réussirent à prendre le maquis, mais ne trouvèrent aucun appui parmi la population. La question était de savoir si tous ces troubles étaient liés entre eux et quel était le rôle de l'empereur dans cette agitation.

La Sûreté, pour sa part, considérait que, dès 1915, Duy Tan était impliqué dans un projet de soulèvement. En effet, une ordonnance royale datée du 5 mai 1915 et rédigée par l'empereur lui-même avait été découverte sous une dalle du palais. Parmi les chefs de l'insurrection projetée était mentionné un individu qui fut par la suite arrêté et condamné à mort par le Conseil de guerre de Hanoï. Fut même avancée l'hypothèse de contacts entre des rebelles émigrés et des agents de l'Allemagne[7].

Tous ces renseignements étaient largement fondés. Les premières réunions des organisateurs de l'insurrection remontaient effectivement à 1915 ; ils avaient dès cette date obtenu l'assurance d'une aide financière de la part du ministre d'Allemagne à Bangkok, lequel souhaitait que les rebelles s'emparent tout d'abord d'un port – on songea à Tourane – afin d'y débarquer de l'aide. La direction des Affaires politiques, à Hanoï, était d'ailleurs au courant d'agitateurs venus du Siam[8].

La dernière réunion préparatoire entre responsables du complot se tint à Hué en février 1916 : c'est à cette occasion que furent décidés les ultimes détails de l'opération. On y discuta également des premières mesures politiques à prendre après l'insurrection : création d'un Comité exécutif de neuf membres, proclamation de certaines libertés publiques, réforme fiscale. En revanche, la nature du futur régime – monarchie ou république – demeurait très floue ; on souhaitait surtout, dans un premier temps, impliquer l'empereur de façon à rassurer la population. Car c'était à l'empereur qu'était attaché le peuple. Se poser la question d'une monarchie ou d'une république était déjà sacrilège aux yeux de l'immense majorité, non seulement dans la masse paysanne, mais également parmi les lettrés et mandarins. C'était une question d'intellectuels qui regardaient vers l'étranger, vers la Chine ou le Japon. Mais en Annam, le pays, c'était l'empereur. Rien d'autre n'était concevable. Enfin, les conjurés avaient bien été obligés d'envisager l'hypothèse de l'échec : le repli s'opérerait par la montagne et le Laos, vers le Siam[9].

Pour mieux donner le change, l'empereur, le 11 avril 1916, écrivait une lettre personnelle au gouverneur général pour l'assurer, sur un ton familier, de sa fidélité et de son amitié. Elle vaut d'être citée en son ensemble, tant elle illustre la duplicité des comploteurs :

> Monsieur le gouverneur général,
>
> Permettez-moi de vous exprimer tous mes remerciements pour le souvenir destiné à ma femme et que Monsieur le résident supérieur m'a remis de votre part, ainsi que du billard que vous avez bien voulu me faire envoyer[10]. C'est un jeu qui, je crois, m'intéressera beau-

coup et j'espère, à votre prochain retour, vous montrer que je me suis efforcé de me rappeler ma première leçon.

Je pense souvent à la revue que j'ai passée avec vous, Monsieur le gouverneur général, chaque fois que, sortant pour ma promenade quotidienne, nous rencontrons les jeunes soldats, revêtus maintenant du costume militaire[11]. Vous avez en effet senti l'enthousiasme qui les anime, il n'est qu'un faible reflet de la joie qui m'emplit le cœur en songeant que mon peuple aura pu, par leur présence en Europe, témoigner un peu de la grande reconnaissance que nous avons à la France.

Veuillez agréer, Monsieur le gouverneur général, mes sentiments de très respectueuse amitié.

[signé] Duy Tan[12]

Comment, à la lecture d'une telle lettre, ne pas être convaincu de la fidélité de son auteur ? C'est la raison pour laquelle, envoyant copie de cette lettre au ministre des Colonies, à Paris, le gouverneur général Roume ajoutait : « Je crois pouvoir terminer ce rapport en disant que malgré les quelques écarts d'attitude constatés l'an passé et qu'il faut mettre sur le compte de sa jeunesse, rien n'autorise à penser sérieusement que les efforts faits pour nous attacher les sentiments du futur souverain[13] de l'Annam seront perdus[14]. » En fait, le gouverneur général s'était laissé influencer par le résident supérieur Charles qui avait toujours défendu le jeune empereur en dépit de ses incartades inquiétantes.

L'échec

Finalement, ce fut en mai 1916 que le drame se produisit : l'empereur se retrouvait à la tête d'une rébellion armée. La réflexion de Duy Tan à son ministre Nguyen Huu Bai – « C'est le moment de soulever le pays, durant que la France est en guerre » – n'était pas une parole en l'air de jeune adolescent.

L'âme du complot était un certain Tran Cao Van. La Sûreté le présentera comme un vulgaire « sorcier et géomancien », mais ce n'était pas tout à fait exact. En 1916, il avait juste cinquante ans. Né dans la province du Quang Nam, il avait fait quelques études, mais ayant échoué au concours mandarinal, il s'était retiré dans un temple taoïste, ce qui lui avait valu cette réputation de sorcier et géomancien. Il s'était alors fait connaître pour ses activités contre le protectorat et avait été arrêté en 1908, lors des manifestations contre les impôts. Une enquête sur son passé lui avait valu cinq ans d'emprisonnement à Poulo Condore. Libéré en 1913, il avait immédiatement repris ses activités révolutionnaires dans la province du Quang Ngai[15]. C'était le type même de ces nationalistes lettrés de la fin du XIXe siècle, qui considéraient que l'indépendance du pays passait par le rétablissement des pouvoirs de la monarchie traditionnelle. C'était même l'un des derniers représentants de ce courant qu'on a parfois appelé « Révolte des lettrés ». On raconte que pour recruter des partisans, il allait de village en village avec une veste au dos de laquelle était inscrite une ordonnance impériale appelant à l'insurrection[16]. Il visait à rallier les paysans, mais aussi les notabilités restées très attachées à l'empereur, ainsi que les tirailleurs indigènes qui craignaient d'être envoyés sur le front, en Europe.

Tran Cao Van était secondé dans ce projet par un autre révolutionnaire nommé Thai Phien, lui aussi originaire de Quang Nam. C'était un disciple de Phan Boi Chau et un des dirigeants du mouvement que celui-ci avait créé en 1912, la Ligue pour la restauration du Vietnam (*Viet Nam Quang Phuc Hoi*), qui militait pour l'indépendance du pays. Tran Cao Van était en contact avec ce groupe indépendantiste pour mener à bien son projet et organiser le soulèvement prévu. C'est ce qu'on appellera le « mouvement insurrectionnel de Duy Tan » (*Khoi nghia Duy Tan*).

Tenus au courant des sentiments de l'empereur par un garde, Tran Cao Van et Thai Phien réussirent à lui faire passer une lettre et à le convaincre de les rencontrer. Vers avril 1916, l'épouse de Duy Tan – il était marié depuis janvier – remarqua, rapportera-t-elle plus tard, qu'un homme était venu pêcher dans le lac impérial, derrière le palais Kien Trung. S'en étant ouverte à l'empereur, celui-ci lui aurait répondu : « Ne t'en fais pas, ma chère ! C'est un pauvre qui cherche à gagner sa vie, il n'y a donc pas de mal à le laisser faire ! » C'était bien évidemment Tran Cao Van (accompagné de Thai Phien ?) qui était ainsi secrètement venu rencontrer l'empereur pour préparer l'insurrection[17]. Il avait exposé à Duy Tan les difficultés militaires de la France face à l'Allemagne, la pauvreté des paysans dans certaines provinces, l'agitation nationaliste de certains émigrés en Chine, l'état d'esprit de jeunes mandarins. L'empereur, déjà convaincu, s'était laissé séduire.

Les plans étaient les suivants. Grâce à des miliciens complices, divers postes militaires seraient attaqués dans les deux provinces du Quang Nam et du Quang Ngai, ainsi qu'à Tourane.

À Hué, les meneurs devaient provoquer une mutinerie du 16e bataillon d'engagés volontaires et se saisir des armes, tandis que quelques groupes d'insurgés répartis autour de la ville devaient y pénétrer et y conduire l'insurrection. Toutefois, dans la capitale impériale, c'était surtout sur la présence de l'empereur que les rebelles misaient, plusieurs proclamations de Duy Tan incitant la population à se révolter ayant été signées par lui. La date fixée pour le soulèvement était la nuit du 3 au 4 mai 1916, vers une heure ou deux heures du matin : le signal devait être donné par des pétards et des barrissements d'éléphants.

Or, les événements ne se déroulèrent pas comme prévu. Les résidents supérieurs des deux provinces du Quang Nam et du Quang Ngai furent mis au courant du projet les premiers jours de mai, firent venir une section d'infanterie coloniale de Tourane et réussirent à arrêter préventivement plusieurs meneurs. Il n'y eut de troubles graves qu'à Tam Ky, au Quang Nam, où la Garde indigène tira sur des émeutiers, faisant trois morts. Cinq meneurs furent exécutés et les bandes se dispersèrent.

À Hué, la Sûreté avait remarqué les allées et venues d'individus suspects entre Tourane et la capitale impériale, dont Tran Cao Van. Mais dans le même temps, le comportement de l'empereur semblait tout à fait normal. Le 2 mai, comme chaque année à la même période, il avait participé, au temple The Mieu, aux offrandes rituelles célébrant la venue de l'été[18]. Et le 3, l'empereur avait demandé à son précepteur, Eberhardt, et au Dr Gaide, inspecteur général des Services de santé, de venir le voir le lendemain matin. Rien ne pouvait laisser prévoir le drame qui allait se produire dans les heures suivantes.

Or, dans la journée du 3, le résident supérieur – à cette date, Eugène Charles – fut averti de la présence de Tran Cao Van dans la ville : il devait y rencontrer ses complices le soir même. Police et armée prirent leurs dispositions. L'empereur, quant à lui, ne fut probablement pas prévenu de ces derniers événements. Vers 10 heures du soir, il quitta la Cité impériale, accompagné de quatre gardes et vêtu de façon tout à fait inhabituelle : pieds nus, turban noir et veste rouge. Il gagna alors l'embarcadère Thuong Bac où l'attendaient Tran Cao Van et Thai Phien, en compagnie desquels il rejoignit un groupe d'insurgés réunis dans un sampan, sur le canal de Phu Cam. Le résident supérieur avait été mis au courant de ce rendez-vous par un interprète, nommé Tru ; il avait alors envoyé ce dernier au lieu convenu, avec instruction de se faire passer pour un insurgé et de rapporter le plus grand nombre possible d'informations. Cet interprète réussit parfaitement sa mission. Il parla longuement – en français – avec l'empereur qui lui demanda « des détails sur les habitudes des officiers, sur l'armement des tirailleurs, la possibilité de faire disparaître les gradés européens » et lui recommanda « de tuer tous les Européens du bataillon » stationné à Hué, puis de revenir au moment où serait déclenchée la révolte. Tous ces renseignements furent bientôt transmis au résident supérieur.

À deux heures du matin, aucun signal de début d'insurrection ne fut donné, les rebelles ayant probablement compris que le complot avait été éventé. Dans le même temps, l'empereur s'enfuyait en jonque vers les provinces du Sud. De leur côté, à la Cité impériale, le directeur de cabinet du résident supérieur, Le Fol, et le chef de la Sûreté de Hué, Léon Sogny, accompagnés du ministre Huynh Con, ne purent que constater la disparition de l'empereur. Les recherches commencèrent immédiatement.

Se sachant perdu, Duy Tan décida finalement de revenir à Hué, faisant une partie du chemin à pied. Épuisé, il fut retrouvé le 6 mai au matin, à la pagode de

Thuyen Ton, près de l'esplanade du Nam Giao, au sud de la ville[19]. C'est là qu'il fut arrêté par deux policiers qui étaient accompagnés de Le Fol et Sogny, celui-là même qui, en 1907, alors dans la Garde indigène, avait procédé à l'internement de l'empereur Thanh Thai, le père de Duy Tan. Décidément.

Abordant l'empereur, Le Fol lui dit :

« Eh bien Sire, vous avez fini cette randonnée ?

— Vous ne pouvez pas comprendre », se contenta de répliquer l'empereur.

Quant à Léon Sogny, attentif aux questions de sécurité, il crut discerner une arme sous la veste de l'empereur. Ce dernier l'arrêta : « Ne vous approchez pas de moi ! Je ne porte aucune arme et c'est regrettable ! Si j'en avais une, je vous aurais tués tous les quatre ! » Effectivement, l'empereur ne portait aucune arme, mais sortit de sa ceinture deux sceaux en or qu'il avait emportés du palais avant son rendez-vous avec Tran Cao Van, de façon à authentifier les ordres qu'il comptait donner.

Duy Tan fut alors ramené sous bonne garde à Hué et consigné à la Concession. Le résident supérieur Eugène Charles vint immédiatement le voir et comme Le Fol, dans les mêmes termes, prit le parti, une fois encore, de minimiser les événements :

« Eh bien Sire, êtes-vous content de votre équipée ?

— Non, puisqu'elle n'a pas réussi », répondit sèchement Duy Tan qui, dès lors, se réfugia dans un profond mutisme[20].

Ce 6 mai, c'était le jour des cérémonies rituelles, au temple Phung Tien, en mémoire de l'anniversaire de la mort d'une épouse du roi Thieu Tri (1841-1847[21]). Les esprits devaient être ailleurs. On fit faire à l'empereur un tour en ville, en voiture décapotable, entre Le Fol et Sogny, de façon que la population constate bien qu'il était tombé aux mains des Français, puis on le séquestra dans la citadelle[22].

Certains Français, pourtant, estimaient que le meilleur parti à prendre était de rétablir l'empereur sur son trône. Ce fut le cas, en particulier, de Philippe Eberhardt, son professeur, qui était devenu très proche de son élève, ou encore du Dr Gaide, tous deux ayant pris le risque de télégraphier à Paris en ce sens. En raison de l'origine allemande de son nom, Eberhardt sera plus ou moins soupçonné de connivence avec l'empereur et finalement rappelé en France.

Les causes de cet échec étaient simples, de deux ordres. Du côté des insurgés, l'impréparation était presque totale : pas de commandement unifié, désordre des insurgés, très peu d'armes, car les deux mille volontaires annamites en départ pour la France, alors stationnés à Hué, sur lesquels les rebelles comptaient, avaient été désarmés et consignés, très peu de précautions prises, d'où les nombreuses arrestations avant même le déclenchement de l'insurrection, insuffisance des renseignements, etc. Par ailleurs, à aucun moment la population ne suivit vraiment les rebelles, lesquels, à Hué, furent très peu nombreux, quelques centaines tout au plus. La revue *Indochine*, semi-officielle, pourra conclure : « En fait, le mouvement est resté limité aux provinces de Quang Ngai, Quang Nam et Thua Thien. Et dans ces provinces mêmes, il ne fut, à aucun moment, un mouvement populaire[23]. » Rien de comparable, en tout cas, au mouvement contre les impôts de 1908.

Le gouverneur général finit par conclure, avec quelques raisons, et comme la Sûreté, « non [à] une simple fugue de jeune homme, mais bien [à] un acte réfléchi de rébellion caractérisée », c'est-à-dire un complot préparé de longue date : « Il est de plus en plus certain, écrivait-il au ministre des Colonies le 20 mai 1916, que le jeune roi entretenait depuis longtemps des relations avec quelques agitateurs et que ceux-ci préparaient, d'accord avec lui, un mouvement insurrectionnel qui devait éclater d'abord dans les provinces toujours turbulentes du Quang Nam et du Quang Ngai, s'étendre de là dans les provinces du Centre et du Nord, et gagner finalement le Tonkin et la Cochinchine. Une perquisition qui vient d'être opérée au palais de Hué a fait découvrir une ordonnance royale, datée de l'année dernière, portant désignation des chefs militaires dans diverses provinces ; ainsi ce complot hantait l'esprit du roi Duy Tan depuis au moins un an[24]. » Dans l'immédiat, pour parer à toute éventualité, on décida d'envoyer en Annam « un détachement d'infanterie coloniale de 150 hommes destiné à renforcer, en le portant à 300 hommes, l'effectif de l'unique compagnie de troupes européennes en garnison en Annam[25] ».

Eugène Charles, alors résident supérieur à Hué, donnera quant à lui, des années plus tard, une version assez curieuse de ces événements, mais qui mérite d'être rappelée, car il fut au cœur de l'affaire. En effet, dans *Le Dragon d'Annam*, Mémoires de l'empereur Bao Daï, on peut lire :

> Dès le lendemain [de mon retour au Vietnam, en 1932], j'ai une longue conversation avec M. Charles [...]. Il me donne des détails sur l'équipée de l'empereur Duy-Tan [...] – Il faut que vous sachiez, Vinh [c'est-à-dire Bao Daï], ce qui s'est réellement passé. Sa Majesté Duy-Tan, avec la fougue et l'idéalisme de la jeunesse, s'est laissé entraîner. Nguyen Huu Bai, qui jouait déjà un rôle important à la Cour, n'est pas étranger à sa décision de prendre la tête du mouvement d'indépendance et à sa fuite du palais. Pas

plus sans doute qu'il n'est étranger à sa rapide capture. D'aucuns ont parlé de provocation[26]...

Nguyen Huu Bai, ce ministre catholique des Travaux publics qui, on l'a rappelé, s'était vu répliquer par l'empereur Duy Tan, un jour, sur la plage de Cua Tung : « Vous vous fiez toujours au destin et ne pensez jamais à réagir contre l'adversité. » Un Nguyen Huu Bai qui, un autre jour, avait lancé à la tête de l'empereur cette phrase peu diplomatique : « Vous voulez combattre les Français, soit ! Avec quoi le ferez-vous ? Vous n'avez ni argent ni armée ! » Un empereur impatient d'indépendance, un ministre partisan de l'attentisme et de l'entente avec les Français. Le fait est que Nguyen Huu Bai, après la rébellion de Duy Tan, sera le premier à proposer comme successeur le fils de l'empereur Dong Khanh, le prince Buu Dao, celui qui avait été écarté de la succession en 1889 : il succédera effectivement à Duy Tan, sous le nom de règne de Khai Dinh. Le mot d'Eugène Charles, « provocation », prendrait ainsi tout son sens : se débarrasser de Duy Tan, trop aventuriste, en l'encourageant dans cette équipée révolutionnaire sans issue, afin de le remplacer par un monarque plus francophile. En remerciement, Khai Dinh, successeur de Duy Tan, conférera à Nguyen Huu Bai le titre honorifique de « comte de Phuoc Mon ».

Vingt ans plus tard, Duy Tan donnera de ces événements une version fort différente, expliquant qu'il avait été mis devant les faits, contraint de prendre la direction de l'insurrection. Il ne l'avait acceptée que pour mieux la faire échouer, car il la jugeait insensée et promise à un échec certain. Agissant ainsi, il avait évité un bain de sang qui aurait coûté la vie à de nombreux Français et Annamites :

> [P]ersuadé de la folie d'une révolte, je fis tout ce qui est en mon pouvoir pour en détourner les chefs de conjurés avec lesquels je fus en contact. Rien n'y fit [...]. « Rien, me dit [le chef des conjurés], ne peut plus empêcher la révolte de se produire et vous commettriez une lâcheté si vous n'êtes pas à la tête de ceux qui vont mourir pour l'indépendance d'un pays qui est le vôtre et dont vous avez reçu la charge de vos aïeux [...]. » Je résolus de tout tenter pour empêcher et leur projet et leur destin de s'accomplir [...]. Voilà le dilemme qui me fut posé : ou laisser assassiner les Français pour ensuite assister à une répression sanglante, ou dénoncer mes compatriotes et commettre ainsi une lâcheté. Pour sortir de ce dilemme douloureux, un seul stratagème me restait : accepter le commandement de la révolte [...] et par cela acquérir assez d'autorité pour être sûr d'être obéi. Et ensuite, donner des ordres et des contre-ordres assez incohérents pour disperser les bandes [...]. Une fois ce plan adopté, j'employai toute mon activité à le faire aboutir et, la nuit fixée, sortis du palais pour me rendre au quartier général. C'est de là que je crois fermement avoir sauvé la vie à beaucoup de gens, tant Français qu'Annamites. Quand la nuit qui devait être tragique fut passée, je revins aux environs de Hué afin de me faire prendre et ainsi éviter les recherches et les suspicions qui les accompagnent[27].

Ce sont là les termes d'une lettre que l'ex-empereur Duy Tan enverra au ministre des Colonies, en 1936, dans le but d'être autorisé à « terminer sa vie à Paris ». On comprend qu'elle n'ait jamais reçu de réponse, tant les arguments étaient peu défendables.

Une succession dans la précipitation

L'empereur arrêté, l'idée des autorités coloniales, dans un premier temps, fut de faire silence sur cette regrettable affaire et de convaincre l'empereur de remonter sur le trône. Peu de gens, à Hué, étaient au courant de l'insurrection ; elle pourrait être aisément oubliée. Telle était, une fois encore, l'état d'esprit d'Eugène Charles.

D'innombrables efforts furent déployés afin de convaincre l'empereur de reprendre normalement ses fonctions. Ainsi apporta-t-on à la Concession, où il fut tout d'abord retenu, son turban et sa robe jaune, ainsi que quatre parasols, pour organiser une rentrée solennelle au palais impérial. Duy Tan se contenta de rétorquer : « Si je voulais continuer à être empereur, je n'avais qu'à me tenir tranquille dans mon palais. Pourquoi donc en suis-je sorti pour faire le "révolutionnaire" ? Je ne consentirai à être roi que lorsque je ne verrai plus l'ombre d'un Français sur le territoire de mon pays ! Je ne retournerai sur mon trône qu'en ce cas seulement ! » Le résident supérieur, mais aussi des membres de la Cour et même son épouse tentèrent de le convaincre, sans succès. Le gouverneur général vint de Hanoï dans le même but. « Vous voulez me forcer à être empereur d'Annam ? Eh bien ! Veuillez me considérer comme un roi majeur, supprimez le Conseil de régence et laissez-moi toute liberté d'action, surtout celle de correspondre directement avec la métropole[28] ! »

Comme il n'était nullement question d'accéder à ces conditions, force fut d'abandonner l'idée d'une restauration de l'empereur sur son trône. Ce fut donc à la recherche d'un successeur que s'employèrent, dès lors, le protectorat et le Conseil de régence. Ce serait le

Dr Albert Sallet, celui qui en 1907 avait refusé de déclarer dément l'empereur Thanh Thai, qui fut chargé d'annoncer à Duy Tan sa destitution[29].

Dès que la fuite de l'empereur avait été connue au palais, le 4 mai, le ministre Huynh Con avait réuni ses collègues pour discuter de la suite à donner. Très vite, il avait été convenu que Duy Tan devait être destitué. Par qui le remplacer ? Ce fut le ministre Nguyen Huu Bai qui, le premier semble-t-il, avança le nom du prince Buu Dao, on l'a noté. Né en 1885, il était le fils aîné de l'empereur Dong Khanh qui avait régné de 1885 à 1889. Lorsque son père était décédé, étant trop jeune, on lui préféra, pour la succession, un de ses neveux, celui qui devint l'empereur Thanh Thai, père de Duy Tan. En 1916, le prince Buu Dao était âgé de trente et un ans. Probablement ce choix, qui était une surprise, résultait en fait d'une négociation entre le protectorat et les ministres. Eugène Charles déclarera lui-même : « J'ai fortement appuyé la proposition de l'impératrice douairière pour le choix de votre père [celui de Bao Daï, donc Khai Dinh] comme successeur après cette pénible affaire. Sa Majesté Khai Dinh le savait fort bien[30]. » L'empereur Dong Khanh ayant été très francophile, les autorités coloniales pensèrent probablement qu'il en irait de même avec le fils. Et l'on se débarrassait ainsi de la lignée des Thanh Thai et Duy Tan qui, depuis des années, avaient sérieusement compliqué la politique française en Indochine. Lors de la venue à Hué du gouverneur général Ernest Roume, le 10 mai, les membres du Conseil de la famille impériale et du Conseil de régence proposèrent officiellement la destitution de Duy Tan et son remplacement par le prince Buu Dao. En fait, Ernest Roume était plutôt partisan d'une suppression définitive de l'institution impériale.

Tous les dignitaires et ministres s'étant, évidemment, prononcé pour son maintien et ayant prédit de grands troubles si on la supprimait, le gouverneur général, finalement, entérina leur proposition. Trois jours plus tard, Paris donnait son accord[31].

On trouve dans *Le Dragon d'Annam*, ouvrage présenté comme étant les Mémoires de l'empereur Bao Daï (1925-1945), une version assez différente de cette succession de Duy Tan :

> Consciente de l'inanité de pareilles entreprises [la déposition de Duy Tan], la Cour porte alors son choix sur le fils de l'empereur Dong Khanh dont le règne [1885-1889] avait été marqué par une reprise de la politique profrançaise de Gia Long. Mon père [Khai Dinh, r. 1916-1925] avait alors trente-deux ans. Il connaît le discrédit qui avait entaché le début du règne de son propre père [Dong Khanh] pour avoir accepté une succession imposée par la France, il sait aussi que le titre impérial ne confère plus aucune autorité. Aussi ne met-il aucun empressement à accepter le choix de la Cour. Il ne cédera que devant les objurgations de l'impératrice douairière, première épouse de Dong Khanh, qui entraîne son acceptation en la lui demandant pour sauver l'honneur de la famille. C'est ainsi que mon père monte sur le trône d'Annam en 1916[32].

Ce fut le ministre Huynh Con qui fut chargé de préparer, de toute urgence, l'intronisation du nouvel empereur. Les cérémonies durèrent trois jours. Le 16 mai 1916, on alla, en grande pompe, chercher le prince Buu Dao dans sa résidence de campagne et on l'amena à Hué, d'abord à la résidence supérieure pour y saluer les autorités françaises – protectorat oblige –, puis à la Cité impériale où, en présence des ministres et mandarins supérieurs, il fut conduit au palais Quang Minh, son logement provisoire. Le lendemain, on procéda à la « remise des pouvoirs impériaux » – longue cérémonie en dépit du faible nombre de ces pouvoirs – et au choix du nom de règne : on s'arrêta à « Khai Dinh », « Commencement de la Stabilité ». Enfin, le 18 mai, en présence des autorités françaises de Hué, eut lieu l'intronisation elle-même : discours du résident supérieur, réponse de Sa Majesté, grande cérémonie des *lay* (prosternations), allocutions des princes, dignitaires, grands mandarins, rapports, félicitations, remises de peines, premières ordonnances, etc. Tout cela se terminant par un lunch non moins protocolaire[33].

Une dizaine de jours après l'insurrection, l'Annam avait de nouveau un empereur. Il en avait même quatre, si, outre le nouvel empereur Khai Dinh, on songe à l'empereur Duy Tan alors en détention, à son père, Thanh Thai, toujours en résidence surveillée au cap Saint-Jacques depuis 1907, et à Ham Nghi, en exil à Alger depuis 1888.

La succession incessante des cérémonies pouvait reprendre. L'une des premières qui fut célébrée par le nouvel empereur eut lieu dès le 27 mai. Il s'agissait de fêter le départ pour la France du 16e bataillon de tirailleurs indochinois. Un long discours d'adieu devait être prononcé au nom du Conseil des ministres : Khai Dinh voulut assister personnellement à cette cérémonie. En fait, il s'agissait surtout de faire oublier l'édit que Duy Tan avait promulgué en janvier, à propos de la participation de l'Annam à la guerre contre l'Allemagne, alors que les insurgés du coup du 3 mai ne songeaient qu'à utiliser ce bataillon et ses armes pour se soulever contre la France. La fête fut imposante, sur le parvis précédant la grande porte de la citadelle. Par précaution, les tirailleurs étaient sans armes. On distribua maints petits drapeaux aux couleurs de la France et de l'Annam, on décora de nombreux militaires. Puis le ministre des Finances prononça le long discours prévu, stigmatisant une fois encore « les pirates allemands » et remerciant la France de ses bienfaits, en particulier le soin qu'elle apportait à « instruire le peuple annamite et à le conduire vers le progrès et la civilisation ». Que demander de plus ? Après quoi, des petits danseurs chantèrent des poèmes en l'honneur des volontaires partant pour la métropole comme travailleurs ou combattants[34]. Une belle fête !

Quelques jours plus tard, le nouvel empereur Khai Dinh découvrait dans le palais « un sceau (de bois) fabriqué sur les ordres de l'ex-roi Duy Tan, antérieurement au complot », selon Léon Sogny, responsable de la Sûreté et excellent connaisseur de la langue annamite. On y lisait quatre caractères signifiant « Poursuivre les travaux militaires » ou bien « Écrire de nouvelles pages de fastes militaires ». Léon Sogny en concluait tout naturellement : « Ce cachet était donc destiné, sans aucun doute, à être apposé sur des documents que le jeune souverain se proposait de rédiger pendant la rébellion[35]. » La longue préméditation du complot ne pouvait faire l'objet d'aucun doute ; la culpabilité de l'empereur Duy Tan lui-même s'en trouvait encore aggravée.

Événements tragiques, certes, mais qui ne bouleversaient pas totalement l'équilibre de l'Indochine, ni même celui de la noble ville de Hué où tout cela s'était déroulé. Pour preuve : la réunion mensuelle de la docte association des Amis du Vieux Hué, le samedi 31 mai. Tous les habitués étaient là, y compris le résident supérieur par intérim, Le Marchant de Trigon, et le ministre des Finances du gouvernement annamite, venus en voisins écouter des poésies relatives au « Hué pittoresque », prendre connaissance d'une note du Dr Gaide [qui avait rencontré l'ex-empereur Duy Tan la veille du drame] « au sujet du transfert du cimetière de Thuan-An », etc. Personne ne souffla mot du drame, évidemment. Seule petite note d'actualité : le président Orband annonça qu'« il a offert à Sa Majesté Khai Dinh [nouvel empereur depuis treize jours !] la présidence d'honneur de l'Association et lui a fait remettre une collection des publications parues. Sa Majesté, que nos travaux intéressent vivement, a accepté avec empressement[36] ». Procès-verbal de la réunion fut tranquillement dressé par Léon Sogny, chef de la Sûreté de Hué, qui avait arrêté l'empereur Duy Tan deux semaines plus tôt. Ainsi allait la petite vie provinciale dans la soi-disant « paisible » ville de Hué.

Cette réunion était très anecdotique, une sorte de non-événement, mais peut-être pleine d'enseignement. Témoignait-elle de l'indifférence des participants à l'égard de la crise, de leur légèreté, de leur mépris ? Certainement pas. La majorité de l'assistance était constituée d'Annamites probablement très attachés à l'institution impériale et qui mesuraient évidemment la gravité de l'heure. Quant aux Français présents, le père Cadière, des Missions étrangères, le président Orband, Léon Sogny, tous étaient d'excellents connaisseurs de la langue et de la civilisation annamites, lesquels, loin de la mépriser, en étaient au contraire des admirateurs passionnés. Mais on était en guerre : il fallait manifester son calme, montrer une parfaite maîtrise des événements. C'est pour cette raison que le lendemain du complot avorté, Léon Sogny, en compagnie de Le Fol, avait tenu à se promener en ville, ostensiblement, avec l'empereur Duy Tan, pas encore officiellement déchu. On ne pouvait ajouter au trouble par une fébrilité incontrôlée ; le sage se doit de rester serein en toutes circonstances.

Jugement et exil à La Réunion

Dans le même temps où la Cour et le protectorat s'employaient à organiser une succession aussi rapide que possible et à rétablir le cours normal des choses, on s'occupait également de régler définitivement le sort de Duy Tan et de ses acolytes. Il ne suffisait pas d'avoir intronisé un nouvel empereur, encore fallait-il écarter tout risque de rebondissement de la crise que venait de vivre l'Annam. Dès après l'investiture de Khai Dinh, on transféra l'ex-empereur Duy Tan dans la Cité impériale, au poste de Mang Ca, sous la garde de soldats français.

Du point de vue du protectorat, le statut de Duy Tan était clair : les membres du Conseil de la famille impériale et du Conseil de régence s'étaient prononcés pour sa destitution et celle-ci avait été avalisée par le gouvernement français. L'ex-empereur Duy Tan n'était plus que « prince Vinh San », titre qui était le sien avant son élévation sur le trône. Mais du point de vue annamite, il n'en demeurait pas moins que l'empereur Duy Tan n'avait nullement abdiqué. Par la suite, cela pourrait être la source de difficultés. Aussi décida-t-on de « compléter » la destitution par un jugement. La procédure était peu orthodoxe, mais, pensait-on, cela donnerait plus de poids politique à la destitution. En dépit de cette précaution, l'empereur Duy Tan n'ayant pas abdiqué, nombreux seront ses compatriotes qui considéreront qu'il fut le dernier empereur légitime d'Annam.

Ce fut à Ho Dac Trung, ministre de l'Instruction publique, qu'incomba la charge de faire rapport sur les responsabilités de Duy Tan. Ce ministre avait été très proche de l'empereur ; et l'on se souvient que ce dernier avait été amoureux de la fille du ministre, mais avait finalement renoncé à l'épouser. La famille de Ho Dac Trung était restée très liée à Duy Tan. Si liée que le ministre fut même soupçonné d'avoir encouragé les agissements de l'empereur et retenu quelques jours à la résidence supérieure. Après l'insurrection, la Sûreté avait intercepté un message que le chef de la rébellion, Tran Cao Van, condamné à mort[37], avait adressé, peu avant son exécution, au ministre Ho Dac Trung, sous forme de sentences parallèles. Ce message en appelait aux ministres pour éviter la peine de mort à l'empereur :

> Sujets fidèles ! Hommes d'honneur ! Dignitaires portés aux plus hautes fonctions ! Où êtes-vous ? Laisseriez-vous un patriote tombé aux mains de l'ennemi mourir d'une mort violente ?
>
> Le Ciel, la Terre, la Patrie sont encore là ! Pourvu que Sa Majesté ait la vie sauve !

Interrogé à propos de ces sentences parallèles adressées à Ho Dac Trung, l'ex-empereur avait déchargé son ministre de toute implication dans le complot[38]. Ce dernier avait donc été lavé de tout soupçon, mais l'amitié qu'il portait à Duy Tan, dont il était un des confidents, l'avait évidemment désigné comme un complice possible de ce dernier. Ce fut d'ailleurs cette amitié qui incita les ministres, en vue du jugement, à proposer Ho Dac Trung comme rapporteur des agissements de l'ex-empereur, estimant, à juste titre, qu'il était probablement le plus apte à sauver la tête de l'accusé.

De fait, le ministre Ho Dac Trung développa une longue argumentation qui revenait à fortement minimiser la responsabilité de l'ex-empereur dans l'insurrection. Il mit en avant la jeunesse de Duy Tan, sa popularité, le fait que son patriotisme avait été exploité par des meneurs. Il concluait en demandant sa déposition – elle était déjà décidée – et le maintien de son titre, prince Vinh San – ce qui était déjà acquis – excluant toute autre peine, c'est-à-dire la peine de mort qui avait été envisagée, pour trahison en temps de guerre :

> L'empereur Duy Tan est encore jeune. Bien que son intelligence soit très vive, ses agissements ne sont pas encore assez réfléchis. C'est pourquoi il a été facilement entraîné par des agitateurs rusés qui cherchaient à exciter adroitement son patriotisme. S'il est majeur, son crime est très grave, mais comme il est encore mineur, son comportement est plutôt excusable. À vrai dire, s'il est coupable, il l'est bien vis-à-vis du Gouvernement du Protectorat, mais nullement vis-à-vis de son Gouvernement et de son peuple.
>
> Par ailleurs, la révolte projetée n'a pas encore éclaté et partant, n'a encore causé aucun préjudice aux Français de Hué et des autres provinces de l'Annam, tant en biens privés qu'en vies humaines. En outre, Duy Tan est très estimé de son peuple. Dans ces conditions, sa condamnation à mort ne manquerait pas de susciter des troubles parmi la population. Tant du côté français que de notre côté, nous devons éviter à tout prix cette éventualité, surtout au moment où la France est aux prises avec des difficultés graves causées sous le ciel d'Occident par les envahisseurs allemands.
>
> Il s'avère donc prudent de se montrer indulgent envers le jeune monarque en le destituant, tout en lui laissant sa liberté et son ancien titre de prince. Cette sentence, outre

qu'elle est judicieuse, montrera encore à tout le monde la magnanimité de la France.

Le gouvernement annamite entérina évidemment ce rapport et s'étant érigé en tribunal, demanda au même Ho Dac Trung de rédiger un jugement allant dans le sens du rapport, lequel jugement fut accepté à l'unanimité des ministres. Il fut alors transmis au nouveau résident supérieur, Le Marchant de Trigon, qui avait remplacé Eugène Charles, nommé gouverneur général par intérim. Bien qu'ayant demandé la peine de mort, Le Marchant de Trigon l'accepta, mais y ajouta une clause supplémentaire : l'exil de Duy Tan à La Réunion. Paris avalisa et le jugement du gouvernement annamite et la décision d'exil proposée par le résident supérieur[39]. Grâce à son ami, le ministre Ho Dac Trung, l'ex-empereur avait sauvé sa tête.

D'ailleurs, l'ex-empereur Duy Tan, peut-être sur le conseil de son entourage, avait eu l'intelligence de se repentir de sa conduite. Le 20 août, il écrivait au gouverneur général : « L'autre jour, quand j'ai eu l'honneur de vous voir, je vous ai exprimé tout mon repentir sur le crime que le gouvernement français me punit maintenant. Je vous ai dit également que je l'accepterai sans murmure[40]. » L'expression de ces regrets contribua probablement à la mansuétude du jugement.

Au lendemain de celui-ci, Duy Tan avait donc définitivement perdu son trône. Mais, pour autant, avait-il perdu son mandat impérial ? Nombreux seront ceux qui ne le penseront pas. D'ailleurs, l'argumentation du ministre Ho Dac Trung ne faisait-elle pas, d'une certaine façon, la distinction entre destitution et légitimité lorsqu'elle affirmait : « À vrai dire, s'il est coupable, il l'est bien vis-à-vis du gouvernement du protectorat, mais nullement vis-à-vis de son Gouvernement et de son peuple. » On notera, au passage, que la formule était assez osée ; elle revenait à admettre que le protectorat et l'Annam étaient deux réalités bien différentes, tout comme l'Empire français et l'empire d'Annam, et qu'on pouvait parfaitement trahir l'un sans trahir l'autre.

Inquiet des répercussions possibles, sur le plan politique, de cette destitution de l'empereur et de son exil, le résident supérieur avait également décidé d'exiler son père à La Réunion, l'ex-empereur Thanh Thai, qui, ainsi, suivrait son fils dans l'île. Les risques de troubles, pouvait-on penser, seraient ainsi réduits.

En effet, Thanh Thai, lui-même destitué en 1907, se trouvait toujours, depuis neuf années, en résidence surveillée, au cap Saint-Jacques, légèrement au sud de Saïgon. Initialement, il y avait été envoyé à titre provisoire. Mais, ayant continué, tout au moins selon l'administration coloniale, à se comporter de façon inadmissible, il avait été envisagé, dès cette époque, de le déporter à La Réunion. C'était son fils, le tout jeune empereur Duy Tan, qui s'y était opposé, prétextant de l'impérieuse obligation du culte des ancêtres : « À peine suis-je intronisé, dit-il au résident supérieur, que vous déportez mon père à l'étranger. Que reste-t-il donc de la considération que me réserve mon peuple ? Comment, dans ces conditions, pourrais-je régner ? En outre, de temps en temps, je devrais aller voir mon père pour remplir mes devoirs filiaux. Chez nous, Orientaux, un homme sans piété filiale, fut-il un roi, n'est respecté par personne[41]. » Finalement, l'administration coloniale avait accepté que Thanh Thai restât au cap Saint-Jacques. Il y était toujours en 1916, mais continuait à donner bien du souci à l'administration coloniale. Depuis son exil en Cochinchine, il n'avait cessé de provoquer des incidents. En 1911, un garagiste de Saïgon lui avait prêté une voiture : au lieu de la lui rendre après usage, il l'avait vendue[42]. La même année 1911, il avait demandé qu'une de ses anciennes concubines qui l'avait quitté en 1910 et dont il avait une fille, la princesse Thi Hué, revînt auprès de lui : cette concubine refusa mais, affaire liée à celle de la voiture, elle expliqua en outre : « Au cours des années où je suis restée avec le Roi Père à Saïgon, il m'a pris, pour éteindre sa dette chez le voiturier, tous mes bijoux, mes colliers d'or, etc. Certains mois, pour mes besoins personnels, il ne me donnait pas même une piastre[43]. » Ce qui n'empêchait pas l'ex-empereur, dans le même temps, de demander au gouverneur général de faire passer sa pension mensuelle de 2 500 à 3 500 francs[44]. Or, depuis le début de la guerre en métropole, ces affaires, devenues publiques, étaient de plus en plus gênantes. Ainsi, en janvier 1916, il faisait scandale dans un magasin indien du cap Saint-Jacques où il était venu faire des achats, en refusant des toiles anglaises et françaises, exigeant qu'on lui propose au contraire des toiles allemandes. Les ministres annamites eux-mêmes se plaignaient auprès des autorités coloniales de ce qu'aucune mesure n'était prise pour mettre fin à ces agissements. Excédé, le gouverneur général Roume demandait finalement à Paris, en février 1916, qu'on l'autorise à déporter discrètement le prince Buu Lân en Nouvelle-Calédonie ou une autre île d'Océanie[45]. C'est dire qu'avant même le complot de mai fomenté par son fils, il était déjà question, au début de 1916, d'exiler le père, le prince Buu Lân. Par la suite, les choses ne s'arrangeront guère : dans une note du 1er août 1916, la Sûreté faisait mention de la naissance, le 19 juillet, d'un enfant de la princesse Luong Kieu, fille du prince Buu Lân, dont celui-ci, « d'après certains renseignements secrets », serait en fait le père, tout « comme le fut le premier enfant de cette femme en 1913 »[46]. On passait des incidents et incivilités à l'inceste ! Puis le 1er octobre 1916, toujours au cap Saint-Jacques, le prince Buu Lân rouait de coups une de ses concubines, Nguyên thi Kieu : le médecin appelé à la suite de ces sévices constata trente ecchymoses à la tête, au dos, bras, hanches, cuisses et jambes, causées par des coups de canne et de son pommeau[47]. Il était grand temps d'embarquer ledit prince si l'on voulait éviter que ces scandales s'ébruitent.

De son côté, le 2 juillet, l'ex-empereur Duy Tan fut transféré de Hué au port de Tourane, en chemin de fer, et de là, en bateau, vers le cap Saint-Jacques. Il y fut retenu durant quatre mois.

Pour ce qui était du père, l'ex-empereur Thanh Thai, c'est-à-dire le prince Buu Lân, il avait été autorisé à se faire accompagner de ses trois épouses, Nguyen Thi Dinh, la mère de son fils, le jeune ex-empereur Duy Tan, déchu, celui qu'il fallait bien désormais appeler prince Vinh San, ainsi que de ses deux autres épouses (qui étaient d'ailleurs sœurs) et leurs enfants respectifs[48]. C'était une suite nettement plus réduite que celle qu'on lui avait accordée lors de son premier exil, en 1907, laquelle comptait alors cinq épouses, dix enfants, un médecin et vingt domestiques[49]. Plus modestement, le prince Vinh San, quant à lui, était accompagné de son unique épouse, Mai thi Vang, la fille de son professeur de langue et littérature annamites, épousée au début de l'année, et de sa sœur, la princesse Luong Nhan. Son épouse, Mai thi Vang, à cette époque, était enceinte, mais fit une fausse couche au moment de l'embarquement : elle n'aura jamais d'enfant. Il n'y aura donc jamais de prince héritier, descendant direct de l'ex-empereur Duy Tan et de son épouse légitime annamite.

Par ailleurs, le prince Vinh San avait demandé, par une longue lettre personnelle au gouverneur général – « Vous connaissez, Monsieur le gouverneur général, le caractère emporté de ma mère » –, que celle-ci ne l'accompagne pas à La Réunion ; il s'engageait même à payer son voyage de retour entre le cap Saint-Jacques et le domicile de ses parents et à lui payer une pension mensuelle de quatre cents francs, bref à tout faire pour qu'elle ne le suive pas dans l'exil. Il voulait « avoir une existence, là-bas à La Réunion, d'un repenti, mais une existence exempte d'ennuis intérieurs[50] ». La demande fut néanmoins refusée et la mère de l'ex-empereur sera, elle aussi, exilée. Charles, le gouverneur général par intérim, accompagna son refus de cette réflexion quelque peu ironique : « Vous n'êtes pas encore majeur, votre conduite à Hué est une preuve que vous avez besoin d'être conseillé et dirigé. La présence de votre mère auprès de vous est une garantie ; vous aurez tout profit à écouter et à suivre les conseils de sagesse qu'elle ne manquera pas de vous donner[51]. » Ce refus ne découragea pourtant pas le prince Vinh San qui reprit la question par un autre biais. Le 2 novembre, la veille du départ, il demanda à voir d'urgence l'administrateur local du cap Saint-Jacques et lui déclara que « son père [le prince Buu Lân], favorisé par sa mère elle-même, entretenait avec sa femme des relations adultères ». On lui rétorqua que cela relevait de la Justice et qu'il pourrait porter plainte en arrivant à La Réunion, mais qu'un constat légal serait nécessaire. Ledit administrateur en rendit compte au gouverneur de Cochinchine en concluant que « ce fait particulièrement grave [était] malheureusement possible en raison des antécédents du prince Buu Lân[52] ». Ce fait nouveau ne modifia en rien le programme du départ. Le même 2 novembre, les gendarmes accompagnant les deux princes dans leur exil à La Réunion recevaient leurs instructions : surveillance discrète, pas d'autorisation de débarquer à l'escale de Singapour, s'adresser aux deux princes avec le respect dû à leur rang élevé dans la société annamite et en utilisant leurs titres, prince ou altesse[53].

Ce fut donc le 3 novembre 1916 que les deux ex-empereurs et leurs suites respectives furent finalement embarqués sur le paquebot *Guadiana*, des Messageries maritimes, à destination de La Réunion. Toute la troupe, après plus de deux semaines de traversée, débarqua à la Pointe-des-Galets le 20 novembre. Le secrétaire général du gouverneur, de La Vigne Sainte-Suzanne, accompagné du chef de la Sûreté, les y attendait. Puis un train spécial auquel avait été attelée la voiture-salon du gouverneur, mena à Saint-Denis, tout ce beau monde, ainsi que les domestiques et dix mètres cubes de bagages, dont le coffre-fort du prince Vinh San, qui avait été transporté sous la garde vigilante d'un domestique spécialement chargé de le surveiller. Le prince Buu Lân était habillé à l'européenne, tandis que le prince Vinh San portait un costume traditionnel, large pantalon et tunique. Les femmes étaient couvertes de bijoux. Tout cela fut un beau spectacle sur la place du Gouvernement, où une foule nombreuse s'était rassemblée[54] :

> Nos nouveaux hôtes, lisait-on dans le quotidien *La Dépêche*, font une grande impression. Son Altesse Buu Lân (le père de Vinh San) a belle allure de souverain, la tête haute, le geste autoritaire, le pas rapide de celui qu'on ne précède pas, fort et fier de son protocole impérial. La figure est très fine [...]. Le second prince se nomme Vinh

San, ex-empereur Duy Tan [...]. Il a bien moins grand air que son royal tuteur et donne l'impression d'un enfant bien plus que d'un prince. Il est d'une grande culture d'esprit et parle un français très pur, châtié, soulignant ses phrases de regards furtifs insaisissables et troublants. C'est une intelligence d'élite[55].

Premières impressions, premiers clichés. À peine descendus de leur train spécial, les deux ex-empereurs, le père et le fils, ainsi que leurs épouses et enfants, étaient déjà l'objet de tous les commentaires de la population et de la presse. Toute une famille impériale à Saint-Denis ! L'exil commençait.

4

Vingt-huit ans d'exil

Ce n'était pas la première fois que La Réunion accueillait des exilés politiques de l'Empire. Ainsi, la reine Ranavalona III de Madagascar, à la suite d'un complot antifrançais, avait été exilée dans l'île en 1897 ; peu après, elle avait été transférée à Alger, où se trouvait déjà l'empereur Ham Nghi. Elle y décédera en 1917, quelques mois après l'arrivée, à La Réunion, de l'ex-empereur Duy Tan – appelons-le désormais prince Vinh San – et de son père[1]. Et dix ans après l'installation de ces derniers à Saint-Denis, ce sera, en 1926, Abdelkrim, le vaincu de la guerre du Rif, qui sera exilé à La Réunion[2]. Il y vivra jusqu'en 1947, et sera donc le voisin du prince Vinh San pendant près de deux décennies.

En 1916, La Réunion, française depuis les XVIIe-XVIIIe siècles, ancienne île Bourbon ou Bonaparte, selon les opinions politiques, était encore une colonie[3], administrée par un gouverneur. À cette date, c'était Pierre Duprat, un administrateur colonial qui, en 1919, partira exercer les mêmes fonctions à la Guadeloupe. La population de l'île dépassait à peine cent cinquante mille habitants. Sur ce total, on ne comptait que quelques centaines d'Annamites, car, venus comme « engagés » pour travailler dans l'île – les premiers, dans les années 1860, étaient plutôt des condamnés – la plupart rentraient au pays à la fin de leur engagement[4]. Lorsque le prince Vinh San arriva à Saint-Denis, il n'y trouva aucune communauté annamite digne de ce nom. En revanche, il y avait une petite population de Chinois qui s'élevait à environ 2 500 personnes, pour la plupart cantonnais.

L'ambiance générale, dans l'île, était évidemment très maussade, en cette année 1916. Bien que le front fût fort éloigné, les conséquences de la guerre s'y faisaient durement ressentir. Là aussi, il y avait eu mobilisation générale – certains Réunionnais se retrouvèrent à combattre sur le front d'Orient, en Macédoine, comme les tirailleurs indigènes venus d'Annam et du Tonkin – et les difficultés économiques étaient nombreuses. Le gouverneur Duprat, pour maintenir le ravitaillement de la population à un niveau acceptable, avait dû, au début de l'année, interdire les exportations de riz, de farine, de maïs et bloquer les prix ; les fonctionnaires étaient désormais payés en monnaie locale, émise par la Banque de La Réunion. L'île était réduite à vivre en autarcie.

Un citoyen tout simple... ou presque

L'ex-empereur devenu prince Vinh San fut bien obligé de s'accommoder de cette triste situation, mais il y parvint presque naturellement, comme sans effort, au moins en apparence. En bien peu de temps, le prince Vinh San se mua en un certain Monsieur Vinh San, un Réunionnais presque comme les autres.

Tout d'abord, il s'isola du reste de sa famille. Il ne s'entendait pas avec son père, le prince Buu Lân, ex-empereur Thanh Thai. Celui-ci lui reprochait amèrement son insurrection manquée qui leur avait valu, à tous deux, cet exil en une île lointaine. Et leurs caractères étaient profondément différents : le père se voulait grand seigneur, était resté très imbu de son titre passé, tandis que son fils, beaucoup plus humain, se voulait près du peuple, au point de s'y fondre. Ils ne vécurent pas à la même adresse et se fréquentèrent très peu durant toutes ces années d'exil à Saint-Denis. Vinh San finira même par ne plus avoir aucune relation avec son père, pas plus qu'avec ses frères, d'ailleurs. Quant aux enfants qu'il aura avec ses compagnes réunionnaises, ils seront terrifiés lorsqu'il leur faudra aller rendre visite à leur grand-père Buu Lân.

Il est vrai que le comportement de son père demeurait toujours aussi scandaleux. Il eut plusieurs enfants nés à La Réunion de concubines différentes. Cela lui créait quelques difficultés financières, l'administration coloniale refusant d'augmenter l'indemnité mensuelle qui lui était versée, déjà très supérieure à celle qui était accordée au prince Vinh San : « Pour éviter que se reproduisent les scènes scandaleuses qui se déroulaient souvent au cap Saint-Jacques, il est préférable de ne pas donner au prince Buu Lân les moyens de constituer un véritable harem à La Réunion », statuait un rapport de police. Aussi le prince se retrouvait-il, de temps à autre, acculé à des expédients pas toujours honorables. Il lui arrivera, plus tard, de se tourner vers l'empereur Bao Daï, lequel lui fera don de dix mille francs. Par ailleurs, le prince Vinh San lui-même était parfois contraint de donner de l'argent à ses demi-frères. Mais son père avait aussi recours à des procédés moins avouables : il fut accusé de prostituer deux de ses concubines et d'aller jusqu'à exiger l'argent « revolver à la main ». Un rapport de police concluait : « C'est un homme imprévisible et sadique qui continue ici ce qu'il faisait en Annam[5]. » D'ailleurs, en 1919, du fait du vagabondage sexuel du prince Buu Lân, un nommé Vinh Ky prétendra être son fils et demandera très officiellement son inscription sur la liste des membres de la famille royale. N'ayant pu fournir de preuve, cela lui sera évidemment refusé par le Ton Nhon, le Conseil de la famille royale[6], mais c'était caractéristique de la réputation de l'ex-empereur.

En 1927, un journaliste de *L'Écho annamite* de Saïgon le rencontra à son domicile de Saint-Denis, rue Sainte-Anne ; il en a laissé un portrait assez terrible[7]. Il habitait « une petite maison de bois d'aspect très modeste », mais entourée d'un grand manguier et de beaux rosiers. Tous les voisins semblaient le fuir ou le craindre. On entrait dans la demeure par une sorte d'« antichambre non meublée dans laquelle se trouvait une douzaine de garçons annamites, les uns nus, les autres vêtus de courtes tuniques ». Enfin apparut le prince Buu Lân. Le journaliste lui ayant présenté une carte de visite imprimée au Japon, la conversation s'engagea sur ce pays dans lequel le « Roi chinois » – c'était le surnom qu'on lui donnait à Saint-Denis – prétendit avoir résidé trois ans comme capitaine de cavalerie. Pure invention évidemment, puisque l'ex-empereur Thanh Thai n'était jamais allé au Japon. C'est dire son caractère quelque peu extravagant. Et comme tous les témoins de cette époque, le journaliste soulignait la cruauté dont la rumeur publique accusait le prince Buu Lân à Saint-Denis, comme autrefois à Hué : « Il est accusé de certains actes de cruauté que je ne peux rapporter ici. Je mentionnerai seulement le dernier : il possédait une jolie jument australienne nommée *Crémone* qu'il entraînait lui-même ; un jour, fou de rage qu'elle ait perdu une course, il lui creva un œil d'un coup de cravache. »

Sur un tout autre plan, ses besoins d'argent poussèrent peut-être le prince Buu Lân à se défaire de précieux *regalia* qu'il avait apportés d'Annam. Ainsi, ce curieux témoignage, bien plus tard, d'un ami radio du prince Vinh San, Jean-Paul Caboche, de l'île Maurice :

> Il m'est passé dans les mains un document que j'essaye de retrouver [ce témoignage date de 1999], où il était question d'une certaine dame réunionnaise, collectionneuse de « chinoiseries » qui avait acquis d'un brocanteur, un sceau qui, d'après le vendeur, l'avait acheté au père du prince Vinh San. Intriguée, elle le fit authentifier et il s'avéra que c'était le sceau royal du royaume d'Annam. Cet article avait été publié, soit dans un petit livre où la dame parlait de ses collections, soit dans quelque chose comme *Télé 7 Jours*, où la photo du sceau était bien en évidence[8].

Les *regalia* du royaume d'Annam ! Que de pérégrinations ont-ils connues ! Et ils en connaîtront bien d'autres, dispersés aux quatre coins du monde[9].

Une grande partie des femmes et des domestiques arrivés à la suite des deux ex-empereurs en 1916 furent assez rapidement rapatriés en Indochine. Le prince Vinh San, quant à lui, avait demandé dès son arrivée dans l'île à être « soustrait de la tutelle de son père. Il a fait valoir qu'en raison de la conduite passée de ce dernier, il redoutait de sa part des actes de brutalité ou de violence graves sur sa personne[10] ». De son côté, l'épouse du prince Vinh San, Mai thi Vang, ne put s'habituer au climat de La Réunion, ni à cette nouvelle vie d'exilée. Dès janvier 1917, Vinh San demanda qu'elle fût autorisée à rentrer au pays. En fait, il arguait à nouveau de la même affaire de mœurs déjà soulevée en Cochinchine à la veille du départ pour La Réunion, à savoir qu'« elle avait accepté les avances de son père [le prince Buu Lân] et qu'il y avait donc à la fois adultère et inceste ». Le 11 janvier, il avait officiellement écrit au gouverneur : « Ma femme s'étant conduite envers moi de la façon dont je vous ai parlé (c'est-à-dire qu'elle accepte les avances de mon père et qu'il y a eu adultère mêlé en plein d'inceste), je demande à ce que le gouvernement veuille bien la rapatrier ; quant à moi suivant la coutume de mon pays, une fois que j'ai renvoyé ma femme dans ses foyers, je suis libre de tous liens [...]. Elle peut se remarier si elle veut[11]. » D'accord avec la Cour de Hué, le gouverneur général d'Indochine Albert Sarraut, mis au courant, décida de tenir le fait secret. Puis le prince Vinh San, en août suivant, demanda le divorce : Hué ne répondit pas, mais son épouse fut autorisée à rentrer en Indochine dès le mois de mai 1917[12], et en avril 1920, on rapatria également sa mère et sa sœur, qui ne se plaisaient pas non plus dans l'île[13]. Sa mère, Nguyen Thi Dinh, s'installa alors à Saïgon, ne voulant plus renouer avec ses (mauvais) souvenirs de Hué ; elle voulait y élever ses enfants à la française, y compris le fils que lui avait donné le prince Buu Lân à La Réunion quelque mois plus tôt, et pour cela demanda une pension au gouvernement[14]. Par ailleurs, dès février 1917, le prince Vinh San avait demandé le rapatriement en Indochine de ses deux domestiques annamites, ce qui lui avait été accordé, dès lors que ce rapatriement s'effectuait à ses frais[15].

C'est dire qu'à compter de cette date, il se retrouvait assez isolé, mais ce n'était pas pour lui déplaire. Il va sans dire que les autorités coloniales n'envisagèrent jamais, en ce début d'exil, de le fréquenter : cela n'aurait probablement pas été apprécié à Paris. Et puis, il n'avait encore que dix-huit ans. De plus, la pension que lui servait la France était très modeste – 35 000 francs par an – ce qui ne lui permettait pas de mener grand train et par conséquent, de côtoyer la haute société locale[16]. Enfin, avant son départ de Cochinchine et à la suite de nombreuses discussions avec le gouvernement annamite, ses biens personnels lui avaient été confisqués et avaient été remis à ce dernier : il était donc entièrement dépendant de la pension que lui versait la France[17].

Les poètes annamites, très amateurs de nostalgie pleurnicharde, s'empareront de cette séparation entre mère, époux et fils, ainsi Thuong Tan Thi, dans ses *Lamentations d'une épouse au gynécée* :

Ô mon époux ! Ô mon fils
Il y a si longtemps que nous nous sommes séparés !
Aux confins du monde, vous menez la vie des oiseaux
[en cage et des poissons en aquarium,
Exposés aux intempéries, vous êtes sans cesse tourmentés
[par la nostalgie du pays.
Mon âme vous cherche partout en rêve, tel un papillon
[errant [...][18].

Peut-être un beau poème, du moins en langue annamite, mais bien éloigné de la réalité d'un époux qui avait séduit sa belle-fille et d'un fils qui se révoltait contre adultère et inceste favorisés par sa mère. Les poètes ne sont pas faits pour rendre compte de la réalité, mais pour la transformer, pour rendre supportable l'insupportable.

Plus prosaïquement, Vinh San se consola très vite de cette séparation, on s'en doute, en prenant pour compagne, dès février 1917, peut-être même avant, c'est-à-dire plusieurs mois avant le rapatriement de sa femme en Indochine, une Réunionnaise du nom de Marie-Anne Viale, de huit ans plus âgée que lui[19]. Le gouverneur de La Réunion crut devoir préciser au gouverneur général de l'Indochine que « le prince Vinh San, dont la conduite n'est pas à l'abri de tout reproche, s'est laissé circonvenir par une jeune fille qui ne jouit pas d'une bonne réputation et qui ne voit dans son mariage que le moyen de mettre la main sur la pension servie au prince[20] ». Elle lui donnera, dès 1919, un fils qui sera prénommé Armand. Il eut l'intention d'épouser cette femme et en prévint le Conseil de la famille impériale, à Hué. On voit par là qu'il se considérait toujours, et à juste titre, dépendant de ce Conseil. Or ce dernier, de même que sa mère, lui refusa l'autorisation de se marier, mettant en avant le fait que son mariage avec l'impératrice n'était pas dissous – ce qui était juste – et le refus de sa mère de donner son accord à un tel mariage[21]. On ne mentionnait pas le fait que la future épouse n'était pas annamite, mais cela dut peser tout autant.

Si le prince Vinh San n'avait eu qu'une seule épouse en Annam – il est vrai qu'il était très jeune, seize ans –, donnant ainsi l'impression d'avoir renoncé à la tradition du gynécée impérial, en revanche, il eut trois compagnes à La Réunion. Après Marie-Anne Viale en 1918, il eut en effet deux autres compagnes réunionnaises. L'une fut Fernande Antier qu'il connut en 1927. Elle n'avait alors que quatorze ans et lui donna une première fille dès l'année suivante : il n'était guère question de pédophilie à cette époque. Au total, Vinh San eut huit enfants avec cette deuxième compagne, entre 1928 et 1940. Ce fut d'ailleurs cette même année 1928 qu'il fit adresser à son épouse, rentrée en Annam, un acte de résiliation de mariage[22], souhaitant peut-être régulariser sa situation matrimoniale avec Fernande Antier. Or, son épouse, Mai thi Vang, ne donna pas suite, souhaitant rester fidèle à son époux… ou préférant son statut d'ex-impératrice. Vinh San, aux yeux de l'état civil français, était donc toujours marié, et par conséquent ne put jamais, à La Réunion, se remarier. Enfin, il terminera sa vie avec une troisième compagne, Ernestine Maillot, âgée de vingt ans en 1944 – alors qu'il en avait quarante-quatre –, dont il aura également une fille en 1945. C'est dire qu'au total, Vinh San, qui n'avait eu aucune descendance impériale en Annam, aura eu dix enfants, cinq garçons et cinq filles, de ses trois compagnes réunionnaises[23]. Le prince « était très connu pour ses succès féminins[24] ». Difficile de renoncer à cette ancienne tradition du gynécée : les impérialistes ont toujours tendance à vouloir imposer leurs valeurs sous le prétexte fallacieux qu'elles seraient universelles. Que resterait-il de l'Annam de toujours sans le gynécée de la Cour de Hué ?

Il apparaît d'ailleurs que du point de vue des autorités françaises de La Réunion, le comportement du prince Vinh San, au moins dans les premiers temps de son exil, n'était pas toujours exemplaire. La version quelque peu « hagiographique » qu'un de ses fils, le « prince » Nguyen Phuoc Bao Vang, donnera de sa biographie, ne correspond pas vraiment à celle que laissent entrevoir les archives. Peu après l'arrivée des deux princes dans l'île, le gouverneur de La Réunion, Duprat, écrivait déjà au gouverneur général de l'Indochine : « Le prince Vinh San m'inspire encore moins de confiance que son père[25] », ou encore : « Je crois devoir porter à votre connaissance que le prince Vinh San dont la conduite n'est pas à l'abri de tout reproche, etc.[26]. », ou encore :

> Il n'a cessé depuis son arrivée à La Réunion, de se faire remarquer par ses incartades, sa mauvaise conduite et une attitude cavalière et insolente qu'il prend même vis-à-vis des autorités de la Colonie. Je vous signale en outre, que le prince Vinh San a été condamné le 29 janvier 1920 par le tribunal correctionnel de Saint-Denis à 200 frs d'amende pour vol d'énergie électrique, et qu'il aurait pu être poursuivi pour installation clandestine de T.S.F.[27].

Il est même question, dans les archives, outre le très jeune âge des concubines ou maîtresses, des « mauvais traitements [infligés aux femmes] de la part de Buu Lân *et de Vinh San*[28] ». Mais peut-être faut-il faire la part d'une mésentente évidente avec le gouverneur de la colonie à cette époque, Pierre Duprat, ancien gouverneur de l'Inde française, en poste à La Réunion jusqu'en 1919, ses successeurs ayant plus ou moins fait leurs ses jugements négatifs quant au prince.

Un des fils du prince Vinh San, Claude Vinh San, rapporte : « À l'égard de ses enfants, Dédé [c'était le surnom peu aristocratique du prince Vinh San] notre père, qui n'était pas de nature exubérante, ne s'est jamais montré très expansif. Il laissait le soin à nos mères respectives de s'occuper de notre éducation, de notre instruction et de la surveillance de notre scolarité. Tolérant, il ne s'est jamais opposé à ce que tous ses enfants épousent la religion catholique [...][29]. » Ce fils interprète ce comportement comme étant quasiment « impérial », « identique à celui de tous ses ancêtres » : aux femmes du gynécée de s'occuper des enfants. Peut-être. Mais on peut aussi y voir un cas de réelle négligence paternelle. D'ailleurs, était-ce très sage d'avoir tant d'enfants dans une situation matérielle et financière aussi précaire ?

Tous ses enfants portaient des noms chrétiens : Armand, Thérèse, Solange, André, Roger, *et al.* Tous étaient baptisés, selon la volonté de leurs mères. Dès le début de son exil, le prince Vinh San montrait ainsi sa volonté de s'intégrer à la population réunionnaise. Si nostalgie il y avait – c'était forcément le cas –, elle était tout intérieure. Aucune velléité de « prénoms » princiers, pour rappeler le passé impérial, ni même, plus simplement, de « prénoms » annamites. Hué semblait oublié ; on était à Saint-Denis, voire *de* Saint-Denis.

Contrairement à Abdelkrim et sa smala que la France entretenait grassement, le prince Vinh San n'eut jamais assez d'argent pour s'acheter une maison. On a comparé la pension que lui versèrent les autorités françaises à celles qui furent allouées à d'autres souverains également exilés : elle leur fut toujours inférieure, fixée à 35 000 francs par an en 1916 et jamais réévaluée. Ainsi, à la même date, l'ex-empereur Ham Nghi, exilé à Alger, touchait 80 000 francs et vivait dans une confortable villa ; quant à la reine Ranavalona, elle aussi à Alger, elle touchait également 80 000 francs. Mais en 1944, Ham Nghi aura une pension de 360 000 francs, tandis que celle du prince Duy Tan sera toujours bloquée à 35 000 francs, dix fois moins. Est-ce parce qu'il ne fit jamais de demande de réévaluation[30] ?

Quelle qu'en soit la raison, du fait de ce faible revenu, il fut un éternel locataire, changeant sans cesse d'adresse, en fonction de ses moyens du moment et des événements familiaux. Au début de son exil, après 1916, il habita « une assez jolie maison, au coin des rues Jules-Auber et Labourdonnais, au centre de la ville [de Saint-Denis][31] ».

Puis ce furent les rues Bertin, Charles-Gounot, Sainte-Anne, Dauphine, de-La-Ferrière et finalement la rue Jean-Chatel. Son fils Claude se souvenait de la maison de la rue Sainte-Anne,

> petite maison à étage entourée d'une cour intérieure. L'avant de la cour était planté de deux allées de rosiers. Ma mère [Fernande Antier], comme toute Réunionnaise, adorait les espaces fleuris. Sur le côté gauche, près du garage, elle avait placé une sorte d'estrade en planche de fanjans, des fougères, des capillaires. Même sous la véranda, pièce ouverte à l'avant de la maison, caractéristique des maisons créoles, à côté des fauteuils de rotin, trônaient sur des sellettes de superbes plantes vertes, songes et capillaires. Tout cela donnait un air de fraîcheur et rendait la maison accueillante. Dans l'arrière-cour, mon père avait fait construire une grande volière qui servait également de poulailler pour les poules et les canards [...][32].

Rien d'impérial, rien d'extrême-oriental, rien d'annamite, simplement une maison de brave Réunionnais.

Écoutons son fils nous faire revivre son père :

> Dédé, je le revois toujours le nez chaussé de petites [*sic*] binocles cerclées d'or, avec un regard profond et noir chargé d'intensité, mais le visage adouci par un léger sourire. Jamais je ne l'ai entendu crier. Ce qui a marqué mon esprit, c'est sa façon d'être. À la maison, toujours habillé d'un pyjama de soie, il fumait sa cigarette en buvant son café, assis dans son fauteuil, semblant rêver. Il avait une manière bien à lui de boire son café, après son repas de midi. Il allumait une cigarette tirée de son paquet de *Mélias*, il en tirait une bouffée et ne rejetait la fumée par ses narines qu'après avoir avalé une gorgée

de café. J'avais l'impression en le regardant que sa pensée s'échappait en même temps que la fumée de sa cigarette, pour s'évanouir je ne sais où[33].

Peut-être à Paris. Peut-être en Annam. Car, évidemment, la nostalgie du pays natal l'envahissait souvent. Ainsi, en 1937, il écrira à un ami, le Dr Estrade, à Madagascar :

> Ma mère que vous avez peut-être vue là-bas, en ce temps-là, y est toujours et ce n'est que par elle que je suis rattaché au pays [...]. Hélas ! Les portes de bronze du Palais ne reverront plus jamais mes pas d'homme, elles qui virent l'enfant-roi les franchir au galop de ses poneys, l'adolescent les passer en grand apparat, grave et triste, comme pressentant sa sombre destinée. Je vous envoie (mais avec prière de me la retourner car c'est un souvenir) ma photo à l'âge de dix ans, avec le manteau et la couronne de Rex Imperator. Cette couronne a coûté la vie à bien des miens et à moi, me coûta la liberté [...][34].

Le prince Vinh San était un passionné de lecture et de culture. Déjà au palais impérial, à Hué, il veillait très tard, une partie de la nuit, pour lire. Lorsqu'il fut condamné à l'exil, en 1916, le résident supérieur Charles lui avait demandé s'il souhaitait de l'argent, des livres : il s'était contenté de souhaiter une *Histoire de la Révolution française* de Michelet. À Saint-Denis, il en alla de même. « Il était atteint d'une boulimie de lecture, écrira son fils, et les étagères accolées aux murs de la pièce qui faisait office de salon étaient remplies de livres d'auteurs différents, des œuvres libres, des collections, *Le Masque* et autres, des livres scientifiques et techniques dont la portée m'échappait alors.

Un rayon d'étagère était réservé au stockage des paquets de cigarettes[35]. »

Cette soif de culture, il l'avait prouvée dès son arrivée à La Réunion, puisqu'il s'était inscrit au lycée Leconte-de-Lisle, avait décidé de reprendre ses études. Elle ne le quittera jamais. Il s'intéressa au droit, aux langues – il parlait assez bien l'anglais et l'espagnol. Il fut même lauréat de l'Académie de La Réunion, en 1924, pour un texte qu'il avait écrit l'année précédente, intitulé *Variations sur une lyre brisée* :

> Un matin avant que le soleil ne fît pressentir sa venue, je respirais l'air frais en rêvant à je ne sais quoi, à quelque chose de lointain et qui pourtant, par sa présence, adoucissait l'ombre bleuie de la prime aube. Là-haut, au firmament, les étoiles tremblotaient, sentant proche l'instant où il leur faudrait cesser de scintiller [...][36].

De temps à autre, rappellera son arrière-petit-neveu, Jean-Luc Nguyen Phuoc, il publiait quelques poésies, sous le pseudonyme de G. Dry, dans les journaux *Le Peuple* ou *Le Progrès*[37].

Une autre de ses passions était le cheval. Jeune empereur, à Hué, il aimait déjà faire du cheval – les petits chevaux annamites – dans l'enceinte de la Cité impériale. À Saint-Denis, il continua. Les fins de semaine, il allait régulièrement aux courses, au stade de La Redoute. Il n'y allait pas seulement en spectateur, mais aussi pour monter. Sa petite taille – 1,60 m – et son faible poids – 50 kg – en faisaient un jockey idéal. Il partageait cette passion avec son frère Vinh Chuon, gérant d'un atelier de bicyclettes, mais lui aussi jockey à ses heures. Tous deux furent membres fondateurs de la Société de courses locale. Et tous deux gagnaient assez souvent. Le prince

Vinh San montait fréquemment les chevaux de Messieurs Moussa ou Veloupoullé. Ainsi s'était-il fait une petite réputation dans le milieu hippique réunionnais. Il en était très fier.

Et puis, il y avait la musique. Le prince Vinh San était un excellent musicien. À Hué, très jeune, il pratiquait déjà plusieurs instruments à cordes annamites, mais aussi le violon, on l'a rappelé. Comme la lecture et comme le cheval, cette autre passion le suivit à Saint-Denis. Musicien et mélomane, c'est à nouveau son fils Claude qui parle, il se réfugiait souvent dans l'écoute de la musique classique :

> Mon enfance fut bercée par Ravel, Mozart, Ketelbey, Wagner, et notamment par un air qui ne m'a pas quitté depuis, et qu'il écoutait presque religieusement, « Dans les jardins du monastère ». Parfois, il mettait un disque, prenait son instrument et jouait de concert avec le soliste de l'orchestre. La pureté des notes qui sortaient de son violon était aussi belle que celle de l'enregistrement [...]. Parfois, vers la fin de la journée, il invitait un ami musicien, fils d'un expert-comptable qui demeurait près de la maison, et tous deux, lui avec sa clarinette, son hautbois ou son violon, l'autre avec son accordéon-piano, jouaient des airs classiques ainsi que quelques airs d'opérette[38].

Le prince Vinh San, d'ailleurs, fit partie de l'Ensemble philharmonique de Saint-Denis. Aussi doué qu'éclectique, le prince était également grand amateur d'escrime :

> C'est aussi pendant cette période que mon père allait s'entraîner à l'escrime avec les plus fines lames du pays. Il n'avait pas beaucoup de trajet à faire, l'entraînement se faisant dans le grand hall de l'annexe de l'hôtel Moderne

située de l'autre côté de la rue, face à notre maison. On le disait volontiers bon tireur, aussi bien au fleuret qu'à l'épée ; certains laissaient même entendre que l'on ne pouvait que s'améliorer en croisant le fer avec lui[39].

Il y a toujours plusieurs facettes dans une personnalité. À toutes ces passions fort aristocratiques, la lecture, l'équitation, l'escrime, la musique, il en ajoutait une dernière, plus surprenante, la fabrication de petits jouets animés :

> Il fabriquait de petits jouets en bois qu'il montait sur d'étroits plateaux munis de quatre roues ; ces jouets s'animaient lorsqu'en tirant avec une ficelle, on les faisait rouler par terre. Comme il ne manquait pas d'humour, certains de ces jouets étaient à l'effigie de ses amis ; je me souviens que l'un d'eux représentait un M. Jacob qui avait la particularité d'avoir un abdomen bien bedonnant, et qui, lorsqu'on tirait le jouet, recevait des ruades d'un petit âne. Il en avait également fabriqué représentant tous les personnages de *Blanche Neige et les Sept Nains*. Il coloriait lui-même tous ces articles en bois[40].

Ex-enfant empereur, il était devenu ex-empereur resté enfant. Ceux qui l'ont fréquenté, à La Réunion, font état de bien d'autres passe-temps. Il aimait partir en excursion, sac au dos, et camper dans la montagne, par exemple au cirque de Cilaos.

> Avant 1932, le voyage pour aller de Saint-Louis au village de Cilaos se faisait, pour les plus riches, en chaise à porteurs ou chaise à bricoles. Les voyageurs et les porteurs passaient en général la nuit à l'îlet du Pavillon, qui comptait au début de l'exploitation des thermes une quarantaine d'habitants. C'était la première halte des voyageurs et des

porteurs avant d'affronter les pentes raides du sentier de cap Noir. La suite du voyage était alors vertigineuse : il existait un chemin du Pavillon jusqu'à Peterboth, qui était tracé sur l'arête de la montagne entre le Bras de Cilaos et le Petit Bras. À certains endroits, le chemin était si resserré que le croisement de personnes pouvait effrayer. Les villageois qui emmenaient leurs récoltes vers la côte avec leurs bœufs chargés de sacs de grains et de racines, de fruits et légumes, passaient dans le calme en laissant la priorité aux personnes d'en face[41].

Le prince Vinh San aimait aussi fréquenter, sans façons, quelques amis proches, qui partageaient les mêmes idées que lui. Ainsi le témoignage de Gilbert Manès, un « litone », c'est-à-dire un petit-blanc, descendant d'un gouverneur de l'île, à la fin XIXe siècle, alors enfant à l'époque :

Il se joignait fréquemment, à la buvette de la boutique Thuong-Hime (important commerçant de la place), rue de l'Église, aux habitués, Louis Mas, ex-directeur du Crédit agricole et auteur de la première coopérative du genre, créée à la Plaine des Cafres, Vavasseur, directeur du journal *Le Progrès* [dans lequel le prince publiait certains de ses poèmes], Georges Mesnier, du laboratoire d'analyses de Saint-Denis et surtout ancien combattant de 14-18, rescapé de Verdun, et enfin Ludovic Revest, économe du lycée Leconte-de-Lisle, faiseur bien connu de bons mots qui sont passés à notre postérité. Cette bande des quatre, appelée affectueusement « Les Pieds Nickelés » dans la famille, en référence à la fameuse parution dessinée d'avant-guerre, trouvait certainement dans ce lieu, café du commerce *peï*[42], l'atmosphère propice à l'échafaudage de leurs théories et projets les plus audacieux comme les plus extravagants. Ils y refaisaient, avec tous leurs amis, un peu gauchistes, rattachés au parti radical-radical socialiste, mais la fleur au fusil, et le patriotisme ardent, leur monde à eux[43].

Bref, un Réunionnais bien tranquille, amateur de dominos et de belote, au café du coin, ou d'interminables parties de pêche, au bout du pont du Barachois. À une exception près : il n'aima jamais la cuisine réunionnaise et faisait venir ses repas de l'Hôtel moderne, tout près de son domicile.

Autoportrait

En 1927, le journaliste français de *L'Écho annamite,* déjà mentionné – il se nommait Charles Wattebled –, rencontra le prince Vinh San à La Réunion et ce dernier, très spontanément, se raconta, évoqua le complot de 1916, retraça ce qu'avait été sa vie dans l'île, passa en revue ses diverses passions. Tout cela, publié dans *L'Écho annamite* (Saïgon), le 7 mars 1927, constitue une sorte d'autoportrait de celui qu'on surnommait le « prince chinois », parfois surprenant mais toujours intéressant, et fort vivant encore qu'assez peu modeste, qui mérite d'être longuement cité[44]. L'entretien avec Charles Wattebled s'ouvre sur le goût du prince pour la musique car les deux hommes venaient de se rencontrer en face de l'hôtel de ville de Saint-Denis, lors d'une répétition de la Société philharmonique.

Je remarquais que mon voisin, un jeune homme élégant aux traits asiatiques, suivait le concert ; durant les pauses, il grimpait sur la scène et conversait familièrement avec le chef d'orchestre et les musiciens. Intrigué, je lui dis :

— Vous aimez la musique de Grieg, Monsieur ?

— Beaucoup, répondit-il. Je joue du violon et aussi je joue souvent du hautbois dans l'orchestre que vous êtes en train d'écouter.

— Réellement ? Alors vous devez connaître à fond *Peer Gynt* puisque vous ne trouvez pas nécessaire de répéter ce soir.

— Oh non, je suis généralement les répétitions avec assiduité, mais dimanche dernier j'ai fait une chute de cheval. Je participais au Grand Prix, je montais *Verdun*, une belle bête, mais vive, qui, hélas, m'a envoyé dans le fossé avant le départ de la course. Regardez, le bandage de mon bras droit.

— Oh ! Excusez-moi. Ainsi vous jouez du hautbois et vous êtes jockey.

— Et bien d'autres choses : photographe, lauréat de la Société académique des Sciences et Arts. Mes compositeurs favoris sont Beethoven, Saint-Saëns et Gounod. Je passe aussi du temps à écouter la radio, et j'aime conduire ma voiture [...].

En sortant de la salle, nous échangeâmes nos cartes ; sur la sienne je lus : « prince Vinh San, Grand-Croix du Dragon d'Annam. St-Denis, Réunion ».

(La conversation se poursuivit le lendemain, dans un français parfait, au domicile du prince.)

— Après avoir occupé le trône d'Annam de 1907 à 1916, les plus belles années de ma vie, j'ai été mal conseillé par quelques membres du parti « Jeune Annam » qui voulaient que je prenne la tête d'un mouvement révolutionnaire. J'ai quitté le palais de Hué la nuit du 3 mai 1916 pour rejoindre les conspirateurs. Mon départ fut rapidement découvert. Quatre jours plus tard, plein de remords, je suis allé voir Messieurs Le Fol et Saunier [Sogny ?] qui me conduisirent chez le résident supérieur, Monsieur Charles. Après coup, j'ai fortement regretté ce que je considérais comme un coup de folie. Mais vous connaissez déjà cette affaire malheureuse, je ne vous en dirai pas plus.

Après une traversée sur le *Guadiana*, je suis arrivé à la Pointe-des-Galets le 20 novembre 1916, au bout de dix-sept jours de mer. À l'époque, j'avais tout juste 19 ans. J'étais complètement désorienté. Je fus souvent atteint de fièvre et j'ai souffert trois attaques de malaria [...]. Avec la petite pension que je touche du Gouvernement général d'Indochine, je vis comme vous voyez, avec mon frère, le prince Vinh Chuong. Pour des raisons personnelles, je n'ai pas de relations avec mon oncle [*sic*], l'ex-empereur Thanh Thai. Je n'ai accepté de participer aux courses de chevaux comme jockey, que parce que je voulais augmenter mes revenus. Cela a au moins permis l'achat de cette petite voiture que vous voulez photographier.

Mon plus grand désir, cependant, serait de vivre en France, à Paris, le seul endroit où je pourrais réellement satisfaire ma passion pour la musique, que j'ai apprise sans maître – et pour la littérature, car deux fois j'ai été lauréat de l'Académie de La Réunion.

Et comme il me disait cela, le prince me montra un livre dont il était l'auteur, intitulé *Trois nouvelles*, publié à St-Denis en 1922 et dédié à une « Mademoiselle F ».

Si cet entretien permet de mieux cerner la personnalité du prince, il souligne également sa volonté de dissimuler certains faits qui le gênaient. Son récit du complot de 1916, par exemple, était une réécriture de l'événement : il en attribuait l'unique origine aux mauvais conseils qu'on lui avait prodigués, mais nullement à ses idées personnelles de révolte contre une administration coloniale qui outrepassait ouvertement ce que prévoyaient les traités de protectorat. De même, au lendemain de l'événement, il n'alla voir personne, mais fut purement et simplement arrêté. Il est également caractéristique qu'il désignât l'ex-empereur Thanh Thai, non comme son père, mais comme son « oncle ». C'est dire l'aversion qui était la sienne vis-à-vis de son père, et peut-être aussi la honte qu'il éprouvait à son égard du fait de son comportement depuis qu'il était arrivé dans l'île.

Pas de politique indochinoise

Est-ce à dire, au vu de ses activités et passions de brave citoyen réunionnais, que le prince Vinh San, ex-empereur, s'était complètement et définitivement retiré des affaires publiques ? Certainement pas, mais, au moins en apparence, ses préoccupations, en ce domaine, n'étaient nullement celles d'un exilé politique épiant rageusement les agissements de ses successeurs ou se donnant une posture d'homme prêt à reprendre ses fonctions au cas où l'occasion s'en présenterait. Au contraire, il donnait l'impression d'un homme qui avait définitivement tourné la page impériale de sa vie, mais qui, néanmoins, entendait bien vivre en citoyen, sinon actif, du moins conscient, dans le pays qui était désormais le sien.

En 1923, il passa deux mois de vacances à Cilaos, le village des Noirs marrons, au cœur de l'île, pour réparer sa santé qui était toujours assez médiocre. La police surveilla de près ses allées et venues, ses amis, ses conversations : elle ne trouva rien qui puisse inquiéter les autorités : « Les conversations du prince ne montrent rien de suspect d'un point de vue national », notait un rapport. Au contraire, la police remarqua qu'il ne parlait jamais de quitter l'île ; ce qu'il souhaitait, au contraire, c'était devenir citoyen français. De même, en 1929, il tomba malade : la police voulut s'assurer qu'il était bien à son domicile. Il y était et elle dut conclure : « Rien à signaler[45]. » Un citoyen tranquille.

Certes, de temps à autre, la situation de l'Annam pouvait lui inspirer tel ou tel état d'âme. Par exemple, en 1925, l'empereur Khai Dinh, celui qui avait été choisi par la France pour lui succéder, mourut, âgé seulement de quarante ans. Apparemment, le prince Vinh San, de sa lointaine Réunion, n'avait guère apprécié ce règne. À l'occasion des funérailles du défunt empereur, il ne put s'empêcher d'envoyer ces deux sentences parallèles :

> Pourquoi vous hâtez-vous de partir ainsi, abandonnant en un instant argent et épouses, enfants, bonzes, actrices, en un mot, toutes les félicités de ce bas-monde ?
>
> Je suis encore là, avec le Ciel, la terre, les cours d'eau, les montagnes, les héros et les occasions propices, au milieu des Cinq continents[46].

Pour bien savourer ces sentences, il faut savoir que l'empereur Khai Dinh, soi-disant père de Bao Daï, son successeur, était impuissant ; aussi, bien qu'ayant de nombreuses épouses, il était sans enfant. C'était évidemment très ironique de le réduire à son goût de l'argent et de toutes ces « félicités de ce bas-monde ». Dans le même temps, le prince Vinh San rappelait qu'il était là, au cœur de l'Empire, puisqu'il n'avait jamais abdiqué. Dès lors, qui d'autre que lui pouvait détenir le « mandat du Ciel » ? Simple jeu littéraire ? Ou rappel de l'existence d'un véritable empereur d'Annam, là-bas, au-delà des mers, à La Réunion ?

Mais ce genre de manifestation politique relative à l'Annam n'était pas fréquent. Certes, il était renseigné sur ce qui se passait à Hué, Saïgon ou Hanoï ; la radio, les marins annamites de passage à La Réunion, la communauté asiatique, surtout chinoise, de l'île, quelques amis le tenaient informé. « Vinh-San était toujours en avance d'une idée, il maintenait d'ailleurs des relations avec son pays natal à travers la colonie asiatique, à travers des gens qui venaient de Canton[47] », rappellera un témoin, des années plus tard. Toutefois, jamais il ne se risquait à des commentaires sur l'actualité, pas plus, d'ailleurs, que sur son passé. Jamais on ne l'entendit émettre le moindre jugement, la moindre réflexion sur l'empereur Bao Daï qui régna à partir de 1925. Pourtant, il y aurait eu matière à bien des commentaires concernant ce « bâtard » que la France venait de mettre sur le trône des Nguyen, ou même concernant l'arrestation du nationaliste Phan Boi Chau, autrefois défenseur de la monarchie annamite et désormais adepte d'une république à la mode chinoise. Mais sur tous ces sujets, le prince Vinh San restait muet.

Franc-maçon convaincu

En revanche, Vinh San n'hésitait pas à exprimer ses opinions politiques avec ses amis les plus proches. Il s'était taillé une solide réputation d'homme de gauche, intelligent mais radical.

Dès novembre 1917, arrivé à La Réunion depuis un an exactement, alors qu'il se trouvait en convalescence à Hell-Bourg, petit village au centre de l'île, il avait écrit au Vénérable de la loge franc-maçonne de Saint-Denis, un certain Pallant, pour s'y faire admettre[48]. On notera d'ailleurs qu'il ne présenta pas cette demande en tant que simple citoyen, mais bien en tant que « prince Vinh San ». Apparemment, elle ne fut pas acceptée, très probablement à cause de son statut d'exilé politique ayant mené une insurrection contre la France, et plus précisément contre la République. Cet échec ne le découragea pas : dix ans plus tard, il renouvela sa demande auprès de la loge « L'Amitié » de Saint-Denis. Il y sera finalement reçu et initié en juin 1927. Cette loge, dès le 19 juin, informa le Grand Orient de France de « l'initiation du profane prince Vinh San ».

Le prince Vinh San connaissait parfaitement les principes fondamentaux de la franc-maçonnerie. Où les avait-il appris ? En Annam, avant son exil ? Il est vrai que dès cette époque, il avait été confronté à un milieu gouvernemental français presque entièrement franc-maçon : le gouverneur général Paul Beau, le résident supérieur Fernand Lévecque et tant d'autres. Certes, à cette période, l'empereur était bien jeune pour s'intéresser à de telles questions. Toutefois, n'oublions pas qu'il fit sa première demande d'adhésion dès 1917, un an seulement après son arrivée dans l'île, ce qui plaide en faveur d'un intérêt pour la franc-maçonnerie alors qu'il était encore sur le trône d'Annam. Mais probablement ses lectures à La Réunion et ses amitiés dans les milieux de la gauche radical-socialiste de Saint-Denis le confortèrent dans ses idées.

Par la suite, non seulement il restera fidèle à la franc-maçonnerie, mais encore il y jouera, localement, un rôle de plus en plus actif. Ainsi, il adressera en 1936, un *Message du prince Vinh San aux francs-maçons*, texte assez extraordinaire qui sera publié deux ans plus tard dans la *Revue mensuelle de documentation et d'information maçonnique*. Ce texte illustrait, tout à la fois, sa très érudite connaissance de la maçonnerie, et sa profonde implication dans le mouvement maçonnique. « Être admis dans une Loge, c'est être initié, c'est commencer une nouvelle existence [est-ce pour cette raison qu'il avait fait sa première demande d'admission en 1917, au début de son exil ?], c'est recevoir la lumière alors qu'on était dans les ténèbres [...]. » Voilà pour sa conception de la franc-maçonnerie. Puis suivait un long historique, remontant au temple construit par Salomon pour aboutir, finalement, à la Troisième République. Entre-temps, le prince avait évoqué les Croisades, la Kabbale, les Rose-Croix, Kadosh, la Free Masonry, la Révolution française de 1789 : « Elle est l'aboutissement des idées remuées dans les loges. » Le prince Vinh San s'y montrait plus français que les Français : « De la même époque, nous pouvons aussi nous enorgueillir, devant ceux qui nous accuseraient d'antipatriotisme, d'avoir pu compter parmi nos frères 102 officiers, dont Masséna, Hoche, Marceau, Kléber, Dumouriez, sans parler de Lafayette et de Rochambault. » N'était-ce pas extraordinaire, de la part d'un homme qui vingt ans plus tôt, très exactement, complotait contre les représentants de la République à Hué ? Le Front populaire au pouvoir, Vinh San pouvait déclarer : « Désormais, la Maçonnerie est inébranlable. Mais pour qu'elle le reste, il est nécessaire qu'à chaque jour, qu'à chaque heure, chaque maçon se souvienne de la justice et de la bonté de l'Œuvre commune. » Et de conclure sur quelques mots qui précisaient clairement ses options philosophiques, en termes qu'on qualifierait, de nos jours, de très « politiquement corrects » :

> Cependant que pour les besoins de la cause, les partis de droite font à ceux de gauche une guerre acharnée, le clergé, par personne interposée, redouble ses attaques contre la

maçonnerie, ce refuge de gens qui ne veulent pas croire sans raison. Lutte des verbes « croire » et « savoir » [...]. Puisse un jour, grâce à nos travaux, la franc-maçonnerie triompher des haines d'hommes et de pays et unifier l'humanité en une fraternité pure et sans tache en abolissant à jamais les heurts de classes et de races.

Tout y était : positionnement à gauche, anticléricalisme, rationalisme, pacifisme, universalisme. Le texte était signé : Vinh San, ex-roi d'Annam en exil à La Réunion[49].

Toutefois, il est assez troublant de constater que ce *Message* était exactement contemporain d'un autre texte du prince, en l'occurrence une lettre adressée, le 5 juin 1936, au ministre des Colonies, Marius Moutet, par laquelle il sollicitait la fin de son exil à La Réunion. L'enthousiasme du prince pour la maçonnerie était peut-être sincère ; peut-être aussi était-il d'autant plus vibrant que le ministre auquel il voulait demander une grâce était franc-maçon.

Durant la guerre de 1939-1945, le prince Vinh San occupera finalement une position importante au sein de la loge réunionnaise ; à l'époque où l'île vivra sous le régime de Vichy, entre 1940 et 1942, période durant laquelle les francs-maçons seront sévèrement contrôlés, voire arrêtés, le prince, très habilement, fera en sorte que la loge de Saint-Denis écarte sans drame ses frères vichystes, ne réunissant clandestinement que ceux qui adhéraient à la résistance[50].

Franc-maçon, le prince Vinh San n'en était pas moins très tolérant à l'égard du catholicisme. Si tolérant que certains de ses mots, certaines de ses réflexions pourraient semer le doute. On a noté que tous ses enfants eurent des prénoms chrétiens, qu'ils furent baptisés, et qu'il se réjouissait même de certains de ces baptêmes. Le prince, à ses heures, pouvait devenir poète ou philosophe. Ainsi possède-t-on un texte qu'il écrivit à une date non précisée, sous le titre « Ce que dit la voix des choses », une sorte de communion entre l'être et la nature. Il le concluait en ces termes : « Que dit le vent en agitant les ramures ? Que disent le mont altier, le lac, la forêt, le torrent ? Tous disent : "Glorifie Dieu, Ô âme, et fais effort pour aller à lui." Monter vers Dieu, c'est le but de ta vie [...][51]. » N'était-ce pas un poème chrétien ? À la fin de sa vie, étant en Allemagne, il écrira à son fils Claude : « Je suis bien content d'avoir appris que tu as fait ta première communion[52]. » Et quelques semaines plus tard, à un ami de Madagascar : « Le ciel est obscur, dites-vous, et vous vous demandez si Dieu répondra ? Eh bien, il a répondu [...][53]. » Ce n'était pas franchement un discours d'athée. Très curieusement, lors de sa mort accidentelle, nous y reviendrons, les missionnaires qui s'occuperont de l'inhumer déclareront que le prince Vinh San « avait un chapelet entre les mains[54] ». Tout cela est assez troublant. N'aurait-il pas été converti intérieurement, dissimulant cette conversion de façon à préserver l'avenir, dans l'hypothèse où il serait remonté sur le trône ? À moins qu'il ne s'agisse d'un simple syncrétisme entre idées franc-maçonnes et chrétiennes, phénomène courant dans le monde annamite : qu'on songe au syncrétisme traditionnel entre confucianisme, bouddhisme et taoïsme, et surtout au caodaïsme qui n'hésite pas à mêler dans son panthéon Victor Hugo, sainte Jeanne d'Arc et franc-maçonnerie.

Dans un tout autre registre, il est une photographie assez célèbre, du temps du Front populaire, montrant le prince Vinh San intervenant sous un drapeau orné de la faucille et du marteau communistes. Un petit air de Ho Chi Minh au Congrès de Tours, seize ans plus tôt. « Était-il communiste ? » s'interrogeait Eugène Thébault, chef de cabinet du gouverneur et ami du prince. « Dans ce petit pays où règne une aristocratie omnipotente de vingt-trois familles, on qualifie rapidement de communiste quiconque ose affirmer des idées contraires, plus larges et plus favorables à l'émancipation de la classe ouvrière. Il était certes très démocrate et professait ouvertement des idées libérales et humanitaires. Il les manifesta en 1936, lors du mouvement du Front populaire, mais jamais, semble-t-il, il n'adhéra au Parti communiste[55]. » Mais probablement accepta-t-il de prononcer une conférence chez les communistes de La Réunion. On peut d'autant mieux se rallier à l'opinion d'Eugène Thébault que le prince Vinh San connaissait probablement l'antinomie qui existait, depuis le Congrès de Tours de 1920, entre communistes et francs-maçons jugés « petits-bourgeois », et surtout depuis la condamnation « officielle » de la franc-maçonnerie par l'Internationale communiste en 1922. Mais il est également vrai que cette même année 1922, un autre exilé annamite célèbre, Ho Chi Minh, à Paris, avait adhéré à la franc-maçonnerie française, deux ans après avoir participé, au Congrès de Tours, à la naissance du Parti communiste français. Force du syncrétisme annamite ?

Bien que très tolérant, le prince Vinh San n'en défendait pas moins assidûment ses idées politiques. Ainsi le 11 novembre 1936, la Fédération réunionnaise du Travail, syndicat de gauche, avait décidé une journée de lutte pour la paix, à l'occasion du dix-huitième anniversaire de l'armistice de 1918. Un grand défilé fut organisé dans les rues de Saint-Denis : le prince Vinh San était en tête du cortège avec le docteur Raymond Vergès, le cheminot Léon de Lépervanche et autres personnalités de la gauche locale, plusieurs étant membres du Parti communiste ou de la Ligue des droits de l'homme, ou encore de la loge maçonnique « L'Amitié ». La manifestation se termina d'ailleurs par des incidents avec des personnalités de droite qui opposèrent *La Marseillaise* au « drapeau rouge, symbole de révolutions, au poing fermé symbole de la haine, à l'Internationale, chant révolutionnaire destructeur de la religion, de la famille et de la patrie[56] ». De la même façon, notamment aux côtés de la Ligue des droits de l'homme, et avec les mêmes personnalités, le prince Vinh San milita sans relâche en faveur de la départementalisation de l'île : la gauche réunionnaise voulait décoloniser l'île pour la rendre plus française.

Le prince Vinh San, en effet, entretenait des relations assez étroites avec le docteur Raymond Vergès, le père de Jacques, le futur célèbre avocat. Raymond Vergès connaissait bien l'Extrême-Orient, ayant séjourné plusieurs années en Chine, au Laos, au Siam et finalement en Annam, entre 1920 et 1930. Sa seconde épouse, Pham thi Khang, était d'ailleurs annamite. En mai 1935, il avait été élu maire de Salazie, avait adhéré au Parti réunionnais d'action démocratique et sociale (PRADS) et s'était rapproché des communistes. Comme le prince Vinh San, il militait au sein de la Ligue des droits de l'homme et faisait partie de la loge « L'Amitié ». C'est dire que les deux hommes s'entendaient sur de nombreux points. Toutefois, en 1940, leurs voies avaient momentanément divergé, le Dr Raymond Vergès ayant déclaré se rallier au maréchal Pétain. Mais finalement, il optera pour le général de Gaulle lorsque les troupes de la France libre auront débarqué dans l'île. C'était plus prudent. Néanmoins, jamais les relations entre les deux hommes ne seront désormais ce qu'elles avaient été au temps du Front populaire.

Devenir français et vivre à Paris

En fait, le prince Vinh San ne rêvait ni d'insurrection, ni même d'agitation. Dans l'immédiat, très égoïstement, il voulait avant tout quitter cette « île perdue », sans intérêt, devenir français et vivre à Paris. En 1921, des bruits coururent dans la presse locale, *Le Courrier colonial*, selon lesquels il aurait été en relations avec des agents japonais ou mauriciens et envisageait de se réfugier au Japon[57] ; c'était très probablement sans fondement.

À quatre reprises, toutefois, des offres clandestines lui avaient été faites pour lui permettre de s'évader de La Réunion et retourner en Annam : il les avait toutes refusées. Ces propositions, d'ailleurs, n'émanaient nullement d'activistes annamites, mais d'étrangers. Au début des années 1920, le commandant d'un bateau anglais lui avait proposé de le conduire à Durban, en Afrique du Sud. Puis un pianiste russe lui avait également offert le moyen de s'évader. Non seulement, il n'avait jamais été tenté de donner la moindre suite à ces plans, mais il en avait lui-même informé la police. De son côté, le gouverneur général d'Indochine, en 1924, avait alerté son collègue de La Réunion d'un projet de fuite sur un cargo chinois : Duy Tan devait être déguisé en marin. De La Réunion, on le mènerait à Maurice, puis à Hong Kong, où il était censé organiser un attentat contre l'empereur Khai Dinh. Tout cela devait s'avérer sans aucun fondement.

Un Sud-Africain lui proposa également de l'aider à fuir. Il répondit, paraît-il, en prenant son violon et jouant l'air de « J'ai deux amours, mon pays et Paris » que chantait alors Joséphine Baker, à l'occasion de l'Exposition coloniale de 1931[58]. Pour elle, c'était Saint-Louis, pour lui, l'Annam, mais pour les deux, Paris. Et probablement connaissait-il la suite de la chanson :

> Par eux toujours / Mon cœur est ravi / Ma savane est belle / Mais à quoi bon le nier / Ce qui m'ensorcelle / C'est Paris, Paris tout entier / Le voir un jour / C'est mon rêve joli / Quand sur la rive parfois / Au lointain j'aperçois / Un paquebot qui s'en va / Vers lui je tends les bras / Et le cœur battant d'émoi / À mi-voix / Doucement je dis « emporte-moi ! ».

Le prince Vinh San était homme à apprécier Joséphine Baker, son costume-banane, ses rythmes de jazz, son choix de la France, et plus tard, sa naturalisation française et son ralliement à la France libre.

Au début des années 1930 encore, le mécanicien d'un bateau russe, prétendant avoir des contacts avec un « institut annamite » de Moscou, proposa au prince Vinh San de l'emmener dans la capitale soviétique. Mais il n'était pas Ho Chi Minh. Et en 1938, on le soupçonnait à nouveau de vouloir s'échapper avec sa compagne, en partance pour Saïgon[59]. Tout cela n'était probablement que chimères et faux renseignements ; le prince Vinh San n'avait aucune intention de retourner en Annam, du moins dans de telles conditions, ni de fuir à l'étranger. « Ce qui m'ensorcelle / C'est Paris, Paris tout entier / Le voir un jour / C'est mon rêve joli. »

Plutôt que de mener quelque action subversive ou politique en Indochine, ce qu'il souhaitait, au contraire, c'était être naturalisé français. Il en fit la demande officielle dès juillet 1920, qu'il adressa directement au président du Conseil, à l'époque Alexandre Millerand, puis à nouveau à la fin de 1921. En janvier 1922 le dossier fut transmis de Saint-Denis à Hanoï, « avec avis nettement défavorable » du gouverneur de La Réunion : « J'estime, en effet, que la demande de naturalisation ne doit pas être accueillie ; expulsé de l'Annam et exilé à La Réunion où son attitude et sa conduite ont beaucoup laissé à désirer, la naturalisation qu'il souhaite serait, à mon avis, préjudiciable aux intérêts français et frapperait d'inefficacité la mesure de rigueur prise contre lui[60]. » En septembre 1921, il avait pourtant écrit au résident supérieur d'Annam pour lui demander des certificats comme quoi il était décoré de la croix du Dragon d'Annam et comme quoi il avait fait des études jusqu'au niveau du premier baccalauréat : le but était de constituer un dossier pour entrer dans une école, en France, où il lui faudrait bien travailler[61]. En effet, face à ces différents refus, il s'était alors replié sur une autre solution : au moins être autorisé à quitter l'île et à s'installer à Paris. Il en fera trois fois la demande, en décembre 1929, juillet 1932 et avril 1936, au moment même de l'accession du Front populaire au pouvoir : toutes furent rejetées[62]. Le dernier refus, par le gouvernement du Front populaire lui-même, avait dû lui être particulièrement pénible.

Quoi qu'il en soit, en 1936, la présence de Marius Moutet au ministère des Colonies était une aubaine pour le prince. Le ministre n'avait-il pas, quelques années plus tôt, été l'avocat des communistes et nationalistes annamites, incarcérés à la suite des graves manifestations du début des années 1930, et surtout n'était-il pas celui qui préparait leur amnistie (laquelle sera votée par l'Assemblée le 27 août 1936[63]) ? Souhaitant être autorisé à se rendre à Paris, le prince Vinh San se décida, le 5 juin 1936, à écrire directement au ministre des Colonies, Marius Moutet[64], dont relevaient l'Indochine comme La Réunion. Il y demandait une amnistie, ainsi que l'autorisation de « terminer sa vie à Paris », ayant « reçu une culture entièrement française ». Cette très longue lettre était assez maladroite. Le prince Vinh San y développait toute son habituelle argumentation selon laquelle il n'avait accepté de prendre la tête de l'insurrection de 1916 que pour mieux la faire échouer :

> Après de longues réflexions, j'adoptai le plan suivant : accepter le commandement de la révolte et par cela acquérir assez d'autorité pour être sûr d'être obéi. Et ensuite donner des ordres et des contre-ordres assez incohérents pour disperser les bandes à des points tout à fait éloignés et isoler les groupes les uns des autres. Je savais que si je pouvais empêcher toute action durant la nuit fixée, la révolte avortait, sans une goutte de sang.

Qui pouvait croire cette affabulation ? Et de conclure :

> Après lecture du court exposé des faits qui m'ont, depuis vingt ans, maintenu en cette île perdue, j'espère que votre humanité ne voudra pas me laisser un jour de plus dans ce pays où les traditions et les coutumes ne me pardonnent pas d'être asiatique et venu en exil [...]. Je demande au Gouvernement français de me permettre de vivre en France, à Paris, où la largeur des esprits mettra fin à l'ostracisme douloureux que je subis ici. J'aurai vite fait d'oublier mes vingt ans de souffrance, et si ma santé se rétablit, je demanderai à servir la République et la France.

Cette demande ne reçut jamais de réponse. Outre le raisonnement spécieux qu'elle contenait et qui la rendait immédiatement suspecte, le prince Vinh San n'avait pas compris ce qu'était alors la politique coloniale du Front populaire. Les belles paroles sans cesse répétées dans les loges franc-maçonnes étaient une chose, les impératifs politiques en étaient une autre. Le Front populaire, c'était avant tout la SFIO, et non les communistes, encore moins les trotskistes. Certes, dans les années 1920, le programme colonial de la SFIO, c'est-à-dire celui de l'Internationale, avait prôné la décolonisation pure et simple. Mais cette époque était révolue. Désormais, il n'était plus question que de réforme dans les colonies, et non de décolonisation. On pensait que les colonies « représentent l'un des atouts majeurs de la France, en cas de guerre notamment ». Dans l'été 1936, lorsque le prince Vinh San écrivait sa lettre au ministre, celui-ci était précisément en train de préparer un programme de réformes visant, en fait, à consolider le système colonial dont la métropole avait besoin. Dans le même temps, on espérait bien que ces réformes couperaient l'herbe sous le pied des communistes et trotskistes annamites. Le 19 septembre 1936, le gouvernement du Front populaire envoyait à Hanoï ce télégramme : « Ordre français doit régner en Indochine[65]. » Ce n'était pas le moment de permettre au prince Vinh San, auteur du soulèvement de 1916, de s'installer à Paris. Et puis, il était prince : le Front populaire pouvait-il libérer un prince ? Que diraient les « alliés » communistes ? On pouvait libérer les communistes et les trotskistes détenus à Poulo Condore, en Cochinchine – d'ailleurs on le fit, grâce à la loi d'amnistie du 27 août – mais pas un prince, même franc-maçon. Vinh San n'avait pas compris tout cela. Sa lettre resta sans réponse.

Homme de l'insurrection de 1916, aimant son pays, le souhaitant libre, mais en même temps, homme de culture française, désirant devenir français et vivre à Paris : cela pourrait sembler paradoxal, voire incompréhensible. En fait, le prince Vinh San était représentatif d'un courant de pensée pour lequel la fidélité au pays et la fidélité à la France n'étaient nullement contradictoires. Faut-il rappeler ce qu'écrivait, dans ces années 1930, le nationaliste Pham Quynh, l'homme de la langue nationale annamite, le directeur de la revue *Nam Phong*, le ministre des Rites : « Le génie français, essentiellement humain et humaniste, ne détruit ni n'asservit l'âme des peuples, mais au contraire, la libère, l'élève. » En 1939, il regroupera et publiera une partie de ses écrits sous le titre d'*Essais franco-annamites*. Il était bien conscient de la difficulté de cette position : « Je suis un homme de transition. Sincère ami de la France, on me reproche de cacher sous ma francophilie de façade un nationalisme exacerbé. Patriote vietnamien, on m'accuse de trahir ma patrie en pactisant avec le conquérant. » L'universalisme de la franc-maçonnerie expliquait peut-être, en partie du moins, cette volonté de concilier ce qui, aux yeux de certains, était contradictoire. On pourrait tout aussi bien citer son gendre, le poète et romancier Nguyen Tien Lang : « Pour la rénovation de cette civilisation [annamite], nous ne comptons maintenant que sur l'influence de la civilisation de l'Occident [...]. Il s'agit, pour nous, d'être à la fois bons Annamites et bons Français. »

Le prince Vinh San, certes, était bien différent de Pham Quynh ou Nguyen Tien Lang, mais ne partageait-il pas avec eux ces idées caractéristiques du mouvement réformiste de l'entre-deux-guerres, pour lequel la France était source de rénovation, une rénovation qui était le préalable indispensable à toute vraie liberté de l'Annam ? Dans l'immédiat, le prince Vinh San était prêt à « servir la République et la France ». « La République et la France » : il avait bien compris que ce n'était pas exactement la même chose. Certains, par la suite, se demanderont même si l'une n'était pas le contraire de l'autre. La République l'avait exilé et refusait de l'amnistier. Ce sera la France qui lui rendra liberté et dignité. Le prince Vinh San viendra bien à Paris, non grâce au Front populaire, mais grâce au général de Gaulle, quelques années plus tard. Pour un franc-maçon, ce fut probablement une dure constatation.

Duy Tan et quelques autres exilés politiques

Il a déjà été fait allusion à l'empereur Ham Nghi, lui aussi en exil, en même temps que l'empereur Duy Tan : de 1916 à 1944, tous deux se trouvaient dans la même situation d'exilés politiques, le premier à Alger, le second à Saint-Denis de La Réunion. Aussi n'est-il pas sans intérêt de comparer les deux cas.

L'empereur Ham Nghi, né en 1871, était plus âgé d'une génération que l'empereur Duy Tan, né en 1899[66]. Toutefois, ils avaient tous les deux connu des parcours très comparables. Ils avaient, l'un et l'autre, été faits empereurs par la volonté de la puissance coloniale alors qu'ils étaient encore enfants : Ham Nghi en 1884, à l'âge de treize ans, Duy Tan en 1907, à l'âge de neuf ans. Tous deux furent exilés à la suite d'une insurrection, le premier en 1885 alors qu'il n'avait que quatorze ans, le second en 1916, alors qu'il n'avait que dix-huit ans. Tous deux furent maintenus en exil jusqu'à la fin de leur vie ou presque, 1944 pour Ham Nghi, la Seconde Guerre mondiale pour Duy Tan.

Leurs existences en exil présentent également de grandes similitudes, encore que la personnalité de Duy Tan soit incomparablement plus intéressante que celle de Ham Nghi. Tous deux se sont, dès le début de leur exil, plongés dans l'étude de la langue et de la civilisation françaises, avec des résultats médiocres pour Ham Nghi, excellents pour Duy Tan. L'un comme l'autre ne s'exprimeront plus qu'en français avec leurs familles et leurs amis, même annamites ; aucun ne fera apprendre la langue vietnamienne à ses enfants. Tous deux se constituèrent des cercles d'amis qui étaient essentiellement français, même si Ham Nghi fréquenta aussi quelques compatriotes résidant à Alger. En revanche, alors qu'il correspondait avec l'empereur Bao Daï, Ham Nghi, apparemment, n'eut aucun rapport épistolaire avec Duy Tan. Par ailleurs, il est remarquable qu'en 56 ans d'exil en Algérie, Ham Nghi n'eut, semble-t-il, aucun ami algérien et n'eut jamais la moindre relation avec la reine de Madagascar, Ranavalona, elle aussi exilée en Algérie de 1899 à 1917 : l'idée d'une solidarité afro-asiatique ne fera son apparition que bien plus tard et ne sera jamais très prisée des peuples d'Extrême-Orient. Sur un tout autre plan, Ham Nghi comme Duy Tan sont très rapidement devenus, l'un et l'autre, fort tolérants à l'égard du catholicisme : Ham Nghi s'était engagé à élever ses enfants dans cette religion et ses trois enfants furent baptisés, de même que ceux de Duy Tan, pourtant franc-maçon.

Mais le plus extraordinaire reste que l'un comme l'autre, enfin, devinrent rapidement de « bons républicains », apparemment très francophiles. Leur rêve commun était d'aller à Paris. Ham Nghi épousa une Française de la bonne société d'Alger, eut une maîtresse française, tout comme Duy Tan, dont toutes les maîtresses furent françaises. Ham Nghi alla jusqu'à dire à ses enfants : « Vous ne serez jamais de bons Annamites, alors soyez de bons Français[67]. » Et lorsque la France fut menacée, la réaction de l'un comme de l'autre fut sensiblement la même. Ainsi, en 1914, lors de l'agression allemande, Ham Nghi écrivait au ministre des Colonies :

> En présence des événements actuels, il est de mon devoir d'offrir mes modestes services à la France, ma seconde patrie, et ce devoir, je le remplis de tout cœur. Et en lui donnant ce témoignage de mon loyalisme j'entends aussi, non seulement inspirer à mes trois enfants qui sont français, à mon fils le prince Minh Duc surtout, mais également à mes anciens sujets, les sentiments qu'ils doivent nourrir, leur tracer la voie qu'ils devront suivre. Je suis prêt, Monsieur le ministre, à remplir autant que possible, dans le cadre de mes aptitudes, telle fonction qu'il vous plaira de me confier[68].

Vingt ans plus tard, « il soutiendra son fils, devenu officier dans l'armée française, qui voulait aller se battre au front en 1939[69] ». Ce sera très exactement la réaction de Duy Tan à la même date.

Comment ne pas conclure, avec la petite-fille de Ham Nghi : « La vie de Ham Nghi ne correspond pas au mythe de l'empereur patriote resté antifrançais toute sa vie, qui a été construit autour de lui dans l'historiographie vietnamienne[70]. » Quant à celle de Duy Tan redevenu prince Vinh San, elle allait montrer, surtout entre 1940 et 1945, combien l'ancien rebelle de 1916 avait changé. Ce qui n'empêchait ni l'un ni l'autre de rester fidèle à leur Annam natal. « Deux patries », « Français autant qu'Annamite » : on retrouvait chez Ham Nghi comme chez Duy Tan des idées qui rappelaient étrangement celles que défendait dans les années 1930 un nationaliste modéré comme Pham Quynh, « sincère ami de la France et patriote annamite ». La France du début du XXe siècle était encore une métropole qui fascinait.

De 1926 à son départ de l'île vers la France, en 1945, le prince Vinh San fut le voisin, on l'a rappelé, d'un autre exilé politique célèbre, à savoir Abdelkrim, le vaincu de la guerre du Rif. Ce dernier, en effet, après sa reddition, en mai 1926, fut exilé à La Réunion avec toute sa famille et une importante suite. Il fut d'abord logé, durant trois ans, au château Morange, une riche demeure bourgeoise du XIXe siècle, sur les hauteurs de Saint-Denis, puis à partir de 1929, dans la commune de Trois-Bassins, dans l'ouest de l'île. À aucune de ces deux périodes, on ne trouve trace de relations entre les deux hommes, lesquels, pourtant, avaient quelques relations communes, par exemple le Dr Raymond Vergès, confrère du prince Vinh San à la loge maçonnique « L'Amitié ». Il est vrai que ces deux exilés furent traités par la République de façon fort différente. Celui qui avait infligé des milliers de morts à l'armée française, Abdelkrim, était logé dans une superbe demeure, accompagné de dizaines de membres de sa famille et serviteurs, tandis que le prince Vinh San, qui n'avait causé la mort de personne, devait se contenter d'une mince pension et d'un petit logement qu'il louait à ses frais : cela les plaçait dans deux positions sociales bien différentes.

Surtout, ils appartenaient à deux mondes radicalement différents et entretenaient des idées parfaitement divergentes. Certes, on peut relever quelques points communs entre les deux hommes[71]. Tous deux nés en pays colonisés, français pour le premier, espagnol pour le second – le Maroc espagnol ; tous deux avaient été élevés dans un milieu très fermé, la Cour de Hué pour le prince Vinh San, une famille de cadis de la tribu berbère des Ouriaghel, dans le Rif, pour Abdelkrim ; tous deux s'étaient rebellés contre leur statut de colonisé et avaient été exilés à La Réunion. Toutefois, ces quelques traits généraux pourraient être trompeurs. En fait, derrière ce parallélisme apparent, des divergences fondamentales opposaient les deux exilés. Le prince Vinh San était le double produit d'une cour hautement civilisée et d'une éducation française parfaitement assimilée ; Abdelkrim, celui d'une tribu très primitive et d'une éducation essentiellement musulmane, à peine modifiée par un vernis espagnol. Si l'un comme l'autre surent se fondre dans la société réunionnaise, ce fut selon des processus totalement opposés : le prince Vinh San sut se faire apprécier de toute la population de l'île, et en majorité des Français de souche, tandis qu'Abdelkrim se rapprocha surtout des seules grandes familles indo-musulmanes établies à La Réunion. Le prince Vinh San parlait parfaitement français et se félicitait de ses prix littéraires obtenus à La Réunion, en revanche Abdelkrim le parlait à peine. Alors que le rêve du prince Vinh San était de vivre à Paris et de devenir français, Abdelkrim s'en tint à une idéologie radicale faite d'anticolonialisme et de guerre sainte. Aussi, les comportements de l'un et de l'autre durant la Seconde Guerre mondiale, au-delà, une fois encore, de quelques similitudes apparentes, s'avéreront-ils radicalement divergents. Le prince Vinh ralliera le général de Gaulle, Abdelkrim se contentera de déclarer que de Gaulle lui semblait être un bon « chef de guerre ». C'était tout dire.

5

De la TSF à la Résistance

C'était au bout du pont du Barachois, l'ancien débarcadère des voiliers, que le prince Vinh San aimait aller à la pêche. Il s'y rendait souvent, le soir, à la tombée de la nuit, pour tendre ses lignes. D'ailleurs, il y était rarement seul : l'endroit était très prisé des pêcheurs de Saint-Denis. Parfois il était accompagné de son ami, l'instituteur Simon Lucas. Il fallait les voir s'installer, avec tout leur attirail, une tente de camping, un nécessaire de couchage, et bien évidemment, tout le matériel de pêche proprement dit. Lorsque leurs grandes gaules étaient montées, on aurait cru des antennes de TSF ! Et pour cause : c'en étaient !

Comme la pêche, la TSF était depuis longtemps une des occupations préférées du prince. Il s'y était intéressé peu après son arrivée dans l'île, en 1916. À cette époque, c'était une invention qui n'avait guère qu'une vingtaine d'années, du moins si l'on retient les expériences de Marconi, en 1894-1895 comme étant le véritable début de ce nouveau moyen de transmission. Et encore était-elle très peu répandue, surtout limitée au domaine militaire durant la guerre de 1914-1918. Ce ne fut qu'à partir de la fin de cette dernière que les applications civiles avaient commencé à se multiplier : l'émetteur de la tour Eiffel, à Paris, ne datait que de 1921. Si, comme on le disait, le prince Vinh San avait commencé à s'intéresser à la TSF lorsqu'il était au lycée Leconte-de-Lisle, à Saint-Denis, c'est-à-dire vers 1917-1918, force est d'admettre qu'il avait été un pionnier en ce domaine, surtout à La Réunion où personne d'autre n'avait encore songé à exploiter cette découverte.

Un sans-filiste hors pair

L'intérêt qu'il avait montré pour la TSF avait tout d'abord été une simple curiosité intellectuelle. En autodidacte, il avait travaillé avec les quelques rares livres disponibles sur le sujet et avait finalement acquis un solide bagage dans le domaine. Peu à peu, commença le bricolage : plutôt que d'envoyer en métropole, pour réparation, les appareils en panne, on fit appel à ses compétences. Lui-même continuait à étudier et publiait même des articles techniques dans des revues spécialisées pour amateurs sans-filistes. Le temps passant, les ressources que lui allouait le gouvernement s'étiolant du fait de l'inflation, il eut l'idée d'ouvrir un véritable atelier de réparations de radios pour arrondir quelque peu ses fins de mois. Il l'installa au rez-de-chaussée de sa maison, au 41, rue Labourdonnais, et l'on vit bientôt apparaître un modeste papier à en-tête commercial : « Radio-laboratoire Vinh San/appareillage radioélectrique/dépannages-réparations[1]. » « Au rez-de-chaussée où nous vivions chichement, se souviendra son fils, mon père avait installé son atelier de réparation en radio électricité. La petite pièce d'environ 30 mètres carrés avait été séparée en deux par une étagère genre présentoir en bois et un petit bureau. Une petite partie servait d'atelier et l'autre partie, devant, à la réception des clients[2]. »

Toutefois, la réparation des postes de radio n'était pas tout. Ce qui intéressait surtout le prince Vinh San, c'était l'écoute. Il veillait très tard pour capter les différentes radios du monde. Un de ses amis réunionnais se souviendra :

> Son passe-temps favori consistait en effet à écouter la radio et à en bricoler les postes. Au bas de l'actuelle rue du Général-de-Gaulle [en 2000], se trouvait alors un espace boisé avec de très grands arbres. C'était là que le prince, ce grand amateur de radio, pratiquait son art, loin des yeux curieux. Il installait son antenne sur l'un de ces énormes arbres et arrivait à capter la BBC et les émissions de la France libre. Cet endroit secret n'était connu que de quelques-uns de ses amis très proches aux allures de conspirateurs, puisque le gouverneur de l'île, ayant fait allégeance au régime de Vichy, faisait surveiller tous ceux qui étaient soupçonnés d'entretenir des intelligences avec « l'ennemi »[3].

Bientôt apparurent des fils de cuivre tendus au-dessus de la maison et de la cour ; il n'était plus seulement question d'écouter, mais aussi d'émettre. Il avait réussi à se construire un puissant appareil émetteur-récepteur, qu'il installa dans sa maison de la rue Sainte-Anne. Très rapidement, cela devait lui attirer de graves ennuis avec les autorités de l'île.

Dès 1932, il avait fondé une « Association réunionnaise des auditeurs » (A.R.D.A.-T.S.F.) dont il était le président. Puis en 1934, il était devenu membre du Réseau des émetteurs français (REF), une association de radio-amateurs dans laquelle il avait l'indicatif

REF 2062. L'année suivante, l'administration française de Madagascar lui accorda le droit de communiquer dans le monde entier avec l'indicatif FB8VX, puis FR8VX à partir de 1937. C'est avec ce dernier indicatif qu'il entrera dans la Résistance quelques années plus tard[4]. Souvent, il communiquait avec un radioamateur de l'île Maurice, nommé Paul Caboche.

L'attitude très méfiante des autorités à l'égard du prince Vinh San s'expliquait en grande partie du fait de la tension politique et militaire qui montait en Europe comme en Asie, y compris en Indochine. Le rattachement de la Sarre à l'Allemagne en 1935, l'occupation de la Rhénanie, le début de la guerre d'Espagne ou la naissance de l'Axe Berlin-Rome en 1936, l'Anschluss en 1937, l'occupation de la Tchécoslovaquie au début de 1939 étaient autant d'événements, parmi bien d'autres, qui ne pouvaient tromper : on allait vers la guerre. Dès lors, pourquoi permettre à un ancien chef d'insurrection d'émettre à partir de La Réunion ? Paris avait bien d'autres soucis. D'autant que la situation en Extrême-Orient était tout aussi préoccupante. En 1936-1937, apparut à Tokyo la Société de la Grande Asie qui encourageait les peuples colonisés par les Blancs à se libérer ; en juillet 1937, la guerre éclatait entre la Chine et l'Empire nippon. Des nationalistes annamites recherchaient l'appui de l'un ou l'autre des deux pays, tel le prince Cuong De auprès des Nippons.

À Saint-Denis, le prince Vinh San était bien éloigné de tout cela, mais on pouvait craindre qu'il cherchât à s'en mêler grâce à des contacts par radio. À la buvette de Thuong-Hime, il avait tendance à souvent parler politique ; le Front populaire l'avait beaucoup excité. Et comment ne pas se souvenir que les insurgés de 1916, dont il avait pris la tête en Annam, avaient voulu profiter de la guerre en Europe et avaient recherché l'appui de l'Allemagne contre les autorités coloniales françaises ? Plus que jamais, à Saint-Denis, le gouverneur et la police jugeaient indispensable de le surveiller de très près.

En mars 1936, comme il transmettait sans autorisation, on lui saisit transformateurs et micros, le menaçant d'emprisonnement s'il ne cessait pas ses émissions. Il accepta finalement de faire une demande officielle, en décembre 1937, d'autorisation de transmettre. Elle remonta jusqu'au gouverneur général de l'Indochine, lequel donna un avis négatif si la puissance des appareils permettait d'attendre la colonie ou même des zones où vivaient des Annamites. Comme le gouverneur de La Réunion y était également opposé, aucune suite ne fut donnée à la requête du prince, auquel on fit par ailleurs comprendre que s'il émettait sans autorisation, il s'exposerait aux pires ennuis. En septembre 1938, il fut à nouveau inquiété pour la même raison – ses émissions sur ondes courtes – encore que les pouvoirs publics n'avaient rien détecté sur les longueurs d'onde qu'il avait antérieurement utilisées. Le prince se défendit en affirmant que depuis qu'on lui avait refusé une autorisation officielle de diffuser, il s'en était totalement abstenu. La surveillance n'en continua pas moins, mais aucune infraction ne put être relevée à son encontre[5]. Cette grande maîtrise acquise en matière de radio-transmission lui valait finalement une surveillance accrue et pesante de la part des autorités.

Lorsque la guerre éclata, en septembre 1939, et surtout après l'armistice de juin 1940, les activités de TSF du prince Vinh San prirent soudainement une tout autre signification.

Une clause de l'armistice du 22 juin interdisait l'accès de l'empire colonial français aux forces de l'Axe. Dans la quasi-totalité de cet empire, les gouverneurs restèrent fidèles au gouvernement du maréchal Pétain, les deux seules exceptions étant l'Afrique équatoriale française et la Nouvelle-Calédonie, qui passèrent à la France libre. Comme le reste de l'empire, y compris l'Indochine, La Réunion demeura, elle aussi, fidèle au gouvernement de Vichy. Le prince Vinh San se retrouvait ainsi dans une colonie vichyste.

Dans une colonie vichyste

Le gouverneur de l'époque, à Saint-Denis, était, depuis la fin de 1939, l'administrateur Pierre-Émile Aubert ; il n'était arrivé à La Réunion qu'en février 1940. Presque toute sa carrière s'était déroulée en Afrique de l'Ouest, laquelle allait, elle aussi, rester fidèle à Vichy. Dès le 23 juin, la colonie apprenait la signature de l'armistice, les conditions dans lesquelles il avait été signé et ses principales clauses, en particulier celles qui concernaient l'empire colonial. Il semble que très nombreux furent les partisans d'une continuation de la lutte contre l'Allemagne. C'était notamment l'avis de Marcel de Coppet, gouverneur général de Madagascar, la colonie voisine au comportement de laquelle La Réunion était toujours très attentive. Sur le plan militaire, La Réunion dépendait d'un commandement qui se trouvait à Madagascar.

Ce même 23 juin, Maurice Gaud, consul de Grande-Bretagne, communiquait au gouverneur un message de lord Halifax, sous-secrétaire d'État britannique aux

Affaires étrangères, demandant « aux autorités civiles et militaires de tous les territoires français d'outre-mer de se tenir à leurs côtés et de se battre main dans la main jusqu'à la victoire... ».

En dépit de toutes ces sollicitations, le gouverneur Aubert, un ancien de la guerre de 1914-1918, fonctionnaire respectueux de la hiérarchie et des ordres venus d'en haut, choisit de rester fidèle au Maréchal, le héros de Verdun. La rupture avec l'Angleterre se traduisit immédiatement par l'interruption de toutes les relations avec Maurice, la colonie britannique voisine. Dans l'île, une liste de personnes à surveiller fut dressée, la presse et la radio – Radio Saint-Denis – furent étroitement contrôlées. Bientôt, Simon Lucas, l'ami du prince Vinh San, sera révoqué. En application de la loi métropolitaine du 13 août sur l'interdiction des sociétés secrètes, la loge franc-maçonne « L'Amitié », celle à laquelle avait été initié le prince en 1927, fut interdite. Tout cela, on le comprend facilement, lui devenait insupportable.

De plus, le blocus anglais plongea l'île dans une situation générale de pénurie. Le fils du prince Vinh San se souviendra bien de cette période :

> Nous étions parfois tous soumis aux tickets de rationnement et il arrivait que les aliments soient introuvables (fameuse époque du marché noir qui fit la fortune des gens dénués de tout scrupule). Je me souviens encore avoir mangé du manioc cuit à la vapeur, du maïs, et lorsque ces aliments se faisaient rares, on mangeait du tapioca trempé dans de l'eau, des copeaux de résidus comprimés d'arachide, du *couac*, des morceaux hachés menu de manioc séché, plus particulièrement destinés à l'alimentation des animaux. Pendant cette période de restrictions, certains vêtements étaient taillés dans du rabane [*sic*], sorte d'étoffe

> fabriquée avec de la paille tressée, et qui, vous vous en doutez, ne supportait pas les plis. Comme chaussures, un petit artisan de la rue Voltaire nous fabriquait des sandalettes avec des récupérations de pneus usagés d'automobile […][6].

Par ailleurs, l'Indochine était également demeurée fidèle au gouvernement de Vichy. Peu après l'armistice de juin 1940, Catroux, gouverneur général de l'Indochine, avait été remplacé par l'amiral Decoux, proche de l'amiral Darlan, tandis que, rentrant en France, Catroux passait à la France libre. Depuis juillet 1940, l'Indochine connaissait donc le même régime que La Réunion. Dès le mois suivant, la France de Vichy et l'Empire nippon commencèrent à conclure des accords qui, déjà, entamaient gravement la souveraineté française dans la péninsule. Et apparemment, l'empereur Bao Daï s'accommodait parfaitement de cette situation. Cela non plus n'était pas supportable pour le prince Vinh San, qui, de son lointain exil, était parfaitement au courant des événements indochinois.

À La Réunion, la radio et la presse contrôlées, la loge « L'Amitié » interdite, l'ami Simon Lucas révoqué, en Indochine, le même régime vichyste, collaborant avec l'armée et la police nipponnes, et mille autres raisons encore : il fallait absolument résister.

Lors de la déclaration de guerre, en septembre 1939, il y avait eu, à La Réunion, un afflux spectaculaire de volontaires, prêts à s'engager pour défendre la patrie. Le prince Vinh San, quant à lui, avait, semble-t-il, émis le désir de s'engager dans l'armée française dès 1936[7]. Puis il avait fait une deuxième demande en avril 1939. C'était assez remarquable, puisque jusqu'à cette date, la France, bien que menacée, n'était nullement en guerre. Or, aucune de ces deux demandes n'avait abouti. Puis lorsque la guerre éclata et qu'à La Réunion, de nombreux volontaires cherchèrent à s'engager, le prince Vinh San fut du nombre. Il en fit la demande au moins quatre nouvelles fois, dès septembre 1939, puis en mai, juillet et septembre 1940[8]. Comme avant la guerre, toutes ces demandes furent refusées. Depuis la demande de juillet 1940, on pourrait comprendre que, ses opinions gaullistes étant connues, ces demandes, présentées à un commandement militaire vichyste, aient été systématiquement rejetées. Mais avant, alors qu'il n'était question ni de gaullisme ni de vichysme ? Il n'était pas d'autre explication qu'une volonté profondément ancrée de devenir français et de servir la France. En revanche, ses demandes de juillet et septembre 1940, c'est-à-dire postérieures à l'Appel du 18 juin, étaient fort ambiguës. Que pouvait-il en attendre, sur le plan militaire ? Certainement pas que les autorités pétainistes de La Réunion lui donnent la possibilité d'aller combattre contre les nazis. N'était-ce pas tout simplement le désir de devenir citoyen français qui l'emportait ? À moins que l'explication soit de faire de la résistance au sein des troupes pétainistes locales.

Finalement, ses connaissances de TSF allaient lui donner un moyen beaucoup plus « simple » d'entrer dans la Résistance.

La population réunionnaise était très mal informée de ce qui se passait réellement en Europe. Au début de la guerre, on ne dénombrait que sept cent soixante-sept postes de radio privés dans l'île. De plus, il était souvent difficile de capter les émissions venant de France. Radio Saint-Denis ne fournissait que peu d'informations, tout comme la presse écrite, l'une et l'autre étant soumises à une censure très serrée. À partir de novembre 1940, il devint interdit d'écouter les émissions radiophoniques britanniques, notamment celles qui venaient de Maurice.

Le prince Vinh San eut à cœur de remédier à cette situation, tout au moins à son échelle et en restant dans le cadre de la légalité. C'est son ami Simon Lucas qui le racontait :

> De l'étage de sa maison, sise à l'angle des rues Labourdonnais et Saint-Joseph, il diffusait chaque soir, vers vingt heures, avec un haut-parleur, dès la fin de 1940, les nouvelles de l'extérieur, de la guerre. Beaucoup de Dionysiens se tenaient dans la rue, devant chez lui, pour écouter les nouvelles de « Radio-Paris ». Jamais de « Radio-Londres », car même l'écoute en chambre, chez soi, de la BBC, était rigoureusement interdite.

C'était plus ou moins légal, mais bien évidemment la police surveillait ces « émissions » de près : « Des policiers en civil se mêlaient chaque soir aux auditions nocturnes[9]. »

Malgré cette surveillance incessante, il semble bien que le prince Vinh San ait réussi à entendre l'Appel du général de Gaulle, le 18 juin. Peut-être pas directement, mais par l'intermédiaire d'une retransmission *via* l'île Maurice, sous administration britannique. On possède peu de témoignages sur ce point, mais celui d'Eugène Thébault, qui était chef de cabinet du gouverneur, donc bien placé, et de plus ami du prince, est formel : « Il écoute toujours les radios, et possède un poste assez puissant. Aussi entendra-t-il l'appel historique du général de Gaulle, le 18 juin 1940. Il n'hésite pas une seconde : là est la voie de l'honneur ! Sa décision est prise et il fera tout ce qui est en son pouvoir au service de la France, dans la Résistance[10]. » « Je ne sais pas qui est ce de Gaulle, aurait déclaré le prince Vinh San, selon son ami Roger Guichard. Mais quand ça serait un cul-de-jatte [*sic*], c'est lui qu'il faut suivre[11]. » Moment décisif dans la vie du prince, on s'en doute : il entrait dans la résistance gaulliste.

Pendant deux ans, de 1940 à 1942, la TSF allait être au centre de sa vie. Les émissions de coin de rue, on s'en doute, devinrent la face visible des choses. Derrière, bien évidemment, allait se tramer le clandestin, la face invisible, l'essentiel. Son atelier de TSF fut le lieu de rendez-vous de nombreux résistants, toutes couleurs politiques et toutes situations sociales confondues : le bâtonnier Nativel[12], le Dr Vinson, le capitaine Plat[13], l'ingénieur des Travaux publics Decugis[14], Maître Dupont, l'ingénieur météorologiste Jean Raoul Mondain[15], les dirigeants communistes de Lépervanche[16] et Richard, *et al.*[17]. Puisqu'il n'avait pas pu être intégré à l'armée – et qu'aurait-il pu y faire ? –, il résisterait autrement, avec sa TSF. Parfois même, le prince Vinh San mêlait Résistance et humour. Ainsi, un jour, installa-t-il dans sa vitrine un V lumineux, évidemment le V de la victoire. Il se justifia auprès des autorités vichystes en expliquant qu'il s'agissait d'une publicité autour de ses initiales, VS, mais qu'il n'avait pas pu installer le S[18].

En dépit de quelques confiscations et de nombreux contrôles, durant les dernières années, le prince Vinh San possédait un petit émetteur-récepteur relativement puissant, comme le rappelait Eugène Thébault. Il était capable d'émettre et de recevoir dans un rayon de deux cents miles environ, c'est-à-dire jusque vers Maurice au nord-est et les bateaux croisant entre Madagascar et La Réunion, à l'ouest[19]. Il n'était pas question de l'utiliser à son domicile qui était constamment surveillé, aussi imagina-t-il une autre solution. Le soir, son ami Simon Lucas s'installait sur le pont du Barachois pour y pêcher. Puis le prince venait l'y rejoindre vers les vingt-deux heures. Il garait sa petite voiture au bout du pont et disposait tout son matériel de pêche. Et de fait, il pêchait. Mais dans le matériel de pêche se trouvait aussi le poste émetteur-récepteur. Vers minuit, lorsque tous les autres pêcheurs étaient enfin partis, Simon Lucas et le prince mettaient l'appareil en fonction. Lucas était plutôt chargé de la surveillance au cas où quelque danger se présentât ; le prince, lui, commençait à recevoir et à émettre[20]. « Quant à moi, se souviendra Simon Lucas, si l'instant était propice, je remontais ma ligne, l'hameçon hors de l'eau et je jouais mon rôle, celui de surveiller l'entrée du pont, de donner l'alarme en sifflant un air convenu, si quelque importun s'approchait. D'ailleurs tout était calculé pour que le prince ait le temps de tout cacher et de faire semblant de dormir ou pêcher, si l'importun venait à se diriger vers le bout du pont. Ainsi, chaque semaine, le mardi et le vendredi, le même manège se répétait. Il dura jusqu'au début de l'année 1942. »

Le prince Vinh San, au bout du pont du Barachois, faisant semblant de pêcher, se souvenait-il des soirs où, dans la Cité impériale, à Hué, un quart de siècle plus tôt, il se rendait, la nuit tombée, au bord du lac impérial, derrière le palais Kien Trung, pour y comploter avec Tran Cao Van déguisé en pêcheur ? En un sens, il était toujours le même homme, jeune empereur de dix-huit ans en Annam ou exilé de quarante ans à La Réunion : un comploteur nocturne contre l'ordre établi, celui du protectorat en 1916, celui du régime de Vichy en 1940.

Que pouvait recevoir et diffuser le prince, lors de ces nuits passées au bout du pont du Barachois ? Relisons ce qu'en disait Eugène Thébault, la meilleure source d'information concernant les activités du prince, à cette époque :

> Le prince Vinh San va travailler dans le sens de la France libre et y consacrer tout son talent de sans-filiste : en captant d'abord le plus possible de messages. Grâce à lui, quelques résistants réunionnais, qui forment un petit groupe et se réunissent chez lui, sont mis au courant des nouvelles de la guerre et de la résistance, et une propagande de bouche-à-oreille se fait. Puis il transmet à son tour des informations locales, des renseignements de toute sorte, et son activité en ce domaine sera telle que les représentants locaux du gouvernement de Vichy l'apprendront et en prendront vite ombrage.

Des contacts sont noués avec le capitaine Paturau, représentant de la France libre à l'île Maurice[21]. Toutefois, bien souvent, le prince croyait être en relation avec des postes français de résistance, alors qu'en fait il s'agissait de postes anglais de Maurice – probablement francophones – lesquels ne transmettaient pas les informations à la Résistance française, mais les gardaient pour eux. Les rapports avec les Anglais étaient assez ambigus, d'autres cas l'illustreront suffisamment.

Du Lazaret au Léopard

Les autorités vichystes finirent évidemment par soupçonner le prince de mener des activités subversives avec sa TSF, en dépit des avertissements qui lui avaient été signifiés à plusieurs reprises, dès avant 1940. L'île était bien petite : tout se savait. Il fut arrêté le 7 mai 1942. Pourtant, la raison immédiate de cette arrestation n'était pas – directement au moins – ses activités de radioamateur, mais un événement autrement plus grave : le débarquement anglais à Madagascar.

Dans la Grande Île, Marcel de Coppet, un ancien des Langues'O (en langue malgache), administrateur colonial franc-maçon, gouverneur en 1940, avait cherché à maintenir Madagascar aux côtés des Alliés. Cela lui avait évidemment valu d'être limogé par Vichy et remplacé, dès l'été 1940, par Léon Cayla, qui avait déjà été gouverneur général de l'île de 1930 à 1939, avant Marcel de Coppet. Également soupçonné de gaullisme, il avait lui-même été remplacé, dès avril 1941, par Armand Annet. Ce dernier, alors gouverneur du Dahomey, avait un temps hésité sur la position à prendre vis-à-vis des Anglais, puis était finalement resté fidèle au maréchal Pétain. C'était encore lui qui était gouverneur de Madagascar lors des événements de 1942[22].

La marine nippone commençait à mener des opérations navales contre les possessions britanniques de l'océan Indien, en particulier Ceylan et la Birmanie – Singapour avait été occupé en février 1942, Rangoun, en avril. L'Angleterre, craignant que les Nippons ne s'emparent également de Madagascar, décida d'en prendre préventivement le contrôle, jugeant que les forces de Vichy stationnées dans l'île n'étaient pas capables de résister. D'ailleurs, en auraient-elles eu la volonté ? Cette opération à Madagascar – l'opération *Ironclad* (« cuirassé ») – commença le 5 mai 1942. En quelques heures toutes les forces navales et les quelques avions présents sur la base de Diego-Suarez, à l'extrême nord de l'île, furent détruits – un nouveau

Mers-el-Kébir – puis des troupes y furent débarquées. Les forces françaises de Diego-Suarez durent capituler le 7 mai. Toutefois, les Anglais mirent des mois à contrôler l'ensemble de Madagascar : ce ne sera que le 6 novembre que le gouverneur général Annet se rendra. En janvier-mai 1943, la France libre réussira à reprendre le contrôle de l'île.

Les répercussions du débarquement anglais ne se firent pas attendre à La Réunion, les autorités locales étant persuadées qu'après Madagascar, ce serait La Réunion qui, bientôt, serait à son tour occupée. Des mesures de sécurité furent prises immédiatement. Parmi celles-ci, dès le 7 mai 1942 – le jour même de la capitulation des forces de Vichy à Diego-Suarez –, figurait l'arrestation du prince Vinh San, signé par le gouverneur Aubert :

> Décision n° 880. Art. 1. Est prononcé, à compter de la date de la présente décision, l'internement administratif dans le bâtiment visé au paragraphe B de l'arrêté n° 1659 du 19 novembre 1940, du sieur Vinh San, né à Hué (Annam) le 3 août 1900, fils de Buu Lân et de Nguyen Thi Dinh, résidant à Saint-Denis[23].

Le prince fut alors placé en détention au Lazaret, annexe de l'hôpital, alors transformé en lieu d'internement. Complot, arrestation, Résistance, arrestation : depuis Hué, le prince Vinh San était habitué.

Le texte, certes, était signé du gouverneur Aubert, mais derrière cette signature, se profilait plutôt son chef de cabinet, Jean-Jacques Pillet, pétainiste ardent, qui depuis longtemps, faisait surveiller le prince qu'il n'aimait pas. C'est lui qui avait surnommé l'atelier Vinh San, « Académie de coin de rue », sachant très bien que l'endroit servait de lieu de rendez-vous à plusieurs résistants de la ville de Saint-Denis[24]. C'était sur le fondement de la loi du 10 septembre 1940 qu'avait été interné le prince Vinh San. Cette loi permettait au gouverneur d'arrêter « toutes personnes réputées dangereuses pour la sécurité publique », ce qui était aussi vague qu'arbitraire. Cet internement, toutefois, ne dura que six semaines. La décision du 7 mai sera rapportée dès le 19 juin suivant, et le prince Vinh San libéré.

À peine sorti du Lazaret, le prince voulut reprendre ses activités de sans-filiste de la Résistance. Il n'était plus question de retourner au bout du pont du Barachois, comme avant son internement. Il serait immédiatement repéré et risquerait peut-être même sa vie. Il lui fallait trouver, toujours avec son ami Simon Lucas, un nouveau lieu d'où émettre. Le prince pensa au cimetière de l'Est, mais c'était un peu compliqué car il y avait un gardien. Finalement, ils se décidèrent pour un jardin très discret que possédait le frère de Lucas en un lieu assez isolé, facile d'accès. « C'est donc là, dans ce lieu solitaire, peu fréquenté, même le jour, que nous décidâmes, se souvient Simon Lucas, de poursuivre nos émissions. Une petite échelle pliante, un gros manguier touffu, mais libre face à l'océan, firent l'affaire. Assis à califourchon, le prince était un jockey émérite, bien calé, il mettait en action son émetteur deux ou trois fois par semaine, de mai à novembre 1942[25]. » Si les Anglais avaient débarqué à Madagascar, il était très probable, estimait le prince, qu'ils voudront aussi occuper La Réunion. Ses émissions lui semblaient plus utiles que jamais.

Le 27 novembre 1942, le prince Vinh San lança, de sa station « FR8VX », l'appel suivant vers les Forces françaises libres :

Ici FR8VX (3 fois)

À tous les navires anglais et à ceux de la France libre. Pour transmission aux autorités françaises (3 fois)

Voici texte message (1 fois) :

Alors que tout l'Empire français se bat aux côtés des Nations Unies pour la libération du Monde, ici, à La Réunion nous subissons une politique proboche qui nous fait rougir. Nous envoyons un S.O.S. Revendiquons l'immense honneur de prendre les armes aux côtés de nos splendides alliés. Urgent venir à cause ralliement possible et intéressé des autorités locales à Darlan. Et désordres qui en résulteraient.

À tous les navires anglais et à ceux de la France libre. Pour transmission aux autorités françaises.

À toutes les forces avis Saint-Denis, de la montagne à la mer, est ouverte (3 fois)

Ici FRBVX (3 fois)

J'attends le retour (3 fois)

Et tout à coup, un contact fut enfin établi ; la réponse fut : « Le léopard cueillera la marguerite. » C'était avec le contre-torpilleur *Léopard*, battant pavillon des Forces navales de la France libre. À ses amis, Vinh San expliqua : « Cela veut dire que le torpilleur *Léopard* va délivrer l'île de La Réunion et que le débarquement est proche. » Tous ensemble, ils entonnèrent *La Marseillaise*[26].

28 novembre 1942 : la date est inoubliable. Selon Simon Lucas, « le prince donna ainsi aux marins (par ses émissions dans son jardin), des directives sur le lieu où le débarquement offrait le plus de sûreté, c'est-à-dire la plage à l'est du cimetière, après l'embouchure de la rivière du Butor, là où n'existait pas de poste de guet[27] ». À Saint-Denis, on s'attendait aux Anglais, qu'on les craigne, comme le gouverneur et son équipe, ou qu'on

les espère, comme la majeure partie de la population, dont les résistants et le prince Vinh San. Finalement, ce furent les Français libres.

> Maintenant (après Diego-Suarez), ils (les Britanniques) n'avaient plus de prétexte à m'opposer, écrira le général de Gaulle dans ses *Mémoires de guerre*. Aussi le 11 novembre, pris-je la décision d'effectuer le ralliement (de La Réunion). Depuis plusieurs mois, le contre-torpilleur *Léopard*, commandé par le capitaine de frégate Richard-Evenou, participait, dans cette intention, aux escortes et aux patrouilles au large de l'Afrique du Sud. Je lui donnai l'ordre de gagner La Réunion et d'y faire le nécessaire, en emmenant à son bord l'administrateur en chef Capagorry nommé par avance gouverneur[28].

En effet, le 28 novembre 1942, au petit jour, un bateau de guerre mouillait au large des côtes. À la surprise de tous, c'était un bâtiment des Forces navales de la France libre, le *Léopard*. C'était un contre-torpilleur qui avait été confisqué par les Anglais, à Portsmouth, en juillet 1940, mais remis, quelques semaines plus tard, aux Forces navales de la France libre.

Le *Léopard* était commandé par le capitaine de Corvette Jules Evenou, dit Jacques Richard pour la France libre. C'était un Breton et un vrai marin, né en 1908 à Pléguien d'un père marin. Ancien de Navale, après avoir beaucoup navigué, il avait été chargé de réarmer le cuirassé *Courbet* en juin 1940. Face à l'avancée des Allemands, il avait décidé, le 17 juin, de mener son bâtiment à Portsmouth ; dès août, il s'était engagé dans les Forces navales françaises libres. Pendant deux ans, commandant le contre-torpilleur *Léopard*, il avait escorté les convois dans l'Atlantique nord, coulant un sous-marin allemand en 1941. C'est donc à lui que le général de Gaulle confia la mission, en 1942, de rallier La Réunion à la France libre[29].

Venant de son port d'attache, Greenock, en Écosse, puis étant passé au Gabon, ayant contourné l'Afrique, le *Léopard,* sous les ordres de Jules Evenou, avait appareillé la veille, de Maurice, officiellement pour la Nouvelle-Calédonie. Sa véritable mission, cachée aux Anglais, était en fait la « libération » de La Réunion, mission que l'équipage n'avait apprise qu'en mer. Sur le *Léopard,* avaient été embarqués une quarantaine de fusiliers marins sous les ordres du lieutenant de vaisseau Jean Cadéac d'Arbaud, qui avait rallié la France libre au Caire en 1941 et servi sur le *Léopard* depuis cette date[30]. En quelques heures, ceux-ci, aidés des marins du bord, s'étaient rendus maîtres des points stratégiques de Saint-Denis[31]. La Réunion appartenait désormais à la France libre.

Le général de Gaulle rendra compte de l'événement en ces termes :

> Le 28 novembre, le navire arrivait devant Saint-Denis. À la vue du pavillon à la Croix de Lorraine, la population se porta en masse vers le port pour accueillir nos marins, tandis que beaucoup de fonctionnaires et de militaires manifestaient leur sympathie [...]. Comme le gouverneur Aubert s'était retiré dans sa résidence de montagne [Hell-Bourg], le commandant Richard-Evenou entra en rapport avec lui. Il fut entendu, « dans un but d'apaisement », que toute résistance cessait et que le gouverneur Capagorry assumait la responsabilité de l'île. Au milieu du plus vif enthousiasme, le représentant du général de Gaulle prit ses « fonctions »[32].

André Capagorry était effectivement le nouveau gouverneur de l'île, encore colonie à cette date. Né en 1894 à Bayonne, il avait vingt ans quand, en 1914, il était parti se battre au front où il avait été gravement blessé et réformé. Il était alors passé dans le service colonial en 1917. Dès juin 1940, il avait rejoint la France libre. De Gaulle l'avait alors chargé de rallier le Gabon, puis lui confia la mission de faire de même à La Réunion. C'est dans ce but qu'il avait été embarqué sur le *Léopard*. Le 28 novembre, après avoir mis les autorités vichystes de l'île devant le fait accompli, il prenait en mains l'administration de La Réunion au nom du général de Gaulle. Très rapidement, il sera amené à s'occuper du cas du prince Vinh San dont il deviendra un ami très fidèle.

Eugène Thébault, professeur à l'École de droit, à Saint-Denis, rapportera, quant à lui, ce que fut alors la joie du prince Vinh San face à ces événements :

> Le prince Vinh San avait tant désiré le ralliement de l'île que sa joie fut sans bornes quand, au matin du 28 novembre 1942, il aperçut, ancré à quelques encablures du rivage, devant Saint-Denis, le *Léopard*, battant pavillon à la Croix de la Lorraine, et quand il vit des marins français patrouillant dans les rues de Saint-Denis[33].

C'étaient des mois de résistance et d'activités clandestines avec sa TSF qui, enfin, débouchaient sur un résultat concret : la victoire de la France libre à La Réunion. Les émissions du prince avaient-elles réellement servi la cause des gaullistes ? Simon Lucas était persuadé que, durant la nuit du 26 au 27 novembre, le prince avait réussi à contacter le *Léopard*, lui indiquant le meilleur endroit pour débarquer, et que c'était grâce à cette liaison qu'à l'aube du 28, les fusiliers « accostèrent leurs pneumatiques précisément à cet endroit[34] ».

En fait, il n'est pas certain que les activités clandestines du prince Vinh San aient eu la moindre influence sur le cours des événements. Le commandant du *Léopard*, pour sa part, affirmera n'avoir reçu aucun message du prince. Par ailleurs, en mars 1942, avait eu lieu l'affaire « Blue Water », c'est-à-dire le débarquement sur l'île d'un commando anglais venu de Maurice, à des fins de renseignement – y compris établir des relations radio entre La Réunion et Durban – et de sabotage : les émissions du prince Vinh San n'y avaient joué aucun rôle.

Quoi qu'il en soit, l'île était « libérée » et l'enthousiasme du prince Vinh San à son comble. On passait de la Résistance à la France libre. Spontanément, 1 300 hommes se portèrent volontaires pour rejoindre les troupes de la France libre et libérer la France. Le prince Vinh San en était : « Et lorsqu'il apprend qu'on recrute des volontaires, toujours selon Eugène Thébault, il court s'engager, car il veut aller se battre pour la France, aux côtés des Français. » Le commandant en second du *Léopard* était le capitaine de corvette Hippolyte Baraquin, engagé dans les Forces navales de la France libre depuis mai 1941. À la suite du débarquement du 28, il s'était installé dans l'hôtel du Gouverneur. Le prince Vinh San le contacta : « Le commandant Baraquin le reçoit, apprend qu'il a de grandes connaissances en matière de radio et accepte immédiatement son engagement pour une durée de trois mois en qualité de quartier-maître radio. Et quelques jours plus tard, lorsque sa mission terminée, le *Léopard* quitte La Réunion, le prince Vinh San est à son bord, sous l'uniforme des marins français[35]. »

Compagnes, enfants – le neuvième, Ginette, né en 1940, n'avait que deux ans –, amis, atelier radio, tout était abandonné. Le prince n'était toujours pas français, n'allait pas vivre à Paris, mais, au moins, il faisait partie des Forces françaises libres. C'était apparemment le plus important à ses yeux. C'était aussi le début d'une autre épopée, celle de la France libre.

6

Dans les Forces françaises libres

1,60 mètre, 50 kg : c'était parfait pour être jockey, mais c'était insuffisant pour être marin. Le quartier-maître Vinh San « a, hélas, trop présumé de ses forces : petit, frêle, peu habitué à la mer et de santé fragile, il est bientôt à l'infirmerie du bord et il s'avère qu'il ne pourra pas "tenir le coup". Aussi, lorsque, vingt-deux jours plus tard, le *Léopard*, passant près de La Réunion, y fait escale quelques heures, on débarque Vinh San, dont l'engagement est résilié pour inaptitude physique[1] » : il n'était allé qu'à Mombasa, au Kenya. Était-ce la véritable raison de cette résiliation ? Depuis son embarquement sur le *Léopard*, la Marine avait été plus précisément renseignée sur la personnalité du prince Vinh San. Peut-être avait-on craint qu'au gré d'une escale, il ne s'évadât vers son Annam natal pour y mener des actions qui ne pourraient que compliquer la situation indochinoise. Quoi qu'il en soit, le prince se retrouvait dans « son » île, forcément très déçu par cette malheureuse aventure. Une sorte de nouvel exil.

Il était pourtant une raison de ne pas perdre courage : la nouvelle situation politique de La Réunion. Ceux qui l'avaient persécuté de leur suspicion et de leur surveillance depuis des années, avant même la Résistance, n'étaient plus là. Le gouverneur Aubert s'était finalement rendu le 30 novembre 1942, deux jours après l'opération des fusiliers marins du lieutenant de vaisseau Jean Cadéac d'Arbaud. Il avait été embarqué sur le *Léopard* et assigné à résidence à l'île Maurice[2]. Son chef de cabinet, Jean-Jacques Pillet, ennemi personnel du prince Vinh San, avait également été embarqué vers la même destination, puis sera interné à Madagascar, ainsi que trois autres pétainistes notoires, accompagnés de leurs épouses.

Quant au *Léopard*, il avait non seulement débarrassé l'île de ses autorités pétainistes, mais également amené un nouveau gouverneur, désigné par le général de Gaulle, Jean Capagorry. C'était un administrateur colonial qui avait fait toute sa carrière en Afrique. Il avait entendu l'appel du Général dès le 18 juin 1940, grâce au poste radio qu'il avait fait installer à Franceville, au Gabon. Ayant déjà ramené vers la France libre divers territoires, il était devenu gouverneur du Moyen-Congo. C'est alors que lui fut confiée la mission de s'embarquer sur le *Léopard* afin de rallier La Réunion[3]. Le jour même de l'opération militaire dirigée par le commandant Baraquin et le lieutenant de vaisseau Jean Cadéac d'Arbaud à Saint-Denis, le 28 novembre 1942, il y avait remplacé le gouverneur Aubert. C'était un homme posé qui allait immédiatement s'efforcer de passer outre les inimitiés entre gaullistes et pétainistes et de réunir toute la population dans un même effort pour la victoire. Ayant réussi à faire venir de Maurice d'importants secours en vivres – La Réunion, du fait du blocus anglais, était presque en état de famine – et ayant très vite apprécié l'île[4], il allait rapidement y devenir populaire. Le gouverneur Capagorry allait s'intéresser tout spécialement aux deux exilés de marque que comptait La Réunion, Abdelkrim et le prince Vinh San. Il interviendra d'ailleurs en faveur de la fin de l'exil du premier[5], et surtout allait devenir l'ami du second. À son cabinet, chargé de la presse dont s'occupait jusque-là Jean-Jacques Pillet, fut nommé un jeune étudiant réunionnais nommé Raymond Barre, le futur Premier ministre du président Giscard d'Estaing. Quant au chef de cabinet, Jean-Jacques Pillet, l'une des rares victimes de l'épuration à La Réunion, il sera révoqué[6] et remplacé, dès le 5 décembre 1942, par Eugène Thébault, ancien conseiller à la Cour d'appel, devenu professeur de droit public à l'École de droit de Saint-Denis. Il allait, lui aussi, devenir un ami du prince[7].

L'amitié entre le prince Vinh San et le nouveau gouverneur Capagorry devint rapidement très étroite : qu'on en juge par la relation du nouveau chef de cabinet du gouverneur, Eugène Thébault :

> Vinh San et le gouverneur Capagorry se comprirent tout de suite, s'estimèrent et devinrent bientôt des amis intimes. Esprit fin et délié, intelligence supérieure, voyant les choses de haut, habitué au commandement et sachant prendre ses responsabilités, Capagorry comprit très vite quels services le prince Vinh San pourrait, le cas échéant, rendre à la France et à l'Indochine ; et lorsqu'il en fut persuadé, qu'il eut acquis la certitude des sentiments profrançais de Vinh San, qu'il eut apprécié sa droiture et son intelligence, il lui donna son appui total. Et cet appui était d'importance, car le gouverneur Capagorry avait la confiance du général de Gaulle et de son entourage[8].

Mission à Madagascar

La Réunion était libérée des pétainistes, mais la métropole ne l'était pas des Allemands. Or, devenu fervent patriote, c'était la libération de la France que désirait ardemment le prince Vinh San, et pas seulement celle de sa colonie de l'océan Indien. Ce qu'il continuait à souhaiter, c'était de pouvoir se battre au sein des Forces françaises libres pour y contribuer. D'ailleurs, il avait vendu son atelier de radio de Saint-Denis, pour mieux se rendre libre. La marine n'avait pas voulu de lui : restait l'armée de terre. Le 3 février 1943, deux mois après l'installation du gouverneur Capagorry, il demanda officiellement à s'y engager et, pour cela, sollicita l'appui de ce dernier. Toutefois, le cas fut soumis à Londres puis Alger, qui restaient méfiants : n'y avait-il rien à craindre d'un engagement du prince dans les Forces françaises libres, notamment en ce qui concernait l'Indochine ? Ce ne fut que le 3 janvier 1944, qu'une réponse, enfin positive, arriva : l'engagement du prince était accepté en tant que simple soldat de 2e classe, pour la durée de la guerre. Il devrait être incorporé à la caserne Lambert de Saint-Denis et ne pourrait pas être affecté à une unité servant ailleurs que dans l'île[9]. C'était une condition très restrictive, un grade fort humiliant pour un prince ex-empereur, mais il accepta. Cela ne lui permettrait pas vraiment de se battre pour la libération de la métropole comme il le voulait, mais au moins, il faisait désormais partie des Forces françaises libres. C'était un début. Toutefois, dès le 15 février 1944, il fut promu caporal, ce qui demeurait bien modeste.

La chance, cette même année 1944, l'aida bientôt à se sortir de cette condition militaire inférieure. Un groupe d'environ mille cinq cents travailleurs annamites, recrutés en Indochine dès le début de la guerre, renvoyés au pays après l'armistice de 1940, avait été intercepté par les Anglais et interné en Afrique du Sud. Au début de 1944, ils avaient été ramenés à Madagascar et regroupés au camp de Moramanga, petite ville située sur le plateau, à l'est de l'île, en l'attente d'un rapatriement vers l'Indochine dès que ce serait possible. Ces hommes avaient tout vu : la défaite française de 1940, l'internement en Afrique du Sud, et puis finalement, à Madagascar, un camp confié à la garde de tirailleurs sénégalais peu compatissants et souvent brutaux, et enfin l'administration gaulliste. Moins que jamais, il n'était question de renvoyer ces travailleurs dans une Indochine toujours tenue par les pétainistes. On pouvait parfaitement comprendre le désespoir de ces hommes, coupés de leurs familles depuis des années, refusant désormais d'obéir à qui que ce soit, endoctrinés par des agitateurs nationalistes, entrant finalement en rébellion ouverte.

Depuis 1943, le commandant militaire de la France libre à Madagascar était le général Lelong. Entre autres missions, il avait été chargé de constituer dans l'île une brigade en vue d'opérations en Extrême-Orient. Comme on lui avait parlé du prince Vinh San, de son passé et de ses qualités, il vint à Saint-Denis, s'entretint avec lui, et décida finalement, afin de restaurer l'ordre parmi les Annamites, de faire venir à Moramanga le caporal Vinh San, auquel il conféra, à cette occasion, le grade d'aspirant. Son arrivée y fit sensation, tant l'accoutrement militaire dudit aspirant parut risible aux Annamites : petite taille, vêtements trop amples – en ces temps de guerre, les tailleurs-retoucheurs étaient rares –, casquette et bottes également trop grandes, rien d'une tenue militaire qui en imposât. Le premier contact, plutôt qu'un retour à la discipline et à l'obéissance, provoqua rires et quolibets[10]. Les Annamites, tout d'abord, ne voulurent pas croire qu'il s'agissait de l'ex-empereur Duy Tan et soupçonnèrent une manœuvre du commandement. Puis progressivement, l'aspirant Vinh San, par ses explications, grâce aussi à des témoignages, finit par les convaincre de son identité. Durant plusieurs semaines, il leur expliqua la situation – en français, car il n'avait pas utilisé la langue annamite depuis longtemps – mais aussi ses projets concernant l'Indochine, la nécessité dans laquelle on se trouvait de coopérer avec la France contre les Nippons. Une de ses ambitions, disait-il, était de constituer une armée avec les Annamites de l'étranger et, avec l'aide de la France libre du général de Gaulle, de participer à la bataille finale contre les Nippons en les expulsant d'Indochine. Son discours porta et peu à peu, ces Annamites rentrèrent dans le rang. De fait un bataillon d'infanterie fut constitué avec ces derniers. Ce fut son premier vrai succès militaire[11]. La France libre, grâce au prince Vinh San, disposait, à Madagascar, d'un bataillon supplémentaire.

Durant cette mission à Madagascar, le prince entreprit également de faire libérer certains prisonniers politiques annamites exilés à Madagascar, au début de la guerre, par le gouverneur général d'Indochine, l'amiral Decoux. Ce fut le cas, par exemple, de Nguyen The Truyen, issu d'une famille de lettrés du Tonkin, qui avait fait ses études à Toulouse et Paris, et était devenu ingénieur chimiste. En France, marié à une Française, il avait milité pour l'indépendance dans les milieux de la gauche communiste, puis s'en était éloigné, était rentré au pays, puis, en 1941, avait finalement été arrêté pour collusion avec les Nippons et déporté à Madagascar, ainsi que son frère, Nguyen The Song. Le prince réussit à les faire libérer. Essayant, après leur libération, de les rallier à sa cause, il leur déclarait : « Je ne consentirai à coopérer avec le général de Gaulle qu'à une condition : le Viêtnam devra être totalement indépendant au sein de l'Union Française et les Vietnamiens traités sur le même pied d'égalité que les Français, ni plus ni moins. S'il existe une différence entre eux, c'est que les Vietnamiens consomment du riz et les Français du pain[12]. » Les ralliés à la cause gaulliste – y en eut-il ? – ne furent probablement pas nombreux ; en tout cas, Nguyen The Truyen n'en fut pas.

Les semaines, les mois passaient, mais l'objectif du prince restait identique : non pas demeurer stationné à La Réunion, ni même s'activer à Madagascar, mais bien aller se battre en France contre l'Allemagne. Durant toute l'année 1944, le prince multiplia demandes et lettres en vue d'être affecté à des forces combattantes en métropole. Eugène Thébault, chef de cabinet du gouverneur, en témoignera, et le gouverneur Capagorry en appuya plusieurs. Mais aucune réponse ne venait d'Alger et plusieurs correspondances du prince montrent qu'il commençait à se décourager. René Pleven, commissaire aux Colonies, vint en inspection à La Réunion, au début de 1944. Le prince réussit à s'entretenir avec lui : « Je me suis engagé dans la France libre en décembre 1942, et je ne suis toujours admis par personne[13]. » Décidément, la France libre se montrait fort hésitante à son égard, en dépit de l'appui sans réserve du gouverneur. Il faut une réelle force de caractère pour ne pas désespérer dans de telles circonstances. De Boissieu précisera par la suite :

« M. Pleven donna des ordres formels pour qu'il [le prince Vinh San] soit pris dans les Transmissions. Il va donc suivre un cours à Madagascar[14]. »

Ceci étant, il suivait l'actualité internationale de près, ce qui lui suggéra de prendre une nouvelle initiative, très politique, en août 1944. Le devoir de réserve s'applique aux militaires, mais pas aux ex-empereurs. Et puis, le moment de parler de l'Indochine lui semblait venu, et c'était à lui de le faire.

Le 30 janvier 1944, le général de Gaulle avait prononcé son célèbre discours de Brazzaville sur l'avenir des colonies françaises. Certes, ce discours n'était pas révolutionnaire, mais il n'en proposait pas moins une voie qui, dans une certaine mesure, était une voie de progrès :

> En Afrique française, comme dans tous les autres territoires où des hommes vivent sous notre drapeau, il n'y aurait aucun progrès qui soit un progrès, si les hommes, sur leur terre natale, n'en profitaient pas moralement et matériellement, s'ils ne pouvaient s'élever peu à peu jusqu'au niveau où ils seront capables de participer chez eux à la gestion de leurs propres affaires. C'est le devoir de la France de faire en sorte qu'il en soit ainsi.

Ce progrès, toutefois, n'était conçu comme possible qu'à l'intérieur d'une « communauté française » ; d'ailleurs, la guerre avait créé « entre la métropole et l'empire, un lien définitif ». Néanmoins, ce lien ne s'opposerait en rien à ce que ces territoires « s'intègrent dans la communauté française avec leur personnalité, leurs intérêts, leurs aspirations, leur avenir ». Pour aussi prudentes que fussent ces déclarations, elles n'en étaient pas moins novatrices et eurent immédiatement un retentissement considérable.

En fait, ce discours ne représentait probablement pas l'exacte pensée du Général, laquelle allait plus loin que ce qu'il avait déclaré. Il faut en effet se souvenir qu'à l'époque, le Gouvernement provisoire était majoritairement opposé à l'idée d'indépendance des colonies, y compris celle de l'Indochine. Il était donc obligé de composer, mais en lui-même, il savait bien que l'indépendance était inéluctable. Ce n'était qu'une question de modalités et de calendrier. Des années plus tard, le gouverneur François de Langlade, qui avait été secrétaire général du Comité de l'Indochine, écrira au général de Boissieu, gendre du Général : « Le gouvernement, à l'époque, était au fond foncièrement opposé à l'indépendance des colonies françaises, alors que, dans l'esprit du général de Gaulle, la conférence de Brazzaville exprimait véritablement sa croyance profonde que l'indépendance était la seule et vraie solution d'avenir[15]. »

L'Annam lié à la France

Certes, l'Indochine se trouvait dans une situation bien différente de celle des territoires africains, non seulement par la richesse de son histoire et son niveau de développement, mais aussi, plus immédiatement, par sa situation politique et stratégique. Contrairement aux territoires africains, elle demeurait sous la coupe de Vichy et n'avait en rien participé à l'effort de guerre qui avait créé ce « lien définitif » unissant la métropole à son empire africain. Pourtant, le progrès proposé à Brazzaville concernait bien « tous les territoires où des hommes vivent sous notre drapeau », et en ce sens, il concernait également l'Indochine.

Observant ce qui se passait en Indochine, précisément, le prince Vinh San ne pouvait qu'y constater le renversement de situation qui commençait à s'opérer. Depuis le début de l'année 1944, la Résistance locale s'organisait sous la direction du général Mordant. En juillet, les États-Unis commencèrent à bombarder les positions nipponnes. Autant de signes précurseurs de grands bouleversements dans la péninsule. Mais ce furent surtout les événements de France qui allaient inciter le prince à prendre une initiative politique. Les Alliés avaient débarqué en Normandie en juin et le 25 août 1944, Paris était libéré. En dépit de quelques avances faites par le Gouvernement provisoire de la République française présidé par le général de Gaulle, l'amiral Decoux, à Hanoï, refusait tout ralliement qui, selon lui, aurait précipité une occupation totale de l'Indochine par les Nippons.

C'est dans ce contexte tumultueux que le prince Vinh San prit l'initiative, le 29 août, c'est-à-dire quatre jours après la libération de Paris, de transmettre au gouverneur Capagorry une déclaration politique manuscrite concernant l'Indochine. Ce dernier la transmit à Paris le jour même :

> Moi, prince Vinh San, descendant direct de l'empereur Gia Long, fondateur de l'Empire d'Annam, je déclare que l'Indochine et particulièrement le peuple annamite est lié [*sic*] à la France par contrat et que son honneur et son intérêt lui commandent maintenir intact.
>
> Qu'un siècle de vie côte à côte a démontré solidité union matérielle et morale peuples Français et Annamites.
>
> Que tous ceux qui sont soucieux des intérêts de l'Annam ne peuvent accepter l'idée de renier la protection française pour rechercher la protection japonaise qui aboutirait à

son asservissement et à la domination alors que le but de la protection française est l'affranchissement peuple Annamite.

Qu'en conséquence, tous les Annamites tiendront toujours pour nuls et non avenus tous actes ou proclamations les détachant du bloc français, sous une forme quelconque, directe ou indirecte, dans le présent ou dans l'avenir.

Saint-Denis, le 29 août 1944

Prince Vinh San[16]

Le gouverneur Capagorry accompagnait ce texte du commentaire personnel suivant :

Signataire me laisse absolument libre de publier ou non cette déclaration qui est bien dans ligne conduite politique toujours suivie par lui Stop Il se déclare prêt à toute action que jugerez utile dans intérêt maintien puissance française en Annam et offre si l'estimez bon s'adresser par radio au peuple annamite pour lui demander refuser toute collaboration avec Japonais Stop À la suite déclaration Gouvernement il renouvelle instamment sa demande servir sur front de guerre afin que pour honneur son pays soit dit qu'un prince annamite a gardé parole donnée à France et a toujours cru en elle Stop me permets appuyer chaleureusement cette dernière demande Stop Je garde secret absolu sur démarche prince Vinh San vous laissant soin y donner suite que jugerez opportune Stop Signé Capagorry[17].

À l'analyser de près, cette déclaration allait très loin. Tout d'abord, le prince Vinh San se présentait – « Moi, prince Vinh San, descendant direct de l'empereur Gia Long, fondateur de l'empire d'Annam » – comme le seul et véritable représentant de la monarchie annamite. L'ex-empereur Ham Nghi, qui aurait également pu prétendre à ce titre, était décédé à Alger en janvier 1944 ; le prince Vinh San le savait très probablement. Par ailleurs, il excluait toute référence à son père, l'ex-empereur Thanh Thai, lequel vivait, lui aussi, en exil à La Réunion : c'est dire le peu d'estime qu'il lui portait. De toute façon, il en était le successeur. Enfin, à ses yeux, l'empereur Bao Daï, sur le trône depuis 1925, ne pouvait être considéré comme légitime, non seulement du fait de ses origines bâtardes, mais aussi du fait de sa collaboration avec les autorités vichystes d'Indochine et l'occupant nippon. Il était donc bien l'authentique et seul représentant de l'empire d'Annam, d'autant que, contrairement à son père, il n'avait jamais abdiqué.

Or, représentant authentique du peuple annamite, il proclamait haut et fort la nécessité de maintenir la « puissance française en Annam », c'est-à-dire le protectorat, car cette protection, contrairement à celle des Nippons, était le garant de « l'affranchissement du peuple annamite ». C'était ni plus ni moins l'idée émise par le général de Gaulle dans son discours de Brazzaville, d'une intégration des territoires de l'Empire « dans la communauté française, avec leur personnalité, leurs intérêts, leurs aspirations, leur avenir ». Certes, les territoires d'Afrique avaient participé humainement et matériellement à l'effort de guerre de la France libre, d'où le lien particulier qui en résultait. Ce n'était pas le cas de l'Indochine. Mais ne suffisait-il pas que le « descendant direct de l'empereur Gia Long, fondateur de l'empire d'Annam », veuille ardemment « servir sur le front de guerre » pour que « l'honneur » du « peuple annamite » soit sauf ? L'empereur Gia Long, en 1802, avait obtenu son trône grâce à l'appui de la France : c'était un « contrat » qui ne pouvait être annulé. N'était-ce pas la raison profonde pour laquelle le prince Vinh San demandait à nouveau d'aller se battre en métropole ? C'est bien ce qu'avait compris le gouverneur Capagorry, qui « appuya chaleureusement cette dernière demande ».

Malheureusement, Paris ne répondit pas. On peut comprendre que quatre jours après la libération de Paris, les services du ministère des Colonies n'aient pas été en état de donner suite, le Gouvernement provisoire et son chef, le général de Gaulle, ayant mille autres graves sujets de préoccupation : d'ailleurs, ils ne s'installeront à Paris que le 31 août, René Pleven étant au commissariat aux Colonies. Et que comptait la proclamation d'un exilé de La Réunion face à la poursuite de la guerre en France et à l'immense chantier de la reprise en main des régions libérées ? N'empêche que pour l'Annam, et plus largement l'Indochine, c'était peut-être une occasion perdue.

Et puis les mois passèrent. Alors que tant d'événements décisifs se produisaient en métropole comme en Indochine, le prince était toujours aspirant, impuissant, dans sa petite île de l'océan Indien, loin de tout, loin des combats et des décisions qui modifiaient la face du monde, plus exilé que jamais. Dans une lettre à son ami Roger Guichard, un résistant de La Réunion, alors à Madagascar, il écrivait, en décembre 1944 : « Je vous remercie vivement de ce que vous avez cordialement fait pour moi et je ne vous cache pas qu'il me serait pénible que le Général ne soit pas au courant de mon ultime démarche. » Et de poursuivre : « Avouez qu'il est enrageant d'être enchaîné à une sécurité dont on a honte. » Cette lettre, d'ailleurs, prouve avec quelle minutie le prince suivait les événements militaires :

Que dire, sinon que la bataille se développe à peu près comme nous l'avions prévu pour la conquête d'une solide base de départ sur les rives du Rhin. Pour nous, Metz, après une lente asphyxie, sans entrer dans les détails, on peut dire que de Strasbourg à la frontière suisse, les Allemands ont perdu le Rhin et tout laisse penser qu'avant le plein hiver, de la mer à baie le fleuve des Niebelungen sera notre tranchée de première ligne et le parapet de la rive droite pourrait bien être escaladé avant que les muguets fassent leur apparition. En ce moment, c'est dans la Sarre que se produit l'effort. Sarbrucken est en passe d'être réduit et là aussi le premier objectif est le Rhin[18].

Comme on l'a noté, partout le prince utilise le « nous », « notre » : il se sentait totalement français, sans en avoir la nationalité. Ne faisait-il pas partie des Forces françaises libres ? Et dans cette lettre quelque peu militaire, pas un mot sur l'Indochine : c'est d'abord à la France que songeait le prince Vinh San.

Un mois et demi plus tard, le 29 janvier 1945, c'est à un autre ami se trouvant à Tananarive, Paul Bour, un radioamateur de Saint-Denis, qu'il écrivait, non sans humour :

J'attends les résultats de mes dernières démarches pour rejoindre le front et en attendant, je mène l'existence du parfait crétin muni par piston d'une solde mensuelle ! On doit penser que je suis aussi combatif qu'un cancrelat crevé et qu'au fond je ne demande qu'à grignoter le fromage. D'ici qu'on me soupçonne de travailler pour le Mikado, il n'y a pas loin [...]. J'ai fait tout ce qu'il était humainement possible de faire pour aller là-bas avec ceux qui donnent tant à la France et au monde futur. J'ai confiance que de Gaulle finira par me donner raison[19].

Le gouverneur Capagorry comprit à quel point cette inaction pesait au prince. Il lui fit l'amitié de le proposer pour une décoration, la médaille de la Résistance. Paris donna son accord et en mars 1945, la médaille, avec rosette, lui fut décernée, avec la citation suivante : « Le prince Vinh San, par son attitude courageuse, ses propos, et en permettant à de nombreux auditeurs d'écouter des postes radiophoniques de la France libre ou des Alliés, postes dont l'audition était strictement interdite, a contribué à maintenir vivaces à La Réunion le flambeau de la Résistance et la foi en la victoire finale ; a été pour ce fait interné administrativement[20]. »

Cette attribution de la médaille de la Résistance était-elle passée par le général de Gaulle ? Rien n'est moins sûr, mais le prince Vinh San profita de l'occasion pour remercier directement le chef de la France libre par une lettre personnelle, le 19 avril 1945 :

> Mon général,
>
> C'est avec une profonde émotion que j'ai reçu la Médaille de la Résistance Française que, sur proposition de votre gouverneur de La Réunion, vous avez bien voulu me décerner. En m'accueillant de cette façon parmi ceux qui, en juin 1940, n'acceptèrent point que la France fût diminuée par la perte d'une bataille, vous m'avez fait un honneur qui me lie plus encore, si c'est possible, à la parole que je me suis donnée depuis fort longtemps de servir la Nation de laquelle je tiens tout mon patrimoine spirituel [...]. Ayant, dès le 24 août 1939, demandé à m'engager dans l'armée française, en juin 1940, je me suis considéré comme un soldat de la France en guerre. En obéissant à votre mot d'ordre,

dans la petite île de La Réunion, j'ai fait de mon mieux pour cette France libre dont je me sens inéluctablement citoyen [...][21].

Une fois encore, certains mots de cette lettre allaient très loin : « La Nation de laquelle je tiens tout mon patrimoine spirituel », ou bien « Cette France libre dont je me sens inéluctablement citoyen », et à nouveau, pas une allusion à l'Indochine. Le prince Vinh San était devenu plus français que bien des Français, presque métropolitain, pourrait-on dire.

Quel gouffre entre le prince Vinh San et son voisin d'exil Abdelkrim ! Là encore, quelques parallélismes possibles pourraient laisser accroire à une certaine similitude entre les deux hommes en cette période de guerre. Ainsi, en 1943, Abdelkrim avait télégraphié au chef de la France libre pour lui demander une faveur : celle d'accepter son fils dans son armée. Robert Montagne écrivait à propos de cette période : « Abdelkrim multipliait d'ailleurs les témoignages de confiance et d'amitié envers notre pays. Il les renouvelait lors de la guerre de 1940. Un peu plus tard, sollicité de faire connaître son opinion sur l'éventualité d'un retour, il déclarait envisager volontiers pour ses fils l'accession à la nationalité française en Algérie[22]. » Belles paroles, mais quel degré de sincérité ? Il ajoutait d'ailleurs, qu'en ce qui le concernait personnellement, « il se sentait désormais trop âgé (60 ans !) pour embrasser un nouveau statut ». En clair, il n'était nullement question d'accepter la nationalité française. La suite des événements soulignera, s'il le fallait, l'immense différence entre le prince Vinh San et Abdelkrim : le premier imaginera pour 1946 une véritable épopée vietnamienne aux côtés du général de Gaulle, le second, en 1947, profitera de la première occasion – une escale à Port-Saïd – pour fausser compagnie à ses gardes français et se réfugier en Égypte auprès des nationalistes arabes.

7

« J'ai conscience d'avoir servi la France comme mon propre pays »

Depuis la fin de l'hiver 1944-1945, alors qu'à Saint-Denis, le prince Vinh San, selon ses propres termes, « menait la vie d'un parfait crétin » dans l'attente d'être appelé sur le front, les événements s'étaient précipités en Indochine.

L'Indochine sous la botte nipponne

Une conférence organisée à Tokyo, en novembre 1943, avait très officiellement donné corps à un vieux projet, celui de la « Sphère de Coprospérité de la plus grande Asie orientale », regroupant, autour de l'Empire nippon, les pays d'Extrême-Orient : Mandchoukouo, Chine occupée, Birmanie, Philippines, Thaïlande, la Corée étant intégrée à l'Empire nippon. Il s'agissait de mettre en place, entre ces États pronippons ou contrôlés par Tokyo, un système de coopération économique et politique ; en fait, l'objectif était surtout d'amener ces pays à coopérer à l'effort de guerre nippon. Le projet était, en partie, inspiré de l'idée allemande de « Nouvelle Europe ». L'Indochine, en 1943-1944, n'était pas officiellement membre de cet ensemble puisque Tokyo y avait admis la souveraineté française, mais l'idée était bien d'y inclure, *de facto*, les États indochinois sous administration de Vichy[1].

Les troupes nipponnes stationnées en Indochine augmentaient régulièrement, atteignant près de 50 000 hommes ; la « Kenpeitai », c'est-à-dire la police militaire, surveillait de plus en plus étroitement la population et réprimait férocement tous ceux qui étaient soupçonnés de résistance. De fait, le danger américain se faisait de plus en plus menaçant, au fur et à mesure que les forces des États-Unis progressaient dans le Pacifique. Depuis 1944, la péninsule était régulièrement soumise à des bombardements ; depuis janvier 1945, ceux-ci atteignaient Saïgon. Sur place, Tokyo encourageait les nationalistes pronippons du prince Cuong De, toujours en exil, à se regrouper et à agir contre l'administration coloniale française. Quant à l'empereur Bao Daï, il donnait l'impression de s'accommoder parfaitement de la situation. Lui-même et l'Impératrice Nam Phuong étaient devenus amis du gouverneur général vichyste, l'amiral Decoux, et de son épouse. Bao Daï lui avait même conféré, en 1943, le titre de « prince protecteur de l'Empire » : un comble ! Il en parlait peu, mais tout cela était insupportable pour le prince Vinh San qui, dans le même temps, se morfondait à La Réunion.

Coup de tonnerre : le 9 mars, les Japonais exigeaient que les troupes françaises soient placées sous commandement nippon. Toutes les garnisons étaient attaquées et neutralisées, les fonctionnaires arrêtés, l'amiral Decoux lui-même étant mis aux arrêts. En deux jours, l'essentiel de l'Indochine était aux mains du Japon ; plus de 3 000 militaires et civils avaient été tués, et des milliers faits prisonniers, une opération menée de main de maître, mais souvent avec une grande cruauté. Dès le 10 mars, le représentant nippon exigeait de l'empereur Bao Daï une déclaration d'indépendance du Viêtnam – on ne parlait plus d'Annam – au sein de la « sphère de coprospérité de la plus grande Asie orientale » ; il en fut de même au Cambodge et au Laos. En Annam, Bao Daï accepta aussitôt, contraint, certes, mais pas mécontent de se retrouver empereur d'un pays, le Viêtnam, regroupant les trois « ky », Annam, Tonkin et Cochinchine, revendication traditionnelle de tous les partis nationalistes, quelle que soit leur tendance. Dès le 11 mars, les traités de protectorat étaient dénoncés et l'indépendance de ce Viêtnam pronippon proclamée. Un nouveau gouvernement était immédiatement mis en place, non pas dirigé par le prince Cuong De, mais par un instituteur peu connu, Tran Trong Kim.

À cette époque, la position du Gouvernement provisoire concernant la question d'Indochine était loin d'être fixée. Le gouverneur de Langlade, bien placé pour en juger, résumera ainsi la situation, de nombreuses années plus tard :

> Je ne peux malheureusement pas apporter de souvenirs précis des conversations que j'ai eues avec le général de Gaulle pendant l'année 1945, mais je le voyais au sujet de ces problèmes plusieurs fois par semaine, comme secrétaire général du Comité interministériel de l'Indochine. Cette fonction qui me plaçait rue Saint-Dominique, me donnait l'occasion de rencontrer régulièrement le secrétaire général aux Affaires étrangères, M. Chauvel, le capitaine de vaisseau Barjot, de la défense nationale, le gouverneur Laurentie, du ministère des Colonies, sans compter des réunions fréquentes avec MM. Bidault, Moutet, Pleven et le général Juin. De toutes ces réunions et de celles avec

les représentants du patronat, j'ai toujours gardé le sentiment qu'il y avait : – Pour l'indépendance de l'Indochine, à terme, le général de Gaulle, le gouverneur Laurentie et moi-même ; – Pour l'autonomie, mais avec l'arrière-pensée d'en rester là, les socialistes ; – Pour le retour au *statu quo*, le MRP, les Indépendants et les représentants du commerce et de l'industrie, ainsi que la masse du pays, les communistes exceptés, pour d'autres raisons [...][2].

À la proclamation de l'indépendance du Viêtnam par l'empereur Bao Daï, le 11 mars 1945, le général de Gaulle répondit par une allocution radiodiffusée dès le 14, puis par une déclaration gouvernementale plus officielle, le 24 mars[3]. C'était cette dernière qui était la plus précise concernant l'avenir de l'Indochine :

> La Fédération indochinoise formera avec la France et avec les autres parties de la Communauté une « Union française » dont les intérêts à l'extérieur seront représentés par la France. L'Indochine jouira, au sein de cette Union, d'une liberté propre. Les ressortissants de la Fédération indochinoise seront citoyens indochinois et citoyens de l'Union française. À ce titre, sans discrimination de race, de religion ou d'origine et à égalités de mérites, ils auront accès à tous les postes et emplois fédéraux, en Indochine et dans l'Union. Les conditions suivant lesquelles la Fédération indochinoise participera aux organismes fédéraux de l'Union française ainsi que le statut de citoyen de l'Union française seront fixés par l'Assemblée constituante.

Ce texte a souvent été commenté et, le plus souvent, ce fut pour en montrer les limites. Aux yeux de beaucoup, il ne répondait en rien aux attentes des divers courants nationalistes existant en Indochine, sans parler des communistes. Nombre de Français le considéraient également comme très en retard sur l'évolution profonde de l'Indochine et les aspirations des élites annamites. C'était notamment le cas d'Eugène Thébault, chef de cabinet du gouverneur Capagorry :

> Soyons franc et parlons plus nettement encore : la déclaration du 24 mars est l'œuvre des bureaux de la rue Oudinot qui parlent encore (en 1945 !) de colonies, d'empire colonial, de souveraineté française et d'administration directe, et ne sont plus du tout d'accord avec le peuple vietnamien qu'ils ne connaissent pas ou veulent méconnaître systématiquement. Ils ne veulent entendre parler ni d'indépendance, ni d'esprit national. Ils nient l'existence d'une nation, d'une Patrie vietnamienne[4].

C'était en partie vrai, mais considérer purement et simplement que c'était la seule œuvre du ministère des Colonies, c'était aller un peu loin : de Gaulle n'était pas homme à se faire dicter ses discours. Il semble plus conforme à la réalité de considérer que la prudence de la déclaration résultait surtout des contraintes du moment et de la nécessité de rétablir l'ordre français avant d'en négocier l'évolution vers plus d'indépendance. Comme le remarquera, plus tard, Eugène Thébault : « La prudence s'impose. Cette déclaration apparaît beaucoup plus comme une sorte d'acte conservatoire, rappelant à tous, même à l'Amérique, que la France ne renonce pas à reprendre sa place en Indochine, mais au contraire se prépare à y reparaître[5]. »

La mission de Boissieu

Depuis trois ans au moins, la personnalité du prince Vinh San avait été signalée au général de Gaulle par divers membres de son entourage. Outre le gouverneur Capagorry, qui en avait parlé à Londres et Alger depuis le ralliement de La Réunion à la France libre, le premier avait probablement été le capitaine de Boissieu, futur gendre du général de Gaulle, et cela dès 1942. Alain de Boissieu s'était très courageusement conduit durant la bataille de France, en 1939-1940, avait été fait prisonnier par les Allemands, puis par les Soviétiques, avant de rejoindre enfin la France libre par Arkhangelsk, lorsque l'Allemagne se retourna contre l'URSS. Après avoir été à l'état-major du général de Gaulle à Londres, il avait été envoyé en Afrique sous les ordres du général Legentilhomme, commissaire de France dans l'océan Indien, un ancien du Tonkin et de Madagascar, et avait participé, en décembre 1942, au ralliement de Madagascar puis de Djibouti à la France libre. Par le plus grand des hasards, le capitaine de Boissieu et le général Legentilhomme avaient fait une traversée, de La Réunion vers Madagascar, sur le contre-torpilleur *Léopard* sur lequel venait, de son côté, d'embarquer le quartier-maître radio Vinh San, en décembre 1942. Ceux-ci avaient appris sa présence à bord et interrogé le pacha, le capitaine de frégate Evenou, sur ce curieux matelot. On leur avait expliqué : « C'est quelqu'un qui s'est engagé sous le nom de Duy Tan, mais qui avoue être le prince Vinh San. » Bref, c'était l'ex-empereur Duy Tan. Legentilhomme et Boissieu avaient immédiatement compris que la personne du prince pourrait être utile pour la politique de la France libre en Indochine et en avaient rendu compte au général de Gaulle. Le général Legentilhomme avait même demandé que le prince Vinh San fût admis à l'École des cadets de Ribbesford[6], mais la requête était demeurée sans suite. Que le prince eût été heureux si ce projet avait abouti ! Après les messages de Capagorry, c'était la seconde fois qu'on avait parlé très officiellement du prince au général de Gaulle.

On a par ailleurs rappelé l'entrevue, en 1944, entre le prince et René Pleven, commissaire aux Colonies, lors d'un passage de ce dernier à La Réunion. Or René Pleven avait, lui aussi, rendu compte de cette rencontre au général de Gaulle, demandant même que le prince fût envoyé en France[7]. Une fois encore, la demande était restée sans suite, mais après les messages de Capagorry, de Boissieu et Legentilhomme, celui de Pleven avait dû, à nouveau, attirer l'attention du chef du Gouvernement provisoire. Le prince Vinh San, ex-empereur Duy Tan, incorporé dans les Forces françaises libres, n'était donc nullement un inconnu pour le Général et son entourage, et cela dès 1942. Depuis, ce nom était sans cesse revenu lorsqu'il avait été question de l'avenir de l'Indochine.

Ce fut vers le mois de mars 1945 que le général de Gaulle commença concrètement à songer et même à organiser une éventuelle restauration du prince Vinh San sur le trône d'Annam. Avant le coup nippon du 9 mars, le général de Gaulle avait déjà commencé à prendre de premières mesures en ce sens. En effet, on connaît une note du ministre de la Guerre, André Diethelm, datée du 6 mars 1945, ainsi libellée : « Le prince Vinh San (Annam), résidant actuellement à Madagascar et qui a fait preuve de sentiments très loyaux pendant la guerre, où il était réfugié [*sic*] à La Réunion, a manifesté le désir de revenir [*sic*] en France comme officier. Il est demandé à l'état-major général Guerre de bien vouloir faire le nécessaire. » Puis le ministre avait fait suivre cette note d'une lettre au ministre des Colonies, cette fois après le coup du 9 mars, le 17, lui demandant « la suite que vous avez réservée à la demande d'affectation à une unité combattante du front de France formulée par le prince Vinh San, aspirant en service à Saint-Denis-de-la-Réunion[8] ». Ces documents montrent bien que ce ne furent pas les événements indochinois du 9 mars qui avaient amené le général de Gaulle à songer à une solution Vinh San, mais que son projet était nettement antérieur.

La suite de l'affaire Vinh San allait rapidement montrer que la pensée du Général concernant l'Indochine allait beaucoup plus loin que ce que semblait suggérer la déclaration du 24 mars. En effet, cette dernière fut immédiatement suivie d'une décision. Dès le lendemain, 25 mars, le capitaine de Boissieu, alors à Châteauroux, fut convoqué par le ministre de la Guerre, André Diethelm :

> À l'heure prescrite, je suis boulevard Saint-Germain, le ministre de la Guerre m'apprend que le général de Gaulle a décidé de faire venir en France le prince Vinh San, qui se trouve toujours à La Réunion. Pour recevoir cet aspirant, un peu particulier, en métropole, la direction des troupes coloniales avait pensé désigner un officier de sa direction, mais le général Legentilhomme, désormais commandant de la région de Rouen, ancien haut-commissaire dans l'océan Indien, a été consulté. Il a précisé à André Diethelm qu'il fallait au contraire choisir un officier d'une autre arme qui connaîtrait le prince. Réunissant ces diverses conditions, c'est mon nom qui avait

été proposé au général de Gaulle, qui l'avait accepté. Ce dernier avait même précisé que pendant la durée de ma mission auprès du prince, je serai affecté à son cabinet militaire, mais que je devais considérer cette mission comme tout à fait confidentielle et n'en parler à personne d'autre qu'au général Leclerc.

Sortant du bureau du ministre, le capitaine de Boissieu rencontra le capitaine Rousselet, secrétaire particulier du ministre, qu'il connaissait. Celui-ci lui expliqua que

> le général de Gaulle et André Diethelm tiennent à faire venir le prince en France, tandis que la direction des Affaires politiques et la direction des Affaires militaires du ministère des Colonies sont réticentes. La sécurité militaire de Madagascar avait en effet repris des ragots colportés sur le prince Vinh San pendant la guerre par la police de Vichy et provoqué finalement les avis « très défavorables » et renouvelés du général commandant supérieur à Madagascar, si bien que le prince n'avait jamais été envoyé à l'École des cadets de Ribbesford en Angleterre, comme le général Legentilhomme l'avait suggéré par sa correspondance de 1943.

Boissieu avait immédiatement téléphoné au général Legentilhomme :

> Mon ancien chef me donne littéralement l'ordre formel d'accepter sans rechigner cette « mission de confiance », car ce qu'il sait sur l'Indochine le laisse persuadé que l'on aura besoin tôt ou tard du prince Vinh San, « Bao Daï étant trop compromis et ne faisant pas le poids ». D'ailleurs, me dit le général Legentilhomme, « de Gaulle est bien de cet avis »[9].

De fait, peu après, ce dernier reçut Boissieu début avril et lui expliqua pourquoi il attachait une grande importance à cette affaire :

> Il pensait qu'il faudrait probablement rétablir la monarchie en Indochine pour contrebalancer les monarchies cambodgienne et laotienne. L'empereur Bao Daï était trop compromis pour reprendre sa couronne, son autorité était contestée même en Annam. Et puis la dynastie des Nguyen était de beaucoup la plus ancienne [le général connaissait donc les origines non dynastiques de Bao Daï]. « Vous qui avez connu le jeune prince Vinh San sur le *Léopard* et à La Réunion, parlez avec lui, tâchez de savoir ce qu'il pense de l'avenir de son pays et du rôle qu'il pourrait y jouer. Montrez-lui nos belles unités de la 2e D.B., faites-lui visiter des écoles militaires, sortez-le dans Paris, tâchez de lui faire sentir ce qu'est la France de 1945, puis je l'enverrai dans une unité du front afin qu'il participe, comme il l'a demandé, aux derniers combats pour la France. »[10]

Le capitaine de Boissieu fut alors, comme prévu, affecté au cabinet militaire du Général et, à l'exception de quelques semaines passées, en Allemagne, à la 2e division blindée, en mai, y demeurera jusqu'à la fin de 1945. Cette nomination lui avait peut-être aussi été accordée de façon à préparer son mariage avec Élisabeth de Gaulle, la fille du Général, qu'il avait connue à Londres en 1941, mariage prévu pour le tout début 1946. Durant toute cette période, d'avril à décembre 1945, le capitaine de Boissieu, promu chef d'escadron en juin, s'occupa donc, dans le plus grand secret, du cas Vinh San.

Ce qu'avait dévoilé le capitaine Rousselet à Boissieu concernant les « réticences », pour ne pas dire l'opposition des Colonies au projet Vinh San, allait très vite être confirmé. Diethelm avait à nouveau écrit, le 5 avril, à son collègue des Colonies, Paul Giacobbi, successeur de René Pleven à ce poste, depuis septembre 1944, demandant une réponse « dans les meilleurs délais ». Elle n'arriva que le 19 : l'avis restrictif était maintenu, mais il avait bien fallu céder au général de Gaulle : « Le prince Vinh San peut être convoqué dans la métropole en vue de son affectation dans une unité combattante du front d'Europe, sous réserve qu'il ne puisse signer un engagement dans une unité du corps expéditionnaire d'Extrême-Orient sans en référer à mon département. »

Durant ces longues semaines, le prince Vinh San, à La Réunion, en était réduit à prendre part aux bagarres électorales locales, aux rivalités entre gaullistes et résistants : « Ils sont tous après moi parce que je refuse de suivre le C.N.R. [Comité national de la Résistance], car pour moi, il n'y a qu'un gouvernement et c'est celui du général de Gaulle […]. Les candidats manquent vraiment de "gaullisme", j'entends par là de désintéressement et de dévouement. Trop de partis, pas assez de Patrie. » Et puis il continuait à se lamenter du peu de cas qu'on faisait, à Paris, de ses demandes de venir combattre sur le théâtre européen des opérations. Du moins, c'est ce qu'il croyait. En réalité, son ami Villèle était intervenu à Paris, auprès des ministères des Colonies et de la Guerre pour faire avancer son dossier, et lui-même avait pris la liberté d'« écrire au Grand Patron en passant par une voie extra-hiérarchique », c'est-à-dire au Général, par le biais d'un colonel de l'armée de l'air de passage à Saint-Denis[11]. Tout cela finit, effectivement, par faire avancer le dossier : le 5 mai 1945, ce fut le miracle. Un ordre arriva enfin d'envoyer l'aspirant Vinh San en France. La raison de tous ces retards était simple. Le général de Boissieu l'expliquera, bien des années plus tard : « Et toute cette époque a été le cadre d'une lutte sans répit entre le ministère de la Guerre et le ministère des Colonies pour ne pas faire venir le prince Vinh San en métropole. Un beau jour, le général de Gaulle s'est fâché et il a envoyé l'ordre, par un télégramme au général commandant supérieur à Madagascar, de bien vouloir envoyer le prince Vinh San dans les meilleurs délais[12]. »

Il y avait donc quelqu'un, dans les bureaux de la capitale – le prince Vinh San ignorait que c'était le général de Gaulle lui-même – qui s'occupait de lui. Mais, que c'était tard ! Il avait demandé à s'engager dans l'armée française en août 1939, avant même la déclaration de guerre, et c'était au moment où l'Allemagne était à l'agonie qu'on l'envoyait enfin se battre en France ! De quoi avait-on eu peur ? Qu'il cherche l'appui des Allemands contre le régime colonial français en Indochine, comme l'avaient fait les insurgés de 1916 ? C'était insensé. Depuis des années, il demandait à devenir français et à « combattre le boche ». Et c'était alors que tout était presque gagné qu'on faisait enfin appel à lui ! Et de plus, le ministère des Colonies avait imposé une restriction : qu'il ne soit pas affecté au corps expéditionnaire français d'Extrême-Orient » (CEFEO[13]). Au moins allait-il fouler pour la première fois le sol de France et voir Paris, ce qu'il attendait depuis plus de vingt ans et, qui plus est, sous l'uniforme de l'armée française. C'était une consolation. Le temps de rapides préparatifs : voilà enfin le prince Vinh San en route vers Paris.

Toutefois, préalablement, il devrait suivre un cours de transmissions à Madagascar, au sein de la 1re brigade d'Extrême-Orient[14] : il allait y retrouver sa spécialité.

Embarqué sur le *Galliéni*, un cargo mixte des Messageries maritimes, il débarqua à Tamatave le matin du 8 mai. Rien de particulier. Puis voilà que dans le milieu de l'après-midi, subitement, les sirènes retentirent, les cloches sonnèrent : c'était la nouvelle de l'armistice qui venait d'arriver dans la ville. Le soir, il dînait avec des officiers. La joie et la tristesse à la fois. La joie d'un moment attendu depuis si longtemps, au prix de tant de sacrifices ; la tristesse de n'avoir pu combattre contre les boches sur le sol métropolitain. Le lendemain, le commandant d'armes recevait tous les officiers pour célébrer l'événement : l'aspirant Vinh San, assimilé aux officiers, en était. Quel plaisir d'être ainsi mêlé aux gradés, sans aucun ostracisme, dans l'euphorie de la victoire.

Le soir du 9, il retrouvait son ami Roger Guichard, militaire de La Réunion, en partance pour l'Indochine, avec lequel il eut une longue conversation, sur la plage, près de la piscine de Tamatave. Le prince passait par un de ces moments de déprime dont il était si coutumier :

> Maintenant que c'est n'importe comment trop tard pour pouvoir y aller [en France] acquérir mes titres de combattant, je ne veux pas aller vers l'Indochine. Mon départ pour ces contrées aurait tellement l'air d'une intrigue que le cœur me soulève rien que d'y penser. Non pas que se battre là ou ailleurs changerait l'esprit du combat, mais je sens tellement combien je suis vulnérable à la critique et aux inéquations que j'ai peur de m'y exposer. J'ai apporté à la France et à de Gaulle quelque chose que j'ai estimé tellement pur que je ne voudrais pas qu'on donne aux gens la facilité de le salir par la supposition que cela puisse être intéressé.

Son ami osa une supposition : et si c'était de Gaulle qui le faisait venir à Paris ?

> Pensez-vous ! Si vous avez raison et que jamais ce grand con réussit à me faire partir là-bas [en Indochine], de toute manière nous nous reverrons, car il faudra que je revienne à La Réunion pour « asseoir » les « petits » et notamment celui attendu. Mais ne rêvons pas ! Dans quelques mois je rentrerai à La Réunion où j'irai finir mes jours sur les hauteurs, car Saint-Denis me fatigue. Quant à vous qui partez pour l'Indochine, préparez vite le trou dans lequel on finira bien, j'espère, par me glisser, d'ici l'an 2000[15].

Ne pas « partir là-bas » ? Bien au contraire, il en rêvait !

Testament politique

En fait de rallier rapidement Paris, l'aspirant Vinh San allait rester plusieurs semaines à Madagascar. Lenteurs de la vie militaire et surtout « réticences » du ministère des Colonies. Des semaines à ressasser toujours les mêmes idées, le combat, la France, l'Annam, l'avenir de l'Indochine.

La déclaration du général de Gaulle sur l'Indochine, le 24 mars précédent, concordait, sur bien des points, aux idées du prince Vinh San, même si, concernant plusieurs sujets, sa vision de l'Indochine future était nettement plus progressiste. Cette vision, il finit par l'exprimer clairement dans un « Testament politique » – l'expression était de lui – qu'il rédigea à Tananarive, courant mai, alors qu'il attendait toujours de partir pour la France[16].

Ce « Testament politique », tout à fait fondamental pour saisir les idées du prince Vinh San concernant l'avenir de son pays, était surprenant, dans la mesure où il se calquait assez fidèlement sur la politique coloniale française la plus traditionnelle. Compte tenu de la personnalité du prince, on aurait pu s'attendre à un texte essentiellement consacré à l'Annam, c'est-à-dire au Viêtnam nouveau tel que venaient de le proclamer les Nippons. Or tout au contraire, il portait sur l'ensemble de l'Indochine, Cambodge et Laos inclus :

> Je pense que l'avenir, même immédiat, de l'Indochine [...]. En résumé, j'envisage la Fédération indochinoise comme composée d'un État annamite autonome, fédéré à deux États protégés, le tout placé sous l'autorité d'un gouverneur général qui prendrait le nom de haut-commissaire de la République française. Ce haut-commissaire prendra des décisions après délibérations d'un Conseil composé des représentants de chacun des trois pays, en tout ce qui concerne l'intérêt commun de la Fédération indochinoise.

C'était donc bien à l'Indochine, et non au seul Viêtnam, que pensait le prince Vinh San. Or tel était le cas de la France depuis la fin du XIXe siècle, plus précisément depuis 1887, date de la création de la Fédération indochinoise. Il faut d'ailleurs remarquer que lorsqu'en 1930 avait été créé un Parti communiste local, celui-ci ne s'était nullement intitulé Parti communiste annamite ou vietnamien, mais bien Parti communiste indochinois. La tendance des Annamites à conserver une forme particulière de rapports – frisant le contrôle, voire la domination – avec les Cambodgiens et les Laotiens était traditionnelle. « Un État annamite autonome, fédérés à deux États protégés » : c'était un peu la même idée.

Allant plus loin encore, le prince précisait son projet relatif au Cambodge et au Laos en des termes qui revenaient à un quasi-statu quo pour ces deux protectorats. « Je pense que le protectorat du Cambodge est la meilleure forme à garder [...]. L'avantage du protectorat du Cambodge réside dans le fait que les frictions entre Annamites et Siamois deviendraient impossibles. » Seule évolution souhaitable : « L'accession des Cambodgiens aux postes de commande de plus en plus élevés. » Rien de tout cela n'était révolutionnaire ; c'était déjà plus ou moins la situation du moment. Même chose en ce qui concernait le Laos : « Sur ce Laos, le protectorat français, sous sa forme actuelle, devra encore longtemps s'exercer. » Seule différence avec le Laos de mai 1945 : « Le protectorat français compris dans le sens de la grandeur devrait inclure à ce Laos tous les territoires conquis par les Siamois sur les populations paisibles et peu guerrières de l'ancien Laos », c'est-à-dire, en termes plus clairs, un Laos qui devra récupérer les territoires – le Bassac et la haute région située à l'Ouest du Mékong – abandonnés à la Thaïlande en 1941, sous la pression nipponne. Évidemment, rien de tout cela ne pourrait convenir aux nationalistes cambodgiens et laotiens ; le prince Vinh San s'en tenait à une Indochine française à peine révisée. Et sa position n'était pas totalement exempte d'une certaine condescendance à l'égard des deux États voisins de l'Annam.

En ce qui concernait plus précisément l'Annam, le prince, certes, avançait une revendication qui était loin d'être acquise, en mai 1945 : « Suppression de la barrière séparant le Tonkin, l'Annam et la Cochinchine », c'est-à-dire, en clair, l'unité du Viêtnam. Cette revendication n'était pas nouvelle : elle était commune à tous les partis politiques annamites depuis le début du siècle, des plus monarchistes et modérés, aux plus extrémistes, comme le Parti communiste indochinois. C'était d'ailleurs la position de l'empereur Bao Daï lui-même. Au-delà de cette revendication – fondamentale – la vision du prince concernant son propre pays n'était pas non plus révolutionnaire. Il était question d'« amitié et de communauté des intérêts » avec la France, ce qui rappelait le discours de Brazzaville. Il était également question de sa « crainte que les impatients ne fassent appel à l'arbitrage, intéressé, de la Chine et de l'Amérique », préoccupation éminemment gaulliste. Bref, on demeurait dans un cadre purement français. C'était sur la France et elle seule, que comptait le prince Vinh San. La ligne directrice de son projet pour l'Annam était de commencer par le développement économique et social du pays, avant de songer à une complète indépendance : « Il est difficile de demander à cette masse [annamite] [...] de se gouverner elle-même. » D'ailleurs, il n'était pas le seul à penser ainsi : un homme comme Pham Quynh, chef du gouvernement de Bao Daï jusqu'au coup des Nippons, le 9 mars 1945, s'était fait le défenseur de cette idée, d'abord développer la société et ensuite seulement aller vers une indépendance, le tout avec l'aide de la France. Le prince Vinh San ne proposait rien d'autre dans son « Testament politique », que cet appui sur la métropole pour réaliser ce développement : « Les trois pays unis [Tonkin, Annam et Cochinchine], ayant un idéal commun, s'attacheraient à cet idéal et, pour sa réalisation, donneraient leur entière collaboration à la France, pays qui peut assumer la protection militaire d'une économie nationale qui serait créée grâce à l'appui des capitaux et d'outillages français. » Bel optimisme, compte tenu des ruines sur lesquelles la France elle-même allait devoir se reconstruire. Mais aussi preuve de l'extraordinaire confiance en la métropole, alors même que les Nippons occupaient encore l'Indochine.

Il était pourtant un point, hormis celui de l'unité du Viêtnam, qui séparait radicalement le prince Vinh San du général de Gaulle : la nature du futur État du Viêtnam. Pour le prince, ce qui primait, c'était son unité et non sa forme : « Peu importe que cette solidarité [entre Tonkin, Annam et Cochinchine] se fasse sous l'égide d'un régime communiste, socialiste, royaliste, monarchique, l'essentiel c'est de sauver le peuple de la balkanisation. » Ce n'était sûrement pas l'opinion du général de Gaulle.

Et ce « Testament politique » s'achevait sur une proclamation solennelle :

> Il faut, impérativement, que les Français sachent que personnellement, j'étais prêt à mourir pour eux, et qu'en toutes circonstances, j'agirai pour le bien de mon peuple comme pour le bien de la France, car je veux qu'à ma mort, on puisse écrire sur mon tombeau la même phrase qui était inscrite sous la statue de Foch à Londres, en changeant simplement de nom : « J'ai conscience d'avoir servi la France comme mon propre pays. »[17]

On ne saurait mesurer avec précision quelle diffusion et quelle influence eut ce « Testament politique ». Toutefois, il sera publié dans le quotidien métropolitain *Combat* le 16 juillet 1945, au moment où le prince Vinh San sera en France. Il sera probablement assez lu par les personnalités intéressées ou impliquées dans les affaires d'Indochine. Par ailleurs, comme on le verra, le capitaine de Boissieu le fera lire au général de Gaulle lui-même.

Dans le même temps où le prince Vinh San séjournait à Madagascar et se lamentait sur le temps qu'il y perdait, son dossier, à Paris, n'en progressait pas moins. De plus en plus nombreux étaient les secteurs du pouvoir qui lui étaient favorables. Ainsi, fin mai 1945, au beau milieu de l'occupation de l'Indochine par les Japonais, l'état-major de l'armée, désormais, partageait, lui aussi, les vues du général de Gaulle sur la question : « Il est permis de se demander, lisait-on dans une note en émanant, si l'évolution de la situation en Indochine et l'incertitude sur les événements à venir qui peuvent modifier profondément la structure politique actuelle ne sont pas susceptibles un jour de faire de Vinh San un atout intéressant. Il serait donc au moins prudent de réserver cette possibilité et par voie de conséquence d'accorder à Vinh San un traitement plus favorable[18]. »

« L'âme de la terre natale vous parle »

Ce long transit par Madagascar, en route vers la France, durant le mois de mai 1945, avait permis au prince Vinh San de réfléchir à l'avenir de son Annam natal. Il avait retrouvé quelques amis réunionnais stationnés dans la Grande Île, et aussi quelques Annamites. Les discours du général de Gaulle, les événements qui se précipitaient sur les fronts d'Europe comme sur ceux d'Extrême-Orient et en Indochine, tout cela l'incitait à penser au futur de l'Annam qui allait bientôt être libéré des Nippons. Il en était résulté son « Testament politique », mais aussi le désir de parler plus directement à « son peuple ». Le 10 juin 1945, étant toujours à Madagascar, il lui adressa un long message sur les ondes, grâce à son ami Étienne Boulé, chef de la Mission indochinoise d'information de Radio-Tananarive[19], cette station étant l'une des rares radios de la France libre qui étaient audibles en Indochine :

> Mes chers compatriotes
>
> Convenez-vous qu'avant le coucher du soleil, un oiseau noir – vous savez, celui qui annonce une visite – est venu crier sur une branche de bambou jaune qui est devant la fenêtre ? Vous vous êtes demandé qui devait venir !
>
> Eh bien ! c'est moi, le vieux sage qui a médité pour vous. C'est la première fois, depuis longtemps, que je vous parle, et si ma voix n'est pas très claire, c'est qu'elle est voilée de toute la tendresse que nous avons les uns pour les autres.
>
> Pour l'instant, oubliez vos misères, oubliez aussi vos plaisirs. Écoutez ! L'âme de la terre natale vous parle et elle dit :
>
> « Fils d'Annam, qu'avez-vous fait pour moi ? Pendant que les peuples de la terre fouillaient le sol, construisaient des usines, irriguaient des déserts, tiraient des métaux, bâtissaient des cités et augmentaient, au prix souvent de leur vie, le patrimoine de la Nation, vous, qu'avez-vous fait pour moi ? Où est l'apport des générations qui vécurent depuis l'empereur Tu Duc ? En quoi avez-vous fait plus riche, plus grand, plus noble, l'héritage que vous avez reçu ? Qu'avez-vous donné à la Nation ? »
>
> J'entends du nord au sud beaucoup de cris. Je sens beaucoup d'agitation remuer jusqu'aux racines des arbres centenaires. Allez-vous faire de moi un champ dévasté où les hommes sans âme se battent pour se gouverner ? Allez-vous, vous qui n'avez que des mots pour vous défendre, m'offrir à qui vous paiera avec de beaux mots ? Car tout ce qu'on vous dira et tout ce qu'on vous donnera, ce ne seront que des mots ! Votre valeur, votre richesse, votre indépendance, vous ne pouvez les avoir que de moi seule.
>
> Penchez-vous sur moi et entendez bien ce que je vous dis. Faites-moi produire ce que je peux, ouvragez mes pro-

duits, construisez sur moi des usines et des cités. Et vous, hommes, unissez-vous dans une même âme. Souvenez-vous que derrière le Grand Gia Long, vos aïeux sont morts pour vous donner un nom et une histoire. Ne vendez pas cette histoire pour la vanité d'un moment.

Quand vous aurez refait dans votre âme une nation, quand vous aurez fait de vos mains une patrie, alors vous serez vraiment indépendants, d'une indépendance qui ne devra rien à personne, conquise par un peuple conscient de la grandeur de sa tâche et non obtenue des querelles de quelques grandes nations dont vous ne seriez que la monnaie d'échange.

Prince Vinh San, ex-empereur Duy Tan[20]

Curieux message à ses compatriotes annamites, poétique autant que réprobateur. Au fond, le prince Vinh Tuy dressait le bilan de la période coloniale française, « depuis l'empereur Tu Duc », c'est-à-dire depuis 1883. « Fils d'Annam, qu'avez-vous fait » pour votre terre pendant que les autres construisaient, irriguaient, bâtissaient ? Réponse aussi évidente que l'accusation. Et à aucun moment – c'était remarquable – la colonisation n'était mise en cause. Et maintenant, vous seriez tentés de vous « offrir à qui vous paiera avec de beaux mots » ! Les Américains ou les Chinois qui s'intéressent fort à l'Indochine ? Les Nippons qui vous proposent une « coprospérité », les communistes du Viêtminh qui vous parlent de libération ? Ne vous laissez pas aller à « la vanité d'un moment » ! Devenez une nation et vous serez véritablement indépendants. C'était en somme un message de courage national. Mais aussi un message dur : « Une indépendance qui ne devra rien à personne. » En un sens, c'était un message très gaullien, appliqué à l'Annam.

Dans la fièvre du moment, dès le lendemain de ce message radiodiffusé, le 11 juin 1945, l'ami Étienne Boulé, de Radio-Tananarive, adressait, sous couvert du gouverneur général de Madagascar, une lettre au ministre des Colonies Giacobbi. À la veille du départ du prince Vinh San pour Paris, cette longue lettre avait pour but de souligner l'intérêt que présentait le prince, « héritier légitime de la couronne d'Annam », pour le futur de l'Indochine. Étienne Boulé passait en revue son prestige intact, son passé de résistant, son gaullisme – « il s'est reconnu en la personne du général de Gaulle ». « L'ex-empereur d'Annam est un démocrate convaincu, poursuivait-il. Il a même des idées très avancées sur ce point. Il est la seule personnalité annamite qui ait assez d'autorité morale pour s'opposer aux prétentions et à la rapacité de l'ancien comme du nouveau mandarinat. Il serait tout disposé à servir de trait d'union entre le régime actuel et le régime libéral. Il n'a d'ailleurs pas d'enfants légitimes[21]. » Cette lettre, bien évidemment, avait été rédigée avec la complicité du prince : il était de plus en plus clair que, progressivement, ce dernier présentait sa restauration comme la solution aux problèmes qu'allait rencontrer la métropole en Indochine après l'effondrement des Nippons. Dans l'esprit du « Testament politique » du prince, rédigé le mois précédent, Étienne Boulé poursuivait : « Le prince Vinh San est un ami sincère de la France à laquelle il doit sa formation, sa culture et ses idées démocratiques. Il aime passionnément son pays et il estime que si la France devait quitter l'Indochine, s'en serait fini de la Patrie annamite qui tomberait sous le joug d'un étranger beaucoup moins compréhensif que nous. » Et de conclure : « Il a vu dans la guerre la possibilité de se créer une fin où Français et Annamites pourraient trouver une commune fierté, supprimant ainsi la pierre d'achoppement à l'amitié franco-vietnamienne que constituerait sa mort en proscrit. » Comment ne pas évoquer le discours de Brazzaville dans lequel le général de Gaulle soulignait les liens particuliers qui s'étaient créés entre la France et son empire africain du fait de l'aide humaine et matérielle de ce dernier à la métropole ? À titre personnel, Étienne Boulé ajoutait que le recours au prince Vinh San pour l'Indochine éviterait peut-être une crise identique à celle qu'affrontait alors la France en Syrie, laquelle, faute d'avoir, à temps, évacué ses troupes du pays, c'est-à-dire entériné son indépendance, avait provoqué l'intervention des Britanniques.

Finalement, après un télégramme comminatoire de la Guerre aux Colonies, le prince Vinh San fut enfin mis en route, convoqué à Paris pour le 14 juin. C'était le grand départ pour la métropole, après tant d'années d'attente. Un moment d'intense émotion pour un homme qui avait demandé à être transféré à Paris dès 1929, seize ans déjà. Il n'était plus question d'aller se battre sur le front : l'Allemagne était vaincue. Mais peut-être se battre sur un autre front : celui de l'avenir de l'Annam et de l'Indochine.

En effet, alors qu'il partait pour Paris, en ce milieu de juin 1945, les événements d'Extrême-Orient s'étaient précipités, depuis l'occupation nipponne du 9 mars en Indochine, et durant son long transit à Madagascar, en mai et début juin. Après une très dure bataille, depuis avril, les Américains se rendaient maîtres d'Okinawa ; dans le même temps, la ville de Tokyo avait subi de gigantesques bombardements. C'est dire que la défaite finale des Japonais était imminente. Le général de Gaulle allait devoir faire face à une situation entièrement nouvelle en Indochine : c'était évidemment, pour le prince, le moment d'agir.

8

Chef de bataillon ou empereur ?

Lorsque le prince Vinh San arriva à Paris, au milieu de juin 1945, la situation politique était assez instable. C'était toujours le premier gouvernement du général de Gaulle qui était en place, avec Paul Giacobbi au ministère des Colonies, mais les difficultés politiques s'accumulaient. Les élections à la première Assemblée constituante, le 21 octobre, donneront bientôt une nette victoire à la gauche. La crise éclatera finalement en novembre ; le 2, le gouvernement cessera ses fonctions. Le Général sera réélu président du Gouvernement provisoire, le 13, mais ce ne sera que le 21 novembre qu'un second gouvernement de Gaulle pourra être constitué, sous forme d'une alliance difficile entre les gaullistes, les socialistes et les communistes. Au ministère des Colonies, Jacques Soustelle succédera à Paul Giacobbi. C'est dire que durant les quelque six mois qu'il allait passer à Paris, en Allemagne puis à nouveau à Paris, le prince eut souvent à faire face à un vide politique ou à un manque d'interlocuteurs assez exaspérant.

Paris et l'Allemagne

Le prince Vinh San fit un premier séjour à Paris de la mi-juin à la mi-juillet 1945. Il découvrait enfin la capitale, il en rêvait depuis des décennies. Et pourtant, assez curieusement, on ne possède aucun témoignage sur cet aspect « touristique » de son séjour parisien. Il est vrai qu'il n'était pas à Paris pour y faire du tourisme. Le 21 juin, il fut affecté à la 39e compagnie de service d'état-major, détaché à la direction des troupes coloniales. Ce fut Boissieu, tout juste promu commandant, qui l'accueillit. Et l'on retomba immédiatement dans les « réticences » du ministère des Colonies. Le commandant de Boissieu rapportera lui-même ces rivalités dérisoires entre services :

> Cette affectation et le fait que le prince ait été reçu et accueilli par un officier métropolitain (que j'étais) et, qui plus est, appartenant au cabinet militaire du chef du gouvernement, eurent le don de mettre en transe la direction des Affaires politiques au ministère des Colonies qui envoya la lettre suivante au ministre de la Guerre : « Au sujet du prince Vinh San, je vous demande de façon formelle et pressante qu'il reçoive une autre affectation, car sa présence dans la capitale ne présente que des inconvénients d'ordre politique et cause des ennuis qu'il convient de faire cesser au plus tôt. Lorsque j'ai donné mon accord à sa venue en France, il fut entendu que le prince serait versé dans une unité combattante. La guerre étant terminée, il serait expédient de l'affecter à une unité de l'Armée d'occupation le plus rapidement possible. Après un court séjour en Allemagne, j'envisage de lui faire rejoindre l'île de La Réunion. » Bien sûr, j'eus connaissance de cette lettre par André Diethelm, qui rugit littéralement en me

la lisant, contre cette organisation désuète du ministère des Colonies, qui voulait que tout militaire appartenant aux troupes coloniales soit maintenu sous l'autorité du ministre des Colonies, même en métropole[1].

Ces divergences et tergiversations, pas plus que son statut de militaire astreint à une certaine réserve, n'empêchaient nullement le prince de s'employer à faire connaître ses vues pour l'Indochine dans la capitale. Ainsi le 8 juillet donnait-il une conférence publique intitulée « À propos de l'Indochine ». « Il exalte sans hésiter la collaboration franco-vietnamienne, tout en faisant ressortir les fautes du capitalisme. Il invite, par ailleurs, le peuple à se débarrasser d'un nationalisme "informe"[2]. »

Lorsque le « Testament politique » du prince Vinh San fut publié dans le journal *Combat*, le 16 juillet 1945, le commandant de Boissieu se crut obligé, évidemment, de le porter à la connaissance du Général. On imagine les craintes de De Boissieu. Si la plus grande partie de ce « Testament politique » était acceptable aux yeux du Général, certains passages, néanmoins, risquaient de le heurter, notamment celui où il proclamait : « Peu importe que cette solidarité [du peuple annamite] se fasse sous l'égide d'un régime communiste, socialiste… » ; il est vrai qu'il poursuivait : « … royaliste, monarchique ». « Quand j'ai présenté au Général ce "Testament", racontera Boissieu, j'étais un peu inquiet de ses réactions. Il a très bien pris la chose, m'a demandé si l'homme avait de la valeur et, obtenant une réponse positive, m'a confirmé qu'il allait le recevoir[3]. » De son côté, le prince Vinh San écrira à son ami Van Sa, le 21 juillet, cinq jours après la publication de son « Testament politique », alors qu'il viendra tout juste d'arriver en Allemagne : « Ma voix a été entendue à tous les points sensibles et une personnalité qui touche de très près le Grand Chef – probablement le commandant de Boissieu – m'a parlé d'un futur déjeuner chez lui[4]. »

Ce premier séjour d'un mois à Paris fut avant tout, pour le prince Vinh San, une période de rencontres profitables et d'intense activité politique. Il s'efforça d'entrer en contact avec nombre de personnalités, civiles et militaires, mais aussi avec des amis, voire des Annamites tout simples dont les opinions l'intéressaient. Il s'agissait non seulement de faire connaître ses projets pour l'Indochine, mais aussi de prendre le pouls de l'opinion, celle des milieux politiques français, celle de l'armée et des colonies, celle aussi des Annamites de la métropole. À ces derniers, le prince souhaitait surtout exposer son idée consistant à rallier les troupes de la France libre pour en finir avec les Nippons en Indochine.

Par exemple, c'est à cette époque qu'il rencontra, à Paris, le père Cao Van Luan, prêtre catholique proche de Ngo Dinh Diem, qui fut le fondateur, à cette période, de l'organisation estudiantine appelée Fédération des Indochinois de France. Il expliqua à ces étudiants, selon ce que rapportera le père Cao Van Luan[5] : « Les Français ont besoin de notre coopération pour reconquérir l'Indochine. Ils peuvent nous accepter comme pays autonome au sein de l'Union française. Ce n'est pas contraire à l'intérêt national. Peu à peu, nous revendiquerons plus de pouvoir. Que pouvons-nous faire d'autre avec la puissante armée française et le soutien des alliés occidentaux ? » Inutile de préciser que ce genre de discours ne pouvait pas plaire à tous, notamment à des étudiants dont beaucoup étaient attirés par un nationalisme radical, voire le communisme, lequel avait déjà fait de notables progrès dans la communauté annamite de France[6]. Aussi, le prince Vinh San, sur ce plan, ne rencontra guère d'écho.

Échec aussi du côté du ministère des Colonies. Le 11 juillet 1945, le général Casseville, commandant des troupes de Madagascar, écrivait au ministre :

> Quelles que soient les véritables opinions de Vinh San, je ne pense pas qu'il puisse exercer une influence sérieuse du point de vue politique en France ou ailleurs [...]. Le prince Vinh San espère sans doute qu'il pourra dans l'avenir jouer un rôle dans son pays. Il pourrait certes y mener des intrigues, mais je ne crois pas que celles-ci puissent jouer en notre faveur. En Extrême-Orient, on ne remonte pas sur un piédestal quand on en est tombé. De même que Pu Yi, empereur fantôme du Mandchoukouo, n'a aucune chance de régner sur les Chinois, qui ont oublié sa mémoire, Vinh San ne réussira pas à s'imposer au peuple d'Annam[7].

Le prince Vinh San ne connaissait évidemment pas cette lettre, mais sentait cette opposition lancinante des troupes coloniales et du ministère des Colonies à son égard. Le 21 juillet, il écrivait à son ami Van Sa, à Radio-Tananarive : « Les Colonies restent immuables et imperméables[8]. » De fait, la longue lettre écrite de Madagascar par son ami Étienne Boulé au ministre des Colonies, le 11 juin précédent, avait reçu, le 4 juillet, une réponse assez sèche, mais claire et nette : « Prière d'indiquer Monsieur Boulé qu'il ne peut être question donner suite à ses projets concernant prince Vinh San situation Indochine l'interdit absolument Stop Je l'invite à cesser toute action en ce sens[9]. » Les ministres, pas plus que leurs administrations d'ailleurs, n'apprécient généralement pas qu'on leur donne des conseils. À cette date, le prince, à Paris, eut peut-être connaissance de cette réponse très négative, mais de toute façon, il jugeait avec un certain détachement la position du ministère : « Que votre affection pour moi, écrivait-il à Van Sa, ne vous fasse pas prendre ce qui m'arrivera des Colonies au tragique. » N'empêche que les contacts avec le ministère s'avéraient tout à fait négatifs.

Le prince Vinh San n'en demeurait pas moins confiant. À son ami Boulé, il écrira quelques semaines plus tard, après avoir quitté Paris : « J'ai pu exposer mon point de vue dans les milieux les plus autorisés, et je crois, malgré tout, qu'on en tiendra compte [...]. L'essentiel est que, grâce aux aides multiples, j'aie pu faire entendre ma voix libre[10]. » Ou encore, à son ami Van Sa : « Du côté de la France, toute une partie de l'opinion dirigeante est de mon avis[11]. » Tout cela était très optimiste.

Après avoir passé un mois à Paris, le commandant de Boissieu demanda au prince, de la part du ministre de la Guerre, s'il préférait rester à Paris ou être affecté en Allemagne, au sein des troupes d'occupation. Le prince choisit cette seconde solution, « au moins tant que sa situation administrative ne serait pas réglée », c'est-à-dire tant que la Guerre et les Colonies ne se seraient pas mis d'accord. Arrivé à Paris comme aspirant, de Boissieu réussit toutefois à le faire nommer sous-lieutenant « à titre temporaire ». Puis le 11 juillet, le « sous-lieutenant indigène de l'infanterie coloniale de réserve » – c'était le titre qui figurait sur son avis de mutation – fut mis à la disposition du général commandant la 9e division d'infanterie coloniale et le 20, il ralliait l'état-major de cette dernière, à Rottweil-am-Neckar, petite ville de Bade-Wurtemberg, au sud de Stuttgart. Alain de

Boissieu explique les raisons réelles de cette affectation en Allemagne : « Dans l'esprit du cabinet militaire du général de Gaulle, cette affectation temporaire consistait à donner satisfaction au prince et à fournir les délais nécessaires pour régler dignement sa situation. Le chef du gouvernement désirait en effet qu'il soit promu officier supérieur, c'est-à-dire chef de bataillon[12]. »

Cette 9e DIC était destinée à partir pour l'Indochine. Il écrivait longuement, en septembre, à son ami Étienne Boulé, en quoi consistaient ses occupations en Allemagne :

> Figurez-vous qu'à peine arrivé en Allemagne, on m'a expédié faire des stages dans toutes les unités de la 9e DIC et j'ai ainsi avalé un nombre incalculable de kilomètres en pays boche, dînant par-ci, couchant par-là, repartant le lendemain pour tirer le canon à 100 km plus loin, revenant ensuite sur nos pas voler dans des avions d'observation, puis participer à des exercices d'infanterie, de chars, d'automitrailleuses, etc. J'en suis assommé depuis une semaine. J'ai terminé et suis en position d'attente car, en principe, je suis à l'état-major de la 9e DIC qui doit aller en Extrême-Orient. Mais comme il est probable que je n'irai pas avec elle, il va falloir qu'on prenne une décision sur mon cas. Entre-temps, on me fait faire, ainsi qu'à un certain nombre d'officiers, des conférences à l'École des cadres, où vont en stage les officiers supérieurs appelés à servir. J'en profite pour leur faire aimer le pays d'Annam et leur donner le pressentiment de la douceur de ses habitants. Puisse cela faciliter un peu les premiers contacts, même s'ils doivent être précédés d'action de police, ce que j'aurais tant voulu éviter[13].

La mention « voler dans des avions d'observation » ne doit pas être prise à la légère. Il semble bien en effet que le prince Vinh San, toujours très curieux de tout, profita de ce séjour en Allemagne pour passer son brevet de pilote. Ainsi écrira-t-il à son grand ami Roger Guichard, militaire à Madagascar : « Je suis et reste fantassin, m'étant simplement fait confirmer mon brevet d'aviateur. » Et d'ajouter non sans humour : « Je ne suis artilleur qu'à titre honoraire. Je ne pense pas qu'on soit obligé de créer une autre arme pour utiliser mes capacités[14]. »

Alors qu'il n'avait jamais été autant occupé par la chose militaire, l'éloignement le poussait également à resserrer ses liens avec sa famille restée à La Réunion. On possède quelques lettres écrites aux siens lors de son court séjour en Allemagne. Ainsi écrivait-il, de Rottweil, le 14 septembre, à son frère Vinh Chuon. Cette lettre donnait l'impression de retrouvailles épistolaires : « Tu sais, ces dernières années, je n'ai pas pu faire grand-chose pour toi [...]. » Mais il assurait qu'il l'aimait bien ; d'ailleurs il lui avait acheté une montre-bracelet, mais ne pouvait l'envoyer, là où il se trouvait : « Alors mon vieux, tu la recevras un jour, mais Dieu seul sait quand [...]. » Et puis il demandait à son ami Vallon Hoareau de lui donner deux mille francs de sa part[15]. De même, il écrivait à son fils Roger, ou à son fils Claude Vinh San, toujours de Rottweil : « Réfléchis bien que ton Dédé ne serait rien si quand il était petit il n'avait pas travaillé et récolté de bonnes notes. Donc si tu veux ne pas devenir plus tard un bon à rien et un bandit, il faut t'efforcer d'apprendre de bonnes manières et travailler à l'école[16]. » Le prince savait être tendre à ses heures.

Ce fut durant ce séjour en Allemagne que la situation bascula totalement en Extrême-Orient. Le premier grave événement fut la coupure de l'Indochine à la hauteur du 16e parallèle. En effet, réunis à Potsdam du 17 juillet

– lendemain du premier essai atomique américain – au 2 août 1945, la Grande-Bretagne, les États-Unis et l'URSS décidèrent, sans avoir consulté la France, de confier, dès après la capitulation de Tokyo – elle était imminente – le désarmement des troupes nipponnes, à la République de Chine au nord du 16e parallèle et à la Grande-Bretagne au sud. L'absence de la France à Potsdam était un échec de première grandeur pour le général de Gaulle. Quelques jours plus tard, le 6 août, les Américains effectuaient leur premier bombardement atomique sur Hiroshima, puis le 9, le second, sur Nagasaki ; le 15 août, les Nippons capitulaient, cette capitulation était officiellement signée le 2 septembre suivant, cette fois en présence du général Leclerc, en baie de Tokyo. En Indochine, dès le 16 août, le Viêtminh avait commencé à prendre le pouvoir à Hanoï – début de la « révolution d'Août ». Le 25, l'empereur Bao Daï abdiquait et après deux semaines de manifestations, prises locales de pouvoir, jugements populaires et assassinats politiques, Ho Chi Minh proclamait, à Hanoï, le 2 septembre – jour de signature de l'acte de capitulation japonais –, l'indépendance d'une République démocratique du Viêtnam, en présence des officiers américains de l'OSS ayant aidé le Viêtminh dans sa lutte contre les Nippons. Parallèlement, les troubles se multipliaient en Cochinchine ; on déplorera bientôt des centaines de morts, chez les Français, les Eurasiens et les Vietnamiens. Le 12 septembre, débarquaient enfin, à Saïgon, les premières troupes de l'armée des Indes britanniques, le général Gracey à leur tête, ainsi que les premiers commandos français du « corps léger d'intervention ». En moins de deux mois, la situation était totalement bouleversée ; d'une certaine façon, la guerre d'Indochine avait déjà débuté. Il n'était pas certain que tous les officiers auxquels le prince Vinh San, en Allemagne, avait vanté « la douceur des habitants », aient eu le loisir de l'apprécier.

Le prince était tenu au courant de cette tragique actualité, d'autant plus qu'en Allemagne, il était affecté à un état-major qui devait partir pour l'Indochine : on suivait donc ces nouvelles de très près. Tout homme de gauche qu'il fût, il était conscient des excès du Viêtminh et de ses liens avec l'étranger. D'ailleurs, il ne cachait nullement son opinion sur ce sujet. À son ami Van Sa, à Tananarive, il écrira en novembre :

> Quant à ce qui se passe dans le pays, dites-le et répétez-le, à haute et intelligible voix – son ami travaillait à la radio locale – que sous couvert de nationalisme, il n'y a pas autre chose qu'une révolte où des irresponsables conduisent les gens à la mort, sachant parfaitement que si les événements tournent mal, ils trouveront un refuge dans le ou les pays qui les ont achetés[17].

Les dirigeants vietminh traités d'« irresponsables », c'était une condamnation sans appel de la « révolution d'Août ». Le prince avait parfaitement compris que « sous couvert de nationalisme », le Viêtminh menait une révolution qui conduisait à la guerre, c'est-à-dire une révolution qui était l'exact contraire de celle qu'il préconisait, à savoir l'unité entre les trois « ky », la construction d'une nation vietnamienne et le relèvement matériel du pays avec l'aide de la France, le tout dans la paix retrouvée.

Il était évident que la France, en août-septembre 1945, se trouvait face à un problème indochinois qui n'était pas seulement militaire, mais bien politique, sur le plan intérieur vietnamien, comme sur le plan international. Pour ce qui était du plan intérieur, le prince Vinh San pouvait être d'une certaine utilité, mais ses projets, à cette date, étaient-ils encore réalistes ? Qu'on songe aux termes de son « Testament politique » publié le 16 juillet dans *Combat* ; « Il est difficile de demander à cette masse [annamite] [...] de se gouverner elle-même. » C'était précisément ce qui venait d'être proclamé à Hanoï par le Viêtminh et ce que beaucoup pensaient, non seulement au Tonkin, mais aussi en Annam et même en Cochinchine, et pas seulement chez les communistes. Le prince se disait bien renseigné sur la situation « au pays » : était-ce bien certain, alors que le gouvernement français lui-même ne l'était pas totalement ? On peut en douter. Mesurait-il l'ampleur du problème ? La façon dont il avait retourné – d'ailleurs très momentanément – l'opinion de ses frères annamites révoltés de Madagascar ne l'avait-il pas conduit à surestimer son pouvoir de persuasion et son prestige populaire ?

Il était vrai qu'une grande partie de la population annamite, surtout dans les campagnes, restait très attachée à l'institution impériale. Or, l'empereur Bao Daï avait abdiqué et de toute façon, il était très déconsidéré aux yeux de l'opinion publique, non seulement pour son inaction politique, mais également pour sa vie privée scandaleuse ; quant à l'aristocratie annamite, elle n'avait jamais vraiment reconnu son titre d'empereur, du fait de ses origines familiales plus que douteuses. De ce fait, pour beaucoup, le prince Vinh San, ou plutôt l'ex-empereur Duy Tan, lequel n'avait jamais abdiqué, demeurait le seul empereur véritablement légitime, surtout depuis la mort de l'ex-empereur Ham Nghi, à Alger, l'année précédente. C'était un véritable atout. Mais serait-il suffisant pour résoudre la crise dans laquelle s'enfonçait le pays du fait de la révolution d'Août et de la coupure de l'Indochine en deux zones soumises à des administrations civiles et militaires différentes ?

Les activités militaires du prince en Allemagne et l'anxiété que lui inspirait la situation en Indochine ne l'empêchaient nullement, bien au contraire, de s'inquiéter de ce qui se passait ailleurs, ainsi à Madagascar, où il avait forgé de nombreuses amitiés. En effet, chez les Annamites de la Grande Île, le climat politique ne cessait de se dégrader. Cette situation était en quelque sorte la conséquence et le reflet de la crise qui se développait au Viêtnam. En septembre, il écrivait à son ami Van Sa, de Radio-Tananarive :

> Ce que vous dites sur la situation morale à Madagascar ne m'étonne pas du tout, étant donné qu'ici, en France, nous avons eu des assassinats à déplorer et il est arrivé des choses extrêmement regrettables. Malheureusement, je ne possède aucun moyen et aucun moyen n'a été mis à ma disposition pour essayer de freiner l'agitation qui parcourt les nôtres. Le travail souterrain qu'on peut faire n'est pas très efficace et je crains qu'à un moment donné on ne soit débordé et, alors, je me demande ce qu'il va arriver.

En effet, le prince se considérait toujours comme responsable de ces Annamites auxquels il avait prêché la bonne parole quelques mois plus tôt, c'est-à-dire le soutien au général de Gaulle et à la France pour redresser le pays. Mais la révolution d'Août, à Hanoï, puis la proclamation de l'indépendance et la fondation de la République démocratique du Viêtnam par le Viêtminh avaient radicalement modifié la situation indochinoise et enflammé l'esprit de nombreux Annamites de Madagascar. Pour eux, l'avenir n'était pas dans une coopération avec la France, bien au contraire, et le discours du prince sonnait faux. Pourtant, ce dernier restait optimiste : « Je reste cependant confiant, car si le grand projet que j'ai en tête se réalise, tout peut finir brusquement et les gens n'auront plus aucune raison de s'agiter[18]. » « Le grand projet », c'est-à-dire le retour sur le trône de Hué, sera-t-il suffisant pour faire reculer le Viêtminh ? Le prince semblait le penser.

« Mon état-major »

Dans les premiers jours d'octobre 1945, le prince Vinh San reçut l'ordre de revenir à Paris, ce qu'il fit immédiatement. On l'installa alors à l'École militaire, dans le VIIe arrondissement. Il se retrouvait ainsi, dans ce quartier, tout près du cœur politique de la métropole ; il allait pouvoir continuer à agir pour son « grand projet ». En d'autres termes, il allait poursuivre ses contacts afin de convaincre les milieux dirigeants de l'urgence de mettre en œuvre, en Indochine, les propositions de son « Testament politique » publié en juillet. Par ailleurs, il allait tenter de s'entourer d'amis et de partisans susceptibles de faire connaître ses idées au Viêtnam, voire de l'y accompagner si ce « grand projet » venait à aboutir.

Toutefois, les résultats électoraux du 21 octobre 1945 furent un tel choc qu'ils purent sembler sonner le glas dudit « grand projet ». Ce jour-là, en effet, les Français avaient été appelés à élire une Assemblée constituante dont devait émaner un nouveau gouvernement remplaçant le Gouvernement provisoire de la République française constitué en juin 1944, sous la présidence du général de Gaulle. Or, la gauche emporta triomphalement cette élection. Le Parti communiste français, dirigé par Maurice Thorez, obtenait 26,23 % des voix et 159 députés à l'Assemblée : il était le premier parti de France. La SFIO, dirigée par Léon Blum, obtenait de son côté 23,45 % des voix et 146 députés. C'est dire qu'à eux deux, PCF et SFIO frôlaient la majorité absolue des voix (49,6 %) et obtenaient la majorité absolue à l'Assemblée, avec 302 députés sur 586. À La Réunion, cette victoire était encore plus éclatante : à lui seul, le PCF totalisait 52,48 % des voix, et la SFIO, 25,17 %, soit au total des deux 77,65 % des voix. Les deux députés élus étaient membres du PCF, Raymond Vergès et Léon de Lépervanche. Bien que ceux-ci fussent des amis du prince Vinh San, celui-ci comprit évidemment que ces résultats n'étaient guère favorables à son « grand projet ». Comment ces partis de gauche, désormais majoritaires en métropole, pourraient-ils accepter une restauration monarchique au Vietnam, parfaitement contraire à leur idéologie ? Qui plus est, comment le PCF de Maurice Thorez pourrait-il se rallier à une telle solution, alors que le Vietminh venait d'obtenir et célébrer, deux mois plus tôt, l'abdication de l'empereur Bao Daï et l'abolition définitive de la monarchie ? Peut-être ce 21 octobre 1945 était-il aussi le premier coup mortel porté au « grand projet » du prince Vinh San.

Évidemment, une bonne partie du séjour du prince à Paris fut perturbée par cette crise gouvernementale que traversa alors la France, au lendemain des élections du 25 octobre. Du fait de la pression des communistes, il n'était pas du tout certain que de Gaulle demeure à la tête du gouvernement. Aussi les démarches du prince devenaient-elles compliquées. Au beau milieu de cette crise, il écrivait à son ami Étienne Boulé :

« Deux hypothèses vont du reste se poser pour moi : la première c'est qu'après une courte expérience communo-socialiste, de Gaulle revienne ; la seconde c'est que de Gaulle s'en aille définitivement. Dans le premier cas je reste. Dans le second, j'irai reprendre ma charrue et rien ne me retiendra[19]. » Finalement, le général de Gaulle réussit à se maintenir et à constituer un nouveau gouvernement le 21 novembre, ce gouvernement dans lequel, on l'a rappelé, Jacques Soustelle remplaçait Giacobbi aux Colonies, ce qui était plutôt une heureuse nouvelle.

C'est durant ce second séjour à Paris que le prince Vinh San fut soudainement promu. Un décret du 29 octobre 1945 – quatre jours après les élections – le nommait en effet, rétroactivement, sous-lieutenant le 5 décembre 1942, lieutenant le 5 décembre 1943, capitaine le 5 décembre 1944 et finalement, chef de bataillon le 25 septembre 1945[20]. Cette promotion, il est vrai rapide, n'avait pas été obtenue sans mal. Le général de Boissieu s'en souviendra : « Arrivé avec un grade "d'aspirant indigène de réserve de l'infanterie coloniale", j'ai dû me battre, sur ordre du général de Gaulle, pour le faire nommer officier, sous-lieutenant, lieutenant, capitaine et en septembre 1945, j'ai enfin arraché sa nomination d'officier supérieur[21]. » Pour le prince Vinh San, ce fut évidemment une grande satisfaction que de voir ainsi régularisées toutes ses activités militaires depuis que l'île de La Réunion était passée à la France libre : « Ainsi est officiellement homologué mon temps de service dans les Forces françaises libres. Quelle récompense pour moi ! Songez que sans Capagorry, rien n'aurait pu se faire », écrira-t-il à Eugène Thébault[22]. Ou encore, à son ami Roger Guichard, toujours à Madagascar : « Cette affirmation de mes services dans les

Forces français libres m'a été droit au cœur », ajoutant plein d'optimisme : « Avec un homme comme celui-là à notre tête, nous ferons des miracles. »[23] Et avec ce grade de chef de bataillon, il entrait dans la catégorie des officiers supérieurs, ce qui lui conférait quelque prestige supplémentaire pour ses contacts avec les personnalités politiques et militaires, voire pour son « grand projet ». Toutefois, curieusement, ce décret ne fut pas publié au *Journal officiel*[24] : était-ce une vraie promotion ?

Dans le même temps, la situation indochinoise continuait à évoluer très rapidement. Le 5 octobre, le général Leclerc était arrivé à Saïgon, bientôt suivi, à partir du 15 octobre, du gros des troupes françaises, c'est-à-dire de la 9e DIC à laquelle avait été initialement affecté le prince Vinh San. Progressivement, ces troupes remplacèrent les forces britanniques venues, les premières, désarmer les Nippons. Quant à l'amiral Thierry d'Argenlieu, rallié à de Gaulle dès 1940 et ancien chef d'état-major des Forces françaises libres, nommé haut-commissaire et commandant en chef en Indochine depuis le 16 août 1945, le lendemain de la capitulation nipponne, il arriva à Saïgon le 31 octobre 1945. Sa mission était claire : rétablir la souveraineté française. Pour sa part, le général Leclerc pensait qu'il faudrait en venir à une négociation avec Ho Chi Minh, mais pas avant d'avoir militairement rétabli l'ordre. Le 19 novembre, des troupes françaises débarquaient à Nha Trang ; effectivement, Leclerc parvenait peu à peu à reprendre le contrôle de la situation dans le Sud. L'amiral Thierry d'Argenlieu, quant à lui, était opposé à toute négociation avec le Viêtminh, et, tout comme le général de Gaulle, à toute réunification du pays, c'est-à-dire au rattachement de la Cochinchine à un futur Viêtnam.

Dans le Nord, la situation échappait complètement à l'autorité française. Pierre Messmer, un ancien administrateur colonial ayant rejoint la France libre dès juin 1940, avait été parachuté au Tonkin en août 1945, en tant que délégué du Gouvernement provisoire, mais immédiatement fait prisonnier par le Viêtminh. Puis au tout début d'octobre, de Gaulle avait nommé Sainteny commissaire au Viêtnam du Nord, en tant que délégué du haut-commissaire, c'est-à-dire de l'amiral Thierry d'Argenlieu ; il rencontra Ho Chi Minh dès le 15 octobre, convaincu qu'une négociation avec le Viêtminh s'imposait. Le gouvernement révolutionnaire d'Ho Chi Minh, en fait, contrôlait non seulement Hanoï, mais aussi plusieurs autres villes du Tonkin. Par ailleurs, les troupes chinoises venues désarmer les Nippons, s'opposaient, *de facto,* au retour des Français.

On était donc, au sud et au nord, en présence de deux situations très différentes et on se trouvait sans politique claire de la part de la France, celle-ci étant représentée sur place par des responsables n'ayant pas la même vision de l'avenir indochinois. Une solution politique générale devenait de plus en plus urgente : c'était bien ce qu'entrevoyait le prince Vinh San à Paris, et il s'y préparait.

« Mon état-major est déjà sur les lieux », écrivait-il[25]. Le mot « état-major », assez pompeux, était-il employé par dérision ou avec sérieux ? Difficile à dire. Mais le fait est qu'il disposait ici et là de quelques amis et sympathisants tout dévoués à sa cause. Et il tenait à les conserver sur le pied de guerre. Ainsi écrivait-il, le 16 novembre 1945, à son ami Roger Guichard, à Madagascar : « Vous savez que je tiens à avoir mes amis des mauvaises heures sous la main et il n'est pas du tout dit que si je suis appelé à accomplir une œuvre quelconque, je ne fasse appel, brusquement, à des amis sur lesquels je sais pouvoir compter[26]. »

Il était assez bien renseigné sur la situation réelle par sa famille, c'est-à-dire sa mère et ses sœurs. La mère du prince, Nguyen Thi Dinh, qui avait été exilée à La Réunion avec son fils en 1916, avait obtenu, on l'a rappelé, l'autorisation de rentrer en Annam dès 1920 ; de même, sa sœur, la princesse Cuong. Le prince Vinh San, en décembre 1937, écrivait au Dr Estrade, à Madagascar : « Ma mère, que vous avez peut-être vue là-bas, en ce temps-là, y est toujours et ce n'est que par elle que je suis rattaché au pays[27]. » Était-ce là de bonnes sources de renseignement ?

On se souvient également qu'en 1944, lors de sa mission à Madagascar, le prince avait fait libérer le nationaliste Nguyen The Truyen et son frère. Nguyen The Truyen, tenté par le communisme, mais s'en étant finalement détourné pour rejoindre les nationalistes, avait le profil d'un homme pouvant être attiré par les projets du prince ; en outre, il lui était probablement tout dévoué puisqu'il lui devait sa libération. Était-il considéré comme un membre de cet « état-major » ?

Le cas de Jacques Bousquet était plus surprenant : « Il [le prince] avait exposé ses idées au gouvernement français, ainsi qu'à un lieutenant de la 1re armée en partance pour l'Indochine. Bousquet, un ancien chef de cabinet du ministre Abel Bonnard, rallié au communisme, qui, dès son arrivée à Saïgon, leur avait donné une certaine diffusion. Elles avaient séduit certains intellectuels, au premier rang desquels figurait un médecin de Saïgon, le Docteur Nguyen Van Tan », rapportera plus tard Philippe Devillers[28]. Si « l'état-major » du prince était constitué d'hommes comme ce Bousquet, c'était plutôt inquiétant. Un chef, paraît-il, se reconnaît, entre autres qualités, au choix de ses hommes.

En effet, le parcours de Jacques Bousquet n'était pas banal[29]. Il avait tout d'abord été professeur au lycée Voltaire, à Paris, où il avait créé, en novembre 1940, un mouvement de jeunesse, les « Jeunes du Maréchal », lié au gouvernement de Vichy. Il fut d'ailleurs officiellement autorisé par le commandement militaire allemand en novembre 1941. Puis en avril 1942, il était devenu directeur de cabinet, avec rang d'inspecteur général, d'Abel Bonnard, alors nommé ministre de l'Éducation nationale dans le gouvernement Laval. Puis bientôt, à partir de septembre 1943, il avait cumulé ses fonctions avec celle de rédacteur en chef d'une revue intitulée *Le Téméraire*, d'inspiration pétainiste, destinée à la jeunesse. Jacques Bousquet, comme son ministre, avait eu jusque-là une conception très dure de la collaboration avec les Allemands. Or, dans le même temps, toujours en septembre 1943, il adhérait à un groupe de la Résistance, le réseau Navarre. Sa carrière de résistant fut rondement menée : lors de l'insurrection parisienne d'août 1944 pour la libération de Paris, il était adjoint du commandant F.F.I du VIe arrondissement. « Rallié au communisme », affirme Devillers. On ne sait. En revanche, ce qui est certain, c'est qu'il s'engagea alors dans la célèbre 2e division blindée, et fut l'un des premiers officiers français – il était lieutenant – à entrer dans Guebwiller, le 4 février 1945. Puis il fut en Allemagne et finalement affecté à la division Leclerc en vue de son envoi en Indochine[30]. Du cabinet d'Abel Bonnard à la Résistance, puis à la 2e DB : Jacques Bousquet était le type même de l'opportuniste et de l'arriviste, le type même d'homme en qui il est fort dangereux de placer sa confiance. C'est évidemment à cette époque, à Paris ou en Allemagne, que le prince Vinh San fit sa connaissance. Et c'était lui qui maintenant allait défendre les idées politiques du prince en Indochine !

Plus recommandable était le commandant Paul Lang, résistant d'Indochine, avec lequel le prince était en relations. Commandant Paul Lang était son nom de résistant. En fait, il s'agissait d'un mandarin annamite du nom de Dinh Ngo Hang. Il s'était évadé d'Indochine à la période Decoux, le 1er novembre 1944, puis était revenu en Cochinchine avec le 5e régiment d'infanterie coloniale[31]. Ses avis étaient assez écoutés par les personnalités gaullistes qui s'occupaient des affaires d'Indochine. Il « réussit à faire imprimer et circuler un appel rédigé en vietnamien par le prince lui-même[32] ». Le commandant Paul Lang et le lieutenant Jacques Bousquet avaient fait passer dans le journal *Tuan Lan,* un texte annonçant le prochain retour de l'ex-empereur en Indochine. Philippe Devillers avait remarqué le fait : « Un journal a été lancé à Saïgon à ce moment-là (il s'appelait, je crois, « Tuon Laï ») par un Vietnamien, le Dr Tan, apparemment pour préparer l'opinion à une nouvelle politique où le nationalisme vietnamien serait pris en compte[33]. »

Et puis enfin, le prince pouvait compter sur le gouverneur Capagorry. Le chef de cabinet de ce dernier, Eugène Thébault, rapportera plusieurs années après : « Le prince me dit qu'il espérait l'emmener dans sa suite, en Annam, car, me dit-il, "ses conseils et son talent de diplomate me seront précieux, et j'ai une confiance absolue en lui[34]". » De fait, le prince Vinh San et le gouverneur, depuis 1942, étaient devenus et restés très proches amis. Capagorry était l'un des premiers à avoir recommandé le prince auprès du général de Gaulle. C'était également lui qui avait réussi à le faire engager dans les Forces de la France libre en janvier 1944, qui en août 1944, après la libération de Paris, avait transmis à Paris sa déclaration sur l'Indochine, accompagnée d'un commentaire personnel très élogieux, qui l'avait proposé pour la Médaille de la Résistance qu'il avait obtenue en mars 1945. C'était un ami sûr qui, effectivement, pourrait être d'une grande aide si les projets du prince aboutissaient.

L'« état-major » du prince Vinh San, en cette fin d'année 1945, n'était pas bien considérable, mais il pouvait s'appuyer sur un certain nombre d'amis. Par ailleurs, l'éventualité de son retour en Indochine commençait à être connue. Restait le point essentiel : la décision de De Gaulle, mais le prince était confiant : « J'ai confiance que de Gaulle finira par me donner raison », avait-il écrit au début de l'année, à son ami radioamateur de Tananarive, Paul Bour[35]. De fait, de Gaulle songeait de plus en plus à lui pour sa politique indochinoise.

9

Le « dessein secret » du Général

À cette époque, à la fin de l'été 1945, le général de Gaulle n'avait pas encore précisément arrêté sa politique pour l'Indochine, mais il était parfaitement conscient qu'il allait falloir négocier et par conséquent trouver des interlocuteurs représentatifs des peuples d'Indochine. Il écrira dans ses *Mémoires de guerre* :

> Arrivée de nos soldats, départ des Japonais, retrait des troupes étrangères, ces conditions doivent être remplies pour que la France retrouve des chances en Indochine. Mais il faut, par-dessus tout, qu'elle sache ce qu'elle veut y faire. Je ne puis, évidemment, arrêter en détail une politique tant que la situation sur place sera aussi confuse qu'elle l'est. J'en sais assez, cependant, pour être sûr que l'administration directe ne pourra être rétablie. Dès lors, le but à atteindre, c'est l'association de la République française avec chacun des pays dont se compose l'Union. Les accords à conclure devront être négociés en prenant pour interlocuteurs ceux qui paraîtront représenter le mieux les États et les populations et sans qu'aucune exclusive soit prononcée contre quiconque. Telle est l'idée que je me suis fixée[1].

Voilà pour ce qui était de sa position générale. Puis il abordait le cas de chacun des trois États d'Indochine : « Pour le Laos et pour le Cambodge, la présence de dynasties solides écarte toute incertitude. Pour le Viêtnam, l'affaire est beaucoup plus compliquée. » C'était clair : dans la mesure où la France se trouvait en face d'une « dynastie solide », elle avait un interlocuteur et pouvait négocier des accords d'association. Or, tel n'était pas le cas au Viêtnam. Depuis des décennies, la dynastie n'y était plus « solide ». Le Général savait parfaitement que l'empereur Bao Daï avait été imposé par la France contre l'avis de la Cour d'Annam et qu'il n'avait jamais été réellement admis par la population. De plus, son comportement personnel et sa vie privée l'avaient totalement déconsidéré aux yeux de son peuple. Enfin, du point de vue de la France libre, comment le qualifier autrement que comme un « traître » ? Il n'avait opposé aucune « résistance » face aux Nippons, avait même « collaboré » avec eux, avait dénoncé les traités avec la France et proclamé une pseudo-indépendance qui n'était, en réalité, qu'une inféodation complète au système de domination nipponne en Extrême-Orient. Seule sa position d'empereur étranger interdisait de le juger au même titre que le maréchal Pétain ou l'amiral Decoux, gouverneur général vichyste de l'Indochine, de 1940 à 1945, mais sur le fond, son attitude politique n'avait pas été différente de celle de ces derniers. Et pour finir, par peur, il avait abdiqué face aux communistes dont il était devenu « conseiller spécial » ! On conçoit aisément ce qu'un homme comme le général de Gaulle pouvait penser d'un tel comportement. Il était donc évident que « pour le Viêtnam, l'affaire était beaucoup plus compliquée », puisque la France n'avait pas, en face d'elle, de « dynastie solide ».

Restaurer une « dynastie solide »

Pourtant, le Général, jusqu'à une période récente, ne considérait pas que le prince Vinh San pourrait lui être d'un grand secours. Le 11 juillet 1945, ne déclarait-il pas encore : « Quelles que soient les véritables opinions de Vinh San, je ne pense pas qu'il puisse exercer une influence sérieuse du point de vue politique en France ou ailleurs [...]. Le prince Vinh San espère sans doute qu'il pourra dans l'avenir jouer un rôle dans son pays[2]. » Mais les solutions possibles au problème indochinois n'étaient guère nombreuses. Dès lors, l'une d'elles n'était-elle pas, effectivement, de restaurer une « dynastie solide » ? « Aux fins qui pourraient être utiles, écrira-t-il dans ses Mémoires, je nourris un dessein secret. Il s'agit de donner à l'ancien empereur Duy Tan, les moyens de reparaître, si son successeur et parent Bao Daï se montre, en définitive, dépassé par les événements. Duy Tan, détrôné en 1916 par l'autorité française, redevenu le prince Vinh San et transféré à La Réunion, a néanmoins, au cours de cette guerre, tenu à servir dans notre armée. Il y a le grade de commandant. C'est une personnalité forte. Quelque trente années d'exil n'ont pas effacé dans l'âme du peuple annamite le souvenir de ce souverain[3]. »

L'analyse de Jacques Raphaël-Leygues, gaulliste très impliqué dans les affaires d'Indochine, était assez bien vue : « Il [de Gaulle] avait lancé l'empereur Duy Tan qui lui paraissait résumer tout à la fois une légitimité dynastique, une jeunesse relative et des qualités de résistant [...]. Enfin, le personnage lui paraissait intéressant, justement pour les discontinuités formatrices qu'il avait connues dans ces quarante années difficiles[4]. »

L'amiral Decoux, gouverneur général de l'Indochine à l'époque de Vichy, défendra cette même idée dans ses Mémoires :

> La restauration de l'empereur d'Annam doit rendre au peuple vietnamien un élément traditionnel d'ordre et de paix. C'est beaucoup plus qu'une expérience, c'est une nécessité. J'ai toujours été partisan, pour ma part, du maintien du principe impérial sur les terres d'Annam, pays de vieilles traditions, justement fières de leur histoire et de leur passé. Le rétablissement de l'empereur d'Annam sur le trône de ses pères aurait dû intervenir dès la libération de l'Indochine[5].

Le « dessein secret » du Général se comprenait assez bien. Sa culture, très vaste, devait en partie à Charles Maurras qu'il avait beaucoup lu étant jeune. De Gaulle était né dans une famille proche du royalisme. Il avait été sensible à la force du principe monarchique tel qu'exposé par Maurras. Mais il s'était, plus encore, nourri de Barrès, c'est-à-dire d'un nationalisme républicain, acceptant la démocratie, contrairement à Maurras. C'est à Maurice Barrès que de Gaulle devait son attachement à la famille, à la terre des ancêtres, à la nation, à la chose militaire. Et puis, il faudrait ajouter son penchant pour le catholicisme social de La Tour du Pin ou de Mounier, un catholicisme social qui le détournait irrévocablement du libéralisme. De Gaulle était tout cela à la fois. Or, aucune des composantes de cette idéologie n'était contraire aux idées du prince Vinh San, telles que celui-ci les avait exprimées dans son « Testament politique » ou certains de ses autres textes, à l'exception, évidemment, de son affiliation à la franc-maçonnerie. La nation ? C'était toute la signification du « Testament » : donner au peuple annamite le « sens de la responsabilité nationale et le sens de la volonté nationale » ; « Ce que je voudrais, c'est que tous les Annamites reprennent conscience qu'ils sont une nation. » La démocratie ? « Je crois qu'il y a en ce moment-ci, dans tout le peuple annamite, une tendance très nette vers la démocratie. » L'attachement à la terre ? Qu'on se reporte au message du prince sur Radio-Tananarive, le 10 juin 1945 : « Écoutez ! L'âme de la terre natale vous parle. » L'attachement aux ancêtres ? « Souvenez-vous que derrière le grand Gia Long, vos aïeux sont morts pour vous donner un nom, une histoire. » On comprend que le Général ait « très bien pris la chose », lorsque le commandant de Boissieu lui fit lire le « Testament politique » du prince Vinh San. Il y avait incontestablement chez lui une inspiration gaulliste, un souffle quasi gaullien. Des mots ou expressions comme « idéal commun », « grandeur », « construire un pays digne de cette nation » ne pouvaient laisser insensible le Général. Sans parler de « interdire de laisser la porte ouverte à n'importe quelle querelle intérieure », en une période où, précisément, la France retombait dans le système des partis.

Par ailleurs, les événements d'Indochine inquiétaient le prince. À la suite de l'instauration de la République démocratique du Viêtnam et de la proclamation de l'indépendance par les communistes, le 2 septembre 1945, il avait écrit à Étienne Boulé : « Je souffre de voir mon pays prendre une voie qui l'engage dans une impasse, je souhaite maintenant être utile à de Gaulle pour calmer l'Annam[6]. » Mais le temps lui paraissait bien long. Au même destinataire, le 16 octobre, toujours d'Allemagne : « En ce moment, il y a peut-être quelque chose qui prend corps quelque part en France.

Il se pourrait que les semaines qui viennent apportent du nouveau. Mais tout cela est si vague[7]. » De son côté, le commandant de Boissieu continuait à entretenir des relations avec le prince et celui-ci lui confiera également ses craintes :

> Le prince suit avec attention la situation en Indochine où il a des correspondants. Il m'apprend qu'à la suite de l'arrivée de Leclerc et des opérations militaires de ses troupes, des dissidences commencent à se produire au sein du Viêtminh. À son avis, l'heure approche d'un règlement politique, seul capable d'amener la paix et la réconciliation dans les esprits. Ce règlement politique l'inquiète. Il me parle souvent de la déclaration du G.P.R.F. du 24 mars 1945. Il y voit l'œuvre des bureaux de la « rue Oudinot » [...]. « Ils ne veulent entendre parler, me dit-il, ni d'indépendance, ni d'esprit national, ils nient l'existence d'une Nation, d'une Patrie vietnamienne, c'est inquiétant. »[8]

Le « dessein secret » du Général n'en demeurait pas moins d'actualité. Et même, dans les premiers jours de novembre, soudainement, les événements s'accélérèrent. Le 2, le prince télégraphiait à son ami Eugène Thébault, alors à Avranches, lui demandant de venir le voir d'urgence à Paris : il l'attendait à l'hôtel Littré[9]. C'était pour lui annoncer qu'on l'avait fait revenir d'Allemagne et qu'on avait commencé à évoquer son éventuel retour sur le trône d'Annam : « Ce projet, lui dit-il, était en l'air depuis quelque temps déjà [...], mais cela semble prendre corps et il semble bien qu'en haut lieu, on l'envisage sérieusement. » D'ailleurs, il s'amusait des gens qui, après l'avoir dédaigné, commençaient à lui faire des courbettes. Et il précisait que la question, au cabinet du Général, était suivie par le gouverneur de Langlade, un ancien d'Extrême-Orient[10], devenu gouverneur de Strasbourg. Sachant qu'Eugène Thébault était l'ami du prince en même temps que du gouverneur Capagorry, il souhaitait le rencontrer.

Eugène Thébault fut, peu après, reçu par le gouverneur de Langlade, au ministère, rue Saint-Dominique. Il en a laissé un long compte rendu :

> M. de Langlade me posa diverses questions relatives au prince Vinh San et je lui dis tout le bien que j'en pensais, toutes ses qualités d'intelligence et de cœur, sa culture, sa pondération, ses sentiments incontestablement profrançais, son désintéressement, son amour de notre idéal de liberté, de justice, de tolérance. Je fus aussi amené à parler de ses idées démocratiques et libérales, et je crus devoir ajouter : « Mais attention : si vous le replacez sur le trône d'Annam, vous aurez certes un partenaire loyal et sûr, mais ce ne sera pas un empereur soliveau : il voudra gouverner lui-même et décider lui-même. Il a l'étoffe d'un chef et il veut être un chef. Si vous voulez un empereur simplement pour le décorum et la façade, prenez-en un autre... » La conversation se poursuivit assez longtemps et, à la fin, le gouverneur général de Langlade me dit : « Vous avez été longtemps, et très récemment encore, chef de cabinet du gouverneur Capagorry. Puis-je considérer que ce que vous venez de me dire correspond à l'opinion du gouverneur Capagorry ? » Je répondis : « Je ne suis pas mandaté pour parler au nom du gouverneur Capagorry, et mes propos ne sauraient l'engager. Mais je puis vous affirmer avec force, étant son collaborateur immédiat et son ami et ayant souvent discuté avec lui de la question Vinh San, que son opinion est absolument conforme à la mienne et que, s'il était ici, il vous dirait exactement, mieux que j'ai pu le faire, les mêmes choses que je vous ai dites. »

Et Eugène Thébault de poursuivre : « Je revins deux fois le voir à Paris [le prince] : il me tenait au courant des multiples visites qu'il devait faire et recevoir, des gens qui commençaient à s'agiter autour de lui. Il considérait comme de plus en plus certain son retour en Indochine. »

Toutefois, à Paris, trois semaines après la rencontre Thébault-Langlade, rien n'avait progressé : « Nous traversons une crise ministérielle, écrivait le prince Vinh San, et comme le général de Gaulle, devant les exigences du Parti communiste, est à une minute de s'en aller, nous n'avons plus de ministère et nous attendons un peu dans le noir[11]. » Il est vrai que tous ces préliminaires étaient menés dans le plus grand secret. En dépit de ces lenteurs et incertitudes, le prince n'en restait pas moins confiant : « La France de 1940 ne peut pas démissionner. Elle ne démissionnera pas. »

La solution Vinh San vue d'Indochine

À Saïgon, l'amiral Thierry d'Argenlieu réfléchissait également à une solution Vinh San. Depuis quand ? Se situant fin décembre 1945, il écrira : « Or, au cours de ces investigations [comment régler le problème vietminh au Tonkin], ma pensée, depuis quelques semaines, se porte sur un personnage annamite éventuellement apte à se substituer au chef du Viet-Minh »[12], ce qui placerait le début de ces réflexions début décembre, voire fin novembre. Était-ce une idée vraiment personnelle ? Ou bien la conséquence d'une information qui lui avait été communiquée par le gouverneur de Langlade, secrétaire général du Cominindo (Comité interministériel pour l'Indochine), qui, « le premier, indiquera-t-il, le signalait par lettre personnelle à mon intention ». Car, poursuivra-t-il avec une pointe de dépit, « de ces contacts, je n'ai jamais été avisé par de Gaulle ». L'amiral aurait bien aimé être averti de tout cela par le Général lui-même ; n'avaient-ils pas pleine confiance l'un en l'autre ? Être mis au courant par un subordonné, n'était-ce pas quelque peu cavalier ? Mais il est vrai que la période était mouvementée.

Acquis, comme le Général, à l'idée d'une restauration monarchique en Annam, l'amiral cherchait à se renseigner sur la personnalité du prince. Jean de Raymond, inspecteur des colonies, son conseiller politique, le confortait dans l'idée que celui-ci était un homme de caractère, mais socialisant : « Vinh Sang [*sic*] est un prince "philosophe". Considéré par tous ceux qui l'ont connu comme un esprit curieux et cultivé, de genre autodidacte, il s'intéresse particulièrement à l'aspect social des questions politiques. Certainement idéaliste, il manifeste à la fois une haute opinion de la fonction royale et des tendances socialistes, humanitaires, très marquées[13]. » Le portrait était assez bien vu.

L'amiral, effectivement, s'était renseigné et avait parfaitement compris que cette solution Vinh San pouvait être intéressante, en une heure où la France cherchait désespérément une issue à la crise indochinoise qui ne passât pas par Ho Chi Minh :

> Dans les cercles annamites, l'on envisage, en marge du parti démocrate de Cochinchine, très francophile, de tendance séparatiste vis-à-vis de Tonkin et Annam, une solution moins vague du problème Ho Chi Minh. D'aucuns parlent volontiers de Duy Tan… En 1916, cet empereur de 17 ans, sous tutelle encore, fut déporté à La Réunion,

pour une escapade de jeune souverain épris de dissidence contre le Protectorat. Duy Tan n'a jamais cessé d'avoir des partisans, même sous le règne de Bao Daï. Bien des familles continuent à élever leurs enfants dans l'idée de son retour au pouvoir. Idée reprise par des Annamites l'ayant vu à La Réunion ou par des militaires revenant de la métropole [...]. En caractères chinois, Duy Tan signifie « Ère nouvelle », or le prince est le dernier représentant légitime de la branche aînée de la famille impériale : les Nguyen. Tel est le motif du préjugé favorable dont il jouit. Ce préjugé demeure valable, davantage même au lendemain de l'abdication fort piètre de Bao Daï à l'initiative de l'oncle Ho.

On notera, au passage, le peu de cas que l'amiral faisait de l'ex-empereur Bao Daï, parfaitement d'accord sur ce point avec de Gaulle. Si la France décidait de régler la question d'Indochine par un retour à une formule monarchique, mieux valait Duy Tan que Bao Daï.

Une note adressée par le haut-commissaire en Indochine au commandant des troupes à Hanoï résumait ainsi, le 29 décembre 1945, l'état de l'opinion publique en Cochinchine, concernant cette affaire Duy Tan :

> Il est à noter, pour mémoire, que cette affaire Duy Tan a transpiré probablement en France, certainement à Saïgon. Les notabilités cochinchinoises sont généralement hostiles à tout projet de monarchie ; celles qui sont alliées à Bao Daï sont hostiles au changement dynastique. Les milieux militaires français paraissent disposés à appuyer Duy Tan. La Loge serait assez réticente et a dû discuter sur ce point la position qui aurait été prise par les Loges de France[14].

Personnellement, Thierry d'Argenlieu, de Saïgon, suivait comme il pouvait les derniers développements de l'affaire :

Aspirant, lieutenant, commandant, il prend part avec la 14e division d'infanterie de la 1re armée à l'occupation de l'Allemagne. De là à le présenter, dans les on-dit de Saïgon, comme en contact, à Paris, avec le général de Gaulle, il n'y a qu'un pas. Il est vite franchi [...]. Le fait est qu'après la tragédie du 9 mars 1945, plusieurs milieux annamites tiennent le prince Duy Tan comme le « symbole de l'indépendance » et aujourd'hui comme « l'arbitre des partis ».

Toutefois, s'agirait-il d'une véritable restauration monarchique ou d'une sorte de régime présidentiel ? Et Thierry d'Argenlieu de poursuivre :

> S'il n'est pas, comme on le croit, vraiment désireux de remonter sur le trône, il ne pourrait le faire, selon ses tendances démocratiques et selon la formule à la mode, qu'en « prince-président », décidé bien sûr à conduire l'Annam à l'indépendance. Toutefois, chose importante, il accepterait en pareille hypothèse d'être guidé dans cette voie par la France[15].

Ces jugements ne correspondaient pas vraiment à ce que pensait le prince Vinh San, mais montraient que l'amiral suivait la question de très près.

Si le général de Gaulle ne semble pas avoir souhaité mettre l'amiral Thierry d'Argenlieu dans le secret du projet, il n'en demeure pas moins que ce dernier était en partie au courant de son évolution et que les idées des deux hommes coïncidaient largement quant à l'intérêt d'un plan Duy Tan. Mais on peut également comprendre l'amertume de l'amiral d'être ainsi laissé en dehors d'un projet qui revenait, à terme, à faire de l'empereur Duy Tan rétabli sur son trône, le symbole d'une souveraineté annamite, alors que lui-même avait été dépêché en Indochine par le Général pour y rétablir la souveraineté de la France.

Une rencontre historique

Le 14 décembre 1945, le général de Gaulle recevait enfin le prince Vinh San, ou plutôt l'ex-empereur Duy Tan. Pour l'occasion, celui-ci, pourtant, n'avait nullement revêtu une tunique annamite traditionnelle, comme à son arrivée à La Réunion, en 1916, mais bien son uniforme de commandant de l'armée française. Tout un symbole : ce n'était pas en ex-empereur d'Annam qu'il rencontrait le chef du gouvernement, mais bien en militaire rallié à la France libre[16].

Dans ses *Mémoires de guerre*, le général de Gaulle laissera de cette rencontre un compte rendu fort laconique : « Le 14 décembre, je le [reçus] pour voir avec lui, d'homme à homme, ce que nous pourrons faire ensemble. » Mais d'ajouter : « Quelles que soient les personnes avec qui mon gouvernement sera amené à conclure les accords, je projette d'aller moi-même les sceller en Indochine dans l'appareil le plus solennel, quand le moment sera venu. Nous sommes loin d'en être là. Le problème, pour le moment, est d'abord d'ordre militaire[17]. » C'est dire que dans l'esprit du Général, du moins à la lecture de ses *Mémoires*, il ne s'agissait rien de plus que de voir « ce que nous pourrons faire ensemble ». Ni plus, ni moins. Mais, bien évidemment, pas un engagement définitif.

Des années plus tard, le 23 septembre 1956, à Colombey-les-deux-Églises, l'amiral d'Argenlieu rencontrera le général de Gaulle, évoquera avec lui la question d'Indochine – les dernières troupes françaises y laissaient alors la place aux Américains – et abordera l'affaire Vinh San. Il rendra compte de cette conversation en ces termes :

> Le général de Gaulle, toujours au pouvoir [fin 1945], a connu personnellement à Paris ledit prince Vinh Sang [*sic*]. Dans sa mémoire, c'est lui-même qui aurait pris l'initiative de le faire venir dans la capitale. L'ancien empereur lui avait fait bonne impression. Il l'estimait pour avoir su, très jeune encore, tenir tête aux officiels français détenteurs de l'autorité locale à Hué pour lors. À cette heure, de Gaulle, président du Gouvernement provisoire, confiait secrètement à Vinh Sang une mission propre à remplir en Indochine. Sur place, il examinerait la situation avec soin aux fins de voir et de s'instruire parallèlement de ce que lui-même pourrait y faire. Il rendrait compte ensuite à de Gaulle. C'est donc comme « chargé de mission » par ce dernier qu'il se préparait à rallier Tananarive par voie aérienne fin décembre 1945[18].

Cette version de la rencontre du 14 décembre correspond tout à fait à ce que le Général rapportera dans ses Mémoires : « Voir ce que nous pourrons faire ensemble. » Thierry d'Argenlieu ajoutera : « examiner la situation » comme chargé de mission. Pourtant, il semble que ni l'un ni l'autre de ces deux textes ne reflète la véritable portée de cette rencontre. On comprend que le général de Gaulle, écrivant ses *Mémoires*, n'ait pas voulu insister sur un grand projet qui avait finalement avorté ; quant à l'amiral Thierry d'Argenlieu, il ne faisait que reprendre la version édulcorée que lui avait répétée de Gaulle. En fait, plusieurs indices semblent montrer que lors de cette rencontre du 14 décembre, la décision de restaurer le prince Vinh San sur le trône de ses ancêtres était bel et bien prise.

D'une part, rendant compte de cette rencontre, le Général ajoutait lui-même, on l'a noté : « Je projette d'aller moi-même sceller [les accords à venir] en Indochine dans l'appareil le plus solennel. » Comment imaginer un tel projet, déjà arrêté, alors qu'on en serait seulement au stade de l'envoi d'un « chargé de mission » ? Et cela, « dans l'appareil le plus solennel ». En réalité, le Général avait déjà pris sa décision de tenter de résoudre l'imbroglio politique d'Indochine par une décision spectaculaire : le rétablissement de l'empereur Duy Tan sur son trône, symbole d'un Vietnam libre au sein de l'Union française.

D'autre part, le jour même où il rencontra le général de Gaulle, le prince, après l'entrevue, lança un appel à son peuple, une sorte d'« appel du 18 juin » annamite :

> [...] En tant qu'ancien chef du pays et ayant été responsable de la Nation, j'ai choisi et je vous invite à me suivre dans ce choix. J'appelle les ouvriers, les paysans, les intellectuels à s'unir pour travailler à construire une nouvelle et grande Patrie [...].
>
> [...] Je demande aux hommes, aux femmes, aux garçons comme aux filles de penser que le moment n'est pas de mourir mais, au contraire, de vivre et de travailler farouchement pour construire l'édifice où s'abriteront l'unité et l'indépendance du Peuple annamite [...].
>
> [...] J'ai la certitude que la France, que le gouvernement français ont reconnu notre droit à l'indépendance et qu'ils n'attendent que la possibilité de le proclamer dès que le Pays d'Annam sera assez discipliné et assez tranquille pour signer des accords basés sur le respect des engagements et le principe de la solidarité mondiale [...].

[...] Nos réclamations doivent être faites avec cette tranquille fermeté qui est l'affirmation d'un droit imprescriptible. Elles doivent être :

1. La réunion de la Cochinchine, de l'Annam et du Tonkin sous le gouvernement d'un seul organisme central entièrement libre d'administrer et d'organiser son économie ;
2. Une aide économique largement conçue, permettant à cet organisme de créer une industrie qui apporterait à la population une augmentation de son niveau de vie ;
3. Que la France assure pendant un temps rigoureusement déterminé, la protection militaire de nos frontières afin de dégrever le Pays du souci de se construire une armée avant d'avoir les moyens de l'entretenir et de la renforcer ;
4. Que la France mette à la disposition de notre jeune Nation sa diplomatie afin d'assurer à nos relations extérieures l'appui de sa diplomatie et des moyens qu'elle a de soutenir cette diplomatie[19].

C'était là un programme dans la plus pure tradition du réformisme annamite, en partie hérité du réformisme chinois de la fin du XIXe siècle, mais aussi du mouvement moderniste annamite du début du XXe, le fameux *Hoi Duy Tan*. L'indépendance, l'unité, la souveraineté, mais aussi la coopération avec la France pour faire du nouvel État vietnamien un État moderne. « Annamite et Français » : Annamite pour ce qui était de l'indépendance, de l'unité, de la souveraineté, Français pour ce qui était de la modernisation et de l'aide vers cet objectif à atteindre pacifiquement. Tout cela correspondait parfaitement à l'idée que le général de Gaulle se faisait de l'avenir de l'Indochine et d'autres territoires de l'Empire. L'avenir le montrera : la souveraineté de la France, puis l'Union française et enfin la Communauté.

Comment imaginer que le prince Vinh San ait osé, ce même 14 décembre où il était reçu par le général de Gaulle, faire une telle proclamation, s'il n'avait été assuré, à la suite de cette rencontre, de « rentrer dans ses États » accompagnés de ce dernier. Non seulement, la décision était prise, mais peut-être l'était-elle avant même la rencontre, celle-ci n'ayant pour véritable objet, du point de vue du général de Gaulle, que de faire personnellement la connaissance du prince Vinh San.

L'impression que retira le prince Vinh San de son entretien du 14 décembre avec le Général – l'appel lancé le jour même en était la preuve – était clairement celle d'un accord complet et non d'une simple prise de contact. De longue date, admiratif de l'homme du 18 Juin, il avait été littéralement fasciné par ce dernier, lors de cette conversation : « Après avoir sauvé la France, il va sauver l'Indochine ! » Dès le 16, il en rendit compte à son ami Eugène Thébault, revenu à Paris pour l'occasion. Celui-ci trouvait un « Vinh San sanglé dans une belle tenue à quatre galons. Il logeait maintenant à l'hôtel du Louvre, en face du Théâtre français[20] » :

> « Donc, c'est fait, c'est décidé, le gouvernement français me replace sur le trône d'Annam. De Gaulle m'y accompagnera lorsque je retournerai là-bas. Quand ? De Gaulle envisage les premiers jours de mars. D'ici là, on va préparer l'opinion, tant française et internationale qu'indochinoise. En outre, il faut mettre sur pied une série d'accords à passer entre les deux gouvernements. » Puis, il m'affirma que de Gaulle et lui étaient tombés assez vite d'accord sur les points essentiels, et notamment sur la question de la réunion des trois Ky. De Gaulle, sans l'accepter formellement, semblait y être favorable : « Il

y viendra nécessairement, me dit Vinh San. Oh ! Vous souriez, mais vous savez très bien que, sur ce point-là, je ne céderai pas. Je préférerais rentrer chez moi, à La Réunion ! » Autonomie, la plus large possible et sans ingérence de la France dans les affaires intérieures, mais cependant coopération la plus poussée possible : « Il faut que je rassure les capitaux français et qu'ils viennent nous dépanner ! » Et puis alliance très étroite avec la France, militaire et diplomatique. « Tout cela est décidé, accepté dans les grandes lignes », me disait-il. « Demain, à Hué, à Hanoï, à Saïgon, deux drapeaux flotteront côte à côte, celui de la France, avec les trois couleurs, et celui du Viêt Nam, avec ses trois barres, symbolisant ses trois Ky. » Je lui parlais de ce point de son programme par lequel il confiait à la France la défense et la diplomatie de son pays. N'était-ce pas aliéner son indépendance ? « Non, me dit-il, car ces attributs de notre souveraineté nous restent dans leur principe : c'est seulement l'exercice qui en est délégué et temporairement seulement à la France. Mais une armée, une flotte, une aviation de guerre, tout cela coûte cher, très cher. Il faudrait que j'y consacre des milliards : or mon pauvre pays est ruiné, exsangue. Tout est à refaire là-bas ! Et je ne puis pas, je ne veux pas écraser le pauvre nhaqué sous les impôts. J'aime mieux dépenser mon argent à bâtir des écoles, des hôpitaux, des routes, des ponts, des digues que de le consacrer à faire parader quelques milliers de soldats et d'aviateurs. La France fera tout cela à notre place, mais en notre nom. Non ! Avec la France, je considère que l'indépendance de mon pays n'est pas compromise par cette délégation. D'ailleurs, tout sera précisé dans les accords que nous signerons. Et puis, en fait, l'armée sera composée essentiellement de soldats et même d'officiers vietnamiens, mais sous la direction d'officiers français [...]. » Je me souviens que, au cours de la soirée, ayant fait allusion à quelque cérémonie possible d'intronisation, Vinh San m'interrompit brusquement et me dit : « Mon cher ami, il n'y a lieu ni à investiture, ni à intronisation, ni à un sacre quelconque : je n'ai jamais abdiqué et je suis toujours, légalement, l'empereur. Je rentre chez moi. C'est tout ! Je reprends mon fauteuil, comme si je revenais de voyage. »

De ces conversations, Eugène Thébault tira l'impression que cette rencontre, effectivement, avait quasiment tout réglé, au moins quant aux principes :

> Pour l'un comme pour l'autre, l'heure n'était pas aux discussions secondaires, aux marchandages. De Gaulle voulait avant tout juger l'homme qu'on lui présentait comme capable de résoudre l'imbroglio indochinois. Il verrait ensuite comment il lui ferait admettre ses idées. Pour Vinh San, l'essentiel était de reprendre sa place dans son pays, sur un trône qu'il n'avait jamais abandonné. L'un comme l'autre espéraient parvenir à se convaincre mutuellement ou tout au moins à s'entendre. Et puis, l'essentiel ne consistait-il pas, pour la France, à reprendre sa place en Indochine et, pour Vinh San, à y ramener la paix et la prospérité ?

Après sa rencontre avec le Général, le commandant de Boissieu, lui aussi, revit le prince et lui posa également quelques questions, par exemple si le fait de rentrer au Vietnam avec le général de Gaulle ne le gênait pas. La réponse fut identique :

> Mais je n'ai besoin ni d'investiture ni d'intronisation, je suis légalement l'empereur. Je n'ai pas abdiqué. Je rentre chez moi avec le général de Gaulle. Exactement comme il est rentré chez lui à Bayeux. Mais c'est un honneur pour moi d'accomplir ce geste à ses côtés. D'ailleurs tout cela sera sanctionné par une consultation populaire, si les

Indochinois ne veulent plus d'empereur, on changera la Constitution[21].

Curieuse remarque, curieuse ambiguïté. Boissieu avait-il bien entendu « Indochinois » ? Le prince n'imaginerait-il pas une Indochine dont il serait empereur, y compris les deux royaumes du Cambodge et du Laos ? Dans son « Testament politique », il évoquait déjà un « État annamite autonome, fédéré à deux États protégés », Cambodge et Laos, traditionnelle conception de l'organisation régionale chez les Annamites. Un quart de siècle plus tard, Hanoï, après 1975, ayant réunifié le Viêtnam, reviendra à une idée très comparable.

Le 17 décembre, le prince et Eugène Thébault se retrouvèrent à nouveau, et dînèrent ensemble, à la brasserie Lipp, à Saint-Germain-des-Prés : « Il me parla à nouveau de De Gaulle [...]. Il me parla aussi de Leclerc pour lequel il professait une grande admiration. Et tout ce récit ressortait émaillé de réflexions amusantes, de petites notations souvent pleines d'humour, lorsqu'il imitait, par exemple, la voix et les gestes de De Gaulle. »

Deux conclusions majeures étaient à tirer de ces confidences du prince Vinh San à Eugène Thébault, au lendemain de sa rencontre avec le Général. D'une part, comme on le constate, pour le prince, tout était réglé, au moins dans le principe. C'était probablement aller un peu vite et un peu loin. En particulier, dès cette date, le général de Gaulle aurait admis la réunification du Viêtnam, c'est-à-dire le rattachement de la Cochinchine française à l'Annam et au Tonkin ? Il était très probablement convaincu qu'il faudrait, un jour, restaurer l'unité du Viêtnam, mais aussi que cela ne pourrait intervenir qu'à l'issue d'une période de transition, et non dans l'immédiat, au début de 1946. D'autre part, l'optimisme et même l'inconscience du prince étaient flagrants. Plus de communistes, plus de Viêtminh, plus de République démocratique ! D'un coup, du seul fait de son retour au pays, tout le monde allait se rallier au régime monarchique et à l'empereur de 1916, parti « en voyage » ! « Je reprends mon fauteuil » : peut-être était-ce très gaullien. Tout comme la France s'était transportée à Londres et Alger, puis rétablie à Paris, l'État français de Vichy étant considéré comme nul et non avenu, l'empire d'Annam s'était un temps transporté à Saint-Denis de La Réunion, puis allait revenir s'installer à Hué, les règnes des empereurs Khai Dinh et Bao Daï, puis le Viêtnam des Nippons et enfin la République démocratique des communistes étant considérés comme nuls et non avenus.

Tout cela était quelque peu irréaliste ; au fond, ces propos étaient ceux d'un idéaliste, plus que d'un homme politique. Mais il est vrai que dans les milieux gaullistes, on attendait beaucoup de la solution Vinh San. Le gouverneur de Langlade n'hésitera pas, beaucoup plus tard, à écrire au général de Boissieu : « Les deux guerres d'Indochine, la française et l'américaine, n'auraient pas eu lieu si le général de Gaulle avait pu rester au pouvoir en 1946 et après. » Mais il ajoutera aussi : « Je crois profondément que le testament du prince Vinh San ne pouvait être qu'une étape plus ou moins longue vers l'indépendance et l'unification des trois *ky*, que le Général acceptait[22]. » De son côté, l'amiral Thierry d'Argenlieu, à Saïgon, se montrait également optimiste. Un de ses derniers télégrammes envoyés à Paris, concernant le retour du prince, affirmait : « Le prince dispose de soutiens importants, en particulier les Dao Xen[23]. Des sections sont établies en province, elles font circuler les prophéties de Tan Trinh, les Nguyen reviendront et une ère nouvelle commencera. Duy Tan est l'ère nouvelle[24]. » Toutefois, on peut aussi méditer cette remarque de Philippe Franchini, dans son livre *Les Guerres d'Indochine* : « Alternative traditionaliste aux révolutionnaires de Hanoï, il reste néanmoins à savoir dans quelle mesure ce prince quelque peu oublié, sauf par les milieux monarchistes qui contestent la légitimité de Bao Daï et de la branche cadette des Nguyen, sera capable de s'imposer dans un pays qu'il a quitté vingt-neuf ans plus tôt[25]. » Et en France, le nouveau gouvernement présidé par le général de Gaulle depuis novembre, comptant des ministres socialistes et communistes, accepterait-il la restauration d'un ancien monarque comme solution à la crise d'Indochine ?

Préparatifs militaires

Ce même 14 décembre 1945, jour de la rencontre entre le général de Gaulle et le prince Vinh San, « à Saïgon, le général Leclerc, écrira plus tard le colonel Maurice Rives, a ordonné le regroupement d'une centaine de militaires d'origine annamite dont les lieutenants Le Van Kim et Tran Van Don. Le commando, après avoir reçu une instruction parachutiste, aura pour mission de sauter sur Hué afin d'y préparer le retour de Duy Tan[26] ». Cette information est importante à plus d'un titre. D'une part, mais ce n'est pas l'essentiel, elle infirme le fait, souvent répété, que même le général Leclerc n'était pas au courant du « dessein secret » du général de Gaulle[27]. D'ailleurs, souvenons-nous que dès mars 1945, le général de Gaulle avait bien précisé à

Boissieu que ce projet Duy Tan devait rester strictement secret, mais pouvait néanmoins être communiqué au général Leclerc. D'autre part, si la date est exacte, cela signifierait que la décision de cette opération, compte tenu des délais de transmission, avait été prise, à Paris, avant même la rencontre du 14 décembre, réduisant ainsi cette dernière à une simple rencontre formelle, la mise en œuvre du projet étant déjà initiée. De son côté, Philippe Devillers se souviendra avoir entendu parler de cette opération avant la mi-décembre : « Au début décembre 1945, j'ai rencontré au fond d'une caserne de Saïgon un certain commandant Lang [*alias* Dinh Ngo Hang], qui était parachutiste. Il m'a parlé de Vinh San en me disant qu'il y avait un plan le concernant et que peut-être un prince vietnamien allait revenir sur la scène d'une façon inattendue[28]. » L'ordre semble donc bien avoir été donné dès avant la rencontre du prince avec le Général.

C'est un fait que si le prince Vinh San devait rentrer dans son pays, ce ne pourrait être que par Hué, la capitale de tous les empereurs de la dynastie des Nguyen et sa propre capitale, d'où il avait régné, de 1907 à 1916. Et s'il projetait de s'adresser à son peuple, accompagné du général de Gaulle ou non, ce ne pourrait être que de la Cité impériale. Mais, en décembre 1945, à Paris, se rendait-on bien compte de la situation dans laquelle se trouvait la ville de Hué et sa Cité impériale ? Très vite, après la révolution d'Août, le Vietminh, c'est-à-dire les communistes, avait pris le contrôle de Hué. Les Français s'étaient retrouvés assiégés dans leur quartier. Les femmes des militaires emprisonnés par les Japonais après le coup du 9 mars, s'étaient réfugiées à La Providence, chez les pères des Missions étrangères, tandis que leurs maris croupissaient dans les prisons de la Cité interdite, quand ils n'y étaient pas torturés. Chaque nuit, des coups de feu retentissaient, les manifestations antifrançaises se multipliaient, les disparitions et les exécutions aussi. De plus, une famine épouvantable s'était abattue sur le pays, à Hué comme ailleurs. En décembre 1945, telle était toujours la situation.

La situation de la famille impériale, à Hué, n'était guère plus enviable. Alors que l'ex-empereur Bao Daï, après son abdication du 25 août, avait choisi d'accepter la proposition du nouveau gouvernement communiste de devenir son « conseiller suprême » et de le rejoindre à Hanoï, son épouse, l'ex-impératrice Nam Phuong, et ses enfants avaient dû quitter le palais impérial occupé par le Vietminh. Ils avaient été transférés au palais Anh Dinh, de l'autre côté de la rivière des Parfums, en bordure du quartier européen. Le commissaire politique du Vietminh, chargé de leur sécurité, était aussi, évidemment, leur geôlier. Un des rares à s'en être préoccupé avait été l'amiral Thierry d'Argenlieu qui, dans un télégramme du 9 octobre, alertait Saïgon – il était encore en Inde à cette date – sur le danger que courait l'impératrice et l'intérêt qu'il y aurait à la faire venir dans le Sud[29]. Mais comment ? Militairement, les autorités françaises de Saïgon, faute de moyens, étaient dans l'impossibilité totale d'agir en ce sens. On serait donc impuissant à protéger le prince Vinh San comme on l'était à protéger l'impératrice Nam Phuong.

C'est dire, au vu de cette situation, que si le prince Vinh San voulait rentrer à Hué, il y avait beaucoup à faire pour sécuriser sa venue, et éventuellement, celle du général de Gaulle. D'où la décision de créer un commando d'une centaine d'hommes, préalablement chargé d'éliminer les forces vietminh qui occupaient la ville et la Cité impériale. D'ailleurs, y suffirait-il ?

Ce commando était placé sous les ordres de deux lieutenants franco-annamites : Le Van Kim et Tran Van Don[30], attachés l'un à l'autre par des liens de famille. Le Van Kim, élevé à Marseille à partir de douze ans, avait commencé dans le cinéma avec Marcel Pagnol ; appelé sous les drapeaux en 1939, il se retrouvait lieutenant en Indochine en 1945[31] ; il était le beau-frère de Tran Van Don. Ce dernier, quant à lui, appartenant à une riche famille de propriétaires terriens de Cochinchine, fils d'un des premiers médecins annamites formés en France, né à Bordeaux, était de nationalité française et ancien de Saint-Maixent[32] ; après avoir rejoint, en Indochine, les troupes françaises du général Alessandri qu'il avait suivies en Chine, il avait été affecté au cabinet du général Leclerc. C'est alors qu'il fut sélectionné pour rejoindre le commando chargé de l'opération Duy Tan. La création de ce groupe montrait clairement que la décision de replacer l'ex-empereur sur le trône était définitivement arrêtée.

Bien des années plus tard, le lieutenant Tran Van Don, devenu général, fera mention, dans ses Mémoires, de cette mission secrète. Selon ce dernier, ce serait le général de Gaulle lui-même qui aurait confié au lieutenant Jacques Bousquet le soin d'organiser, au moins sur le plan militaire, le retour du prince Vinh San en Indochine : « C'est de Gaulle en personne qui autorisa Jean Sainteny à ramener l'empereur Duy Tan au Viêtnam. Il envoya à Saïgon un lieutenant français, du nom de Bousquet, pour le représenter personnellement [le prince Vinh San] et mettre en œuvre le projet. » Tout cela est très embrouillé et passablement erroné, Jean Sainteny n'ayant jamais été impliqué dans cette affaire, semble-t-il[33], et bien sûr, il ne fut jamais question d'un retour du prince Vinh San en Indochine, accompagné de Sainteny. En revanche, que Bousquet ait joué un rôle dans cette affaire n'est nullement impossible. Toutefois, la suite du commentaire de Tran Van Don est plus intéressante et surtout plus fiable, car concernant directement son auteur :

> Mon supérieur, le lieutenant-colonel Trocard[34], nous présenta, Le Van Kim et moi, à Bousquet. Son plan comportait un raid éclair contre Hué, la cité impériale du centre du Viêtnam. Un commando de cent hommes serait parachuté sur la ville, avec la mission de s'en emparer. Parallèlement, un conseil de notables se formerait pour exiger le retour du roi, au nom de la population qui se souvenait de Duy Tan comme d'un grand patriote [...]. À Saïgon, nous avions commencé à nous entraîner pour le raid, avec les unités de commando. Notre enthousiasme était sans bornes. Nous pensions que c'était une bonne solution de compromis qui nous permettrait d'obtenir l'indépendance dans le cadre de l'Union française[35].

Enfin, Tran Van Don précisait indirectement la date de l'opération : « Le 20 décembre 1945, environ trois semaines avant la date prévue pour le raid, Duy Tan rencontra à Paris un ami français [Eugène Thébault], etc. », ce qui correspond à la date du 10 janvier 1946 environ. Ainsi, trois mois plus tard, début mars, l'empereur Duy Tan, accompagné du général de Gaulle, pourrait entrer dans une ville de Hué libérée du siège vietminh et contrôlée par l'armée française[36].

Voilà pour l'aspect militaire du projet, mais était-ce le plus difficile ? Car il faudrait aussi procéder à une préparation politique qui s'avérerait autrement plus délicate. « Constituer un conseil de notables » afin d'« exiger le retour du roi » serait probablement chose facile, tant l'ex-empereur Bao Daï avait d'ennemis à la Cour.

Le cas de l'ex-impératrice Nam Phuong serait peut-être plus délicat, car elle était assez appréciée de la population, en particulier dans les milieux catholiques. Mais Bao Daï n'avait-il pas abdiqué et, qui plus est, rejoint les communistes ? Quant à l'ex-impératrice Nam Phuong, ne venait-elle pas d'écrire une lettre ouverte, le 18 novembre, dans laquelle elle déclarait que « le Vietnam s'est libéré du joug des impérialistes français et japonais », dénonçant « la cupidité d'un groupement de colonialistes français »[37] ? Pour le général de Gaulle, et peut-être aussi pour le prince Vinh San, c'en était assez pour écarter définitivement le couple ex-impérial. Sans parler des antimonarchistes, resterait à imposer l'empereur restauré face au gouvernement communiste de Hanoï : là était tout l'enjeu de l'opération et, de très loin, son aspect le plus incertain. 1945 n'était pas 1944, Vinh San n'était pas de Gaulle et ni Hué ni Hanoï n'étaient Bayeux.

Vinh San et Sidi Mohammed ben Youssef

L'affaire Vinh San projette une lumière assez surprenante sur la politique de décolonisation du général de Gaulle. Connaissant peu de choses de la vie du prince[38], ainsi avait-il décidé, probablement même avant de l'avoir rencontré et d'avoir pu le juger d'homme à homme, de rétablir sur son trône un monarque qui avait conspiré contre la France. Étrange décision.

En fait, pas vraiment étrange, ni même isolée. Voyez par exemple, le cas du sultan du Maroc, Sidi Mohammed ben Youssef, le futur roi Mohammed V. Lui aussi choisi par la France coloniale comme sultan de l'Empire chérifien en 1927, il n'avait jamais dissimulé, comme le prince Vinh San, ses visées indépendantistes. Mais lorsqu'était survenue la défaite de 1940, tandis que le prince Vinh San cherchait à établir des contacts TSF avec les postes gaullistes environnants, le sultan, quant à lui, déclarait : « Nous sommes les amis de la France [...]. Que le Gouvernement français se rassure pour ce qui concerne le Maroc[39]. » En 1943, il reconnaissait officiellement le Comité français de libération nationale, ancêtre du Gouvernement provisoire de la République française, alors qu'à La Réunion, Vinh San, l'année précédente, s'était engagé dans les Forces navales de la France libre. Face à la pression du parti de l'Istiqlal, fondé en 1943, et à son manifeste en faveur de l'indépendance du 11 janvier 1944, le sultan, pourtant partisan affiché de cette indépendance marocaine, répondit par un communiqué officiel : « Le sultan tient à ce que l'évolution du Maroc se développe dans le cadre de l'amitié française et le respect des traités. » La déclaration du prince Vinh San du 29 août 1944 lui faisait directement écho : « Moi, prince Vinh San, descendant direct de l'empereur Gia Long, fondateur de l'empire d'Annam, je déclare que l'Indochine et particulièrement peuple annamite est lié à la France par un contrat que son honneur et son intérêt lui commandent maintenir intact. » Finalement, en juin 1945, le sultan, champion de l'indépendance de son Empire chérifien, fut reçu en France avec tous les honneurs : le 18 juin, il était fait Compagnon de la Libération par le général de Gaulle. Ce dernier déclarera des années plus tard que sa politique marocaine, dans le cadre français, était la suivante : « Il y aurait d'abord autonomie interne, ensuite l'indépendance. Le sultan était d'accord[40]. » C'était avec ce sultan nationaliste qu'il fallait construire le futur Maroc indépendant, si l'on voulait le maintenir proche de la France. Le 29 octobre suivant, un décret faisait de Duy Tan, champion de l'indépendance de son Empire annamite dans le cadre français, un chef de bataillon de l'armée française ; le 14 décembre, il était reçu par le général de Gaulle. C'était avec cet ex-empereur nationaliste qu'il fallait construire le futur Vietnam indépendant, si l'on voulait le maintenir proche de la France.

L'affaire Vinh San ne résultait pas d'une étrange décision ; elle était un des pans de la politique de décolonisation du général de Gaulle. Ce qui comptait avant tout à ses yeux, ce n'était pas tant le passé nationaliste d'un Sidi Mohammed ou d'un Duy Tan, c'était leur aptitude à conduire la décolonisation de leurs États en accord avec la France. L'idée d'une Union française forgée par l'Histoire, capable de se forger un avenir indépendant[41].

10

« Vraiment, la France n'a pas de chance »

Ne devant réapparaître sur la scène indochinoise qu'en mars 1946, le prince avait deux ou trois mois devant lui pour régler ses affaires personnelles à La Réunion. Lors du dîner du 17 décembre chez Lipp, il s'en expliqua à Eugène Thébault. Quelques jours plus tôt, sa dernière compagne, Ernestine Maillot, lui avait donné une fille, prénommée Andrée, et il souhaitait la voir. De plus, il ne pouvait partir vers l'Annam sans revoir ses autres enfants – « Quand et comment pourrai-je les revoir ? » – sans régler ses affaires à Saint-Denis, sans saluer, une dernière fois, ses amis, tous ceux qui l'avaient aidé durant les années de guerre. Ensuite, il reviendrait à Paris, pour se préparer à son départ vers l'Indochine, en compagnie du Général.

S'en étant ouvert au cabinet du Général, on lui donna un ordre de mission pour éviter les frais du voyage. Le départ fut fixé au 24 décembre, sur la ligne régulière Paris-Madagascar, *via* Alger, du Réseau des lignes aériennes françaises, ces lignes créées par le colonel de Marmier qui assuraient le trafic aérien tant civil que militaire durant la guerre et l'immédiat après-guerre, au départ de l'aérodrome du Bourget. Le colonel Lionel de Marmier, héros des forces aériennes de la France libre, avait d'ailleurs disparu le 30 décembre 1944, sur le vol Alger-Paris, dans des conditions qui n'avaient jamais été élucidées. Le prince, quant à lui, s'embarqua comme prévu, le 24 décembre. L'avion était un appareil américain Lockheed Lodester, le même type que celui sur lequel avait pris place Marmier, exactement un an plus tôt ; l'équipage était composé d'un commandant et de deux lieutenants. Il n'y avait, outre le prince lui-même, que cinq passagers, un autre militaire et quatre civils, dont une femme. L'escale d'Alger se passa normalement. C'était le jour de Noël. Puis, le 26, l'avion reprit son vol vers Fort-Lamy[1], où il fit escale. De là, à 13 h 50, il repartit à destination de Bangui, l'étape suivante, l'autonomie de vol de ces avions étant très limitée.

La catastrophe

À 18 h 30, ce fut la catastrophe. Le rapport officiel décrivait ainsi le drame :

> Le 26 décembre 1945[2], vers 18 h 30 GMT, près du village de Bossako, subdivision de M'Baiki, département de la Lobaye, territoire de l'Oubangui-Chari. En fin de vol, le pilote, persuadé d'être dans la région de Bangui, parcourt de long en large une zone comprise entre 50 et 200 kilomètres à l'ouest de cette ville, à la recherche de l'aérodrome. Ne trouvant pas le terrain sur lequel il devait se poser, et constatant qu'il ne lui reste que quelques minutes d'essence, il décide de remonter vers le nord, où la forêt est moins dense, afin d'y faire un atterrissage

forcé. Volant à basse altitude, il aperçoit alors une clairière dans le faisceau de son projecteur, et la longe, mais en raison de la brume rendue plus dense par la fumée des feux de brousse, accroche malheureusement des arbres qui recouvrent le sommet d'une colline d'une hauteur d'environ 200 mètres. L'appareil fut totalement détruit, et il n'y eut aucun survivant. La montre du bord, retrouvée dans les épaves, indiquait 6 h 30, soit 18 h 30 que l'on peut tenir pour celle de l'accident[3].

L'épopée du prince Vinh San, ex-empereur Duy Tan, s'achevait ainsi, le lendemain de Noël 1945, dans les flammes, au milieu de la brousse de l'Oubangui-Chari[4]. Une équipe de secours avait été immédiatement dépêchée sur les lieux ; elle comprenait un missionnaire français – le père Loeb – de la mission catholique du Saint-Esprit, à M'Baiki, la localité de quelque importance la plus proche. Les corps furent identifiés : c'est lors de cette opération que le missionnaire remarqua que le prince Vinh San tenait un chapelet dans ses mains. Puis après une cérémonie religieuse, ils furent inhumés dans le cimetière de la mission. Par la suite, les missionnaires feront édifier pour le prince une tombe sur laquelle sera scellée une plaque de métal portant l'inscription qu'il avait souhaitée : « J'ai conscience d'avoir servi la France comme j'ai servi mon propre pays. »

Paris apprit la catastrophe dès le 27 décembre. Ce fut Gaston Palewski, directeur de cabinet du Général, qui lui fit part de la nouvelle. Pour tout commentaire, il entendit seulement de Gaulle murmurer : « Vraiment, la France n'a pas de chance[5] ! » Le soir même, lors d'un dîner chez le Général, à la villa de Neuilly, celui-ci répéta la même phrase au commandant de Boissieu, fiancé à Élisabeth, la fille du Général, qu'il allait épouser une semaine plus tard : « La France n'a pas de chance en ce moment. Cette mort du prince nous prive d'une carte maîtresse en Indochine. » Le Général « ajouta qu'il avait donné des instructions très rigoureuses pour qu'une enquête approfondie soit faite sur cet “accident”. En prononçant ce mot, il fit une moue qui en disait long sur ses soupçons[6] ». Cette enquête fut confiée au lieutenant-colonel Pierre Tassin de Saint-Péreuse[7] : elle conclut à l'insuffisance des aides radio à la navigation[8].

Un sabotage anglais ?

Quant à la moue du Général, elle visait probablement les Anglais en lesquels il n'avait aucune confiance. N'avait-il pas écrit au général Leclerc, trois mois plus tôt, lorsque ce dernier était parti pour l'Indochine : « Je n'ai aucune confiance dans les Anglais ; ils prennent et gardent une attitude hypocrite. Ils cherchent avec acharnement à nous créer des complications [...]. Ils sont enchantés de se présenter en Indochine comme les forts, et les dirigeants, avec des Français dans leurs bagages[9]. »

Eugène Thébault, quant à lui, découvrit le drame en lisant son journal. Immédiatement, dans son esprit, surgit l'hypothèse de l'attentat. Le témoignage de Thébault est assez troublant. Lors de son dernier dîner, à la Brasserie Lipp, le 17 décembre, le prince Vinh San lui avait paru extrêmement inquiet :

> Je vais donc retourner en Indochine, peut-être pour y recevoir une bombe ou un coup de poignard. Que voulez-vous ! Chacun a son destin, et l'on n'y échappe pas : le poignard, la balle ou la bombe, c'est le destin des princes !

J'envisage cette perspective sans peur et sans effroi. Le jour où je tomberai ainsi, j'aurai accompli mon destin, et, en tous les cas, j'aurai fait mon devoir, celui que ma naissance m'a imposé, j'aurai fait ce pour quoi je suis prince. Mais je ne me déroberai pas.

Puis il ajouta, regardant fixement son ami dans les yeux : « Vois-tu, mon vieux Thébault, quelque chose me dit que je ne régnerai pas. » « Par exemple, savez-vous que l'Angleterre est opposée à mon retour en Annam ? Oh ! On ne me l'a pas envoyé dire : on m'a bel et bien offert trente millions si je renonçais à ce projet. » Et Eugène Thébault d'ajouter : « J'affirme sur l'honneur que Vinh San m'a tenu [ce propos], le soir du 17 décembre 1945[10]. » Et pourquoi, quelques mois plus tôt, avoir intitulé « Testament », son projet politique ?

Bien sûr, il pouvait tout simplement s'agir d'un malheureux accident. Ce n'était d'ailleurs pas le premier sur cette même ligne. Peu de temps auparavant, un autre avion, assurant la liaison dans le sens Madagascar-Paris, s'était également écrasé en Afrique. Il transportait Mme de Saint-Mart, épouse du gouverneur général de Madagascar, laquelle, paraît-il, convoyait vers la métropole une importante somme d'argent en numéraire et pierres précieuses, destinée à une association de bienfaisance dont elle était présidente. Saint-Mart, sitôt la catastrophe connue, avait envoyé son aide de camp sur les lieux : l'avion le transportant s'écrasa, lui aussi, en Afrique[11]. Loi des séries : l'avion du prince Vinh San était le troisième.

Eugène Thébault chercha à comprendre :

Nous avons pu savoir qu'il était difficile au pilote, dans la nuit tombante (et la nuit vient très rapidement dans cette région proche de l'Équateur) de trouver l'aérodrome de Bangui qui, à cette époque, n'était pas encore balisé, n'ayant pas de courant électrique. Il était donc extrêmement dangereux de laisser partir de Fort-Lamy, pour aller à Bangui, un avion qui ne pouvait arriver sur cette ville qu'aux approches de la nuit ! D'autre part, il semble bien que le pilote ait pris la rivière de Lobaye pour l'Oubangui, mais il faut croire alors, ou bien que les instruments du bord étaient déréglés, ou que le pilote avait perdu toute orientation [...]. Outre le fait qu'il était, paraît-il, imprudent de laisser partir cet avion de Fort-Lamy à 13 h 50 pour arriver à Bangui à la nuit tombante, on s'étonne que toutes les radios aient été muettes, aussi bien celle de l'avion que celle de l'aéroport de Bangui qui devait être prévenu et attendait probablement cet avion. Et comment le pilote s'est-il trouvé tout à coup à court d'essence ? Avait-il reçu, au départ, une provision d'essence suffisante[12] ?

Le lieutenant-colonel H. Salel précisera, pour sa part :

Le chef d'escale [à Fort-Lamy] déconseille le départ, mais le pilote aurait répondu : « Je connais bien la ligne, en 3 heures, je serai à Bangui. » Hélas ! Un vent fort debout le retarde, il perd la direction goniométrique et en rend compte à 17 h 50 ; puis, de nouveau perd la direction et indique qu'il cherche une clairière pour atterrir. À 18 h 21, silence[13].

En 1963, Étienne Boulé et Duong Van Sa, deux amis très proches du prince, monteront une pièce de théâtre, au lycée Colbert, à Paris, relatant la vie du prince Vinh San. Étienne Boulé n'hésitera pas à écrire en conclusion : « De même qu'on peut s'interroger sur le mystère de la mort du clairvoyant général Leclerc [deux ans plus tard, en 1947], une question reste posée : qui a tué le prince Vinh San ? Je crois le savoir ou, plus exactement, le supposer. C'est le secret de ma vie. Et il pèse lourd. Il ne sera révélé qu'après ma mort[14]. » Malheureusement, Étienne Boulé mourut sans qu'on ait la clef du mystère.

Qui aurait eu intérêt à cette disparition ? Sur le plan international, les Américains et les Chinois étaient très opposés au retour des Français en Indochine, mais à aucun moment, les commentaires de l'époque ne les mirent en cause. En revanche, l'hypothèse qui revenait le plus souvent était celle d'un sabotage par les Anglais : c'était celle de De Gaulle. Évoquant la proposition des trente millions qui lui avait été faite par les Anglais et qu'il avait répétée à Eugène Thébault le 17 décembre, le prince Vinh San avait même ajouté une explication : « Elle [la Grande-Bretagne] craint que l'indépendance du Viêtnam n'entraîne la chute de l'empire des Indes[15]. » L'explication était surprenante, dans la mesure où les Britanniques s'étaient montrés très coopératifs avec les troupes du général Leclerc qu'ils avaient transportées d'Europe à Saïgon et auxquelles ils avaient transmis la charge du rétablissement de l'ordre en Cochinchine sans aucune difficulté. Il n'en demeure pas moins que pour les tenants de la thèse du sabotage, c'était la Grande-Bretagne qui en était responsable. Dans ses Mémoires, le lieutenant Tran Van Don, l'homme des commandos prévus pour sauter sur Hué, reviendra sur ces hypothèses :

> Le bruit courut que l'accident était l'œuvre des services d'espionnage britannique ou soviétique, mais je ne suis pas en mesure de le confirmer. Cependant, il est évident que l'accession au pouvoir de Duy Tan dans une ancienne colonie française aurait pu se révéler embarrassante pour

les Britanniques, qui tentaient de préserver leurs structures coloniales contre les divers mouvements nationalistes[16]. Les Soviétiques avaient sans doute également intérêt à faire capoter le plan des Français, dont la réussite aurait causé de sérieuses difficultés à Ho Chi Minh[17].

Mais jamais aucune preuve de ces éventuelles responsabilités n'a été fournie.

Rarement, parmi toutes ces hypothèses, on faisait allusion à d'éventuelles responsabilités françaises, hormis celle des communistes. C'est pourtant une règle en matière d'enquêtes policières : aucune piste ne saurait être exclue. Or, dans l'affaire Vinh San, la rivalité entre les ministères de la Guerre et des Colonies avait été on ne peut plus nette : les Colonies ne voulaient pas du retour du prince en Indochine. Les « réticences » du ministère des Colonies ne dissimulaient-elles pas, en fait, celles de certains milieux coloniaux, notamment en Cochinchine, foncièrement opposés à toute idée de réunification et d'indépendance du Viêtnam, par exemple chez les planteurs ? En Afrique, ces milieux avaient beaucoup de relations. Le général de Boissieu évoquera clairement une telle possibilité : « Nous aurons toujours un doute sur les causes de cette catastrophe, le retour du prince n'étant pas apprécié dans certains milieux d'Indochine et dans certains partis politiques[18]. » La piste aurait sûrement mérité d'être explorée, ne serait-ce que pour l'abandonner en toute connaissance de cause.

C'était le cas, notamment, de la piste relative au Viêtminh communiste. Sur le plan intérieur indochinois, celui-ci avait bien des raisons de s'inquiéter d'un éventuel retour du prince Vinh San, ex-empereur Duy Tan. En proclamant la République démocratique du Vietnam, le 2 septembre 1945, le Viêtminh avait définitivement mis fin au régime impérial. Qui plus est, l'empereur Bao Daï, en abdiquant, avait très officiellement transmis ses pouvoirs au nouveau régime révolutionnaire dont il était même devenu « conseiller suprême ». Le retour du prince Vinh San risquait d'autant plus de bousculer cette construction que ce dernier, on l'a souligné, n'avait jamais abdiqué et que nombre de Vietnamiens le considéraient effectivement comme le dernier empereur d'Annam, le seul légitime, contrairement à Bao Daï. Son retour aurait donc pu déstabiliser la jeune République démocratique, elle-même encore très fragile et fortement contestée par de nombreux partis et groupes politiques, tels les nationalistes, les trotskistes, les monarchistes, les catholiques, etc. D'ailleurs, dans tous ces milieux, le Viêtminh n'avait pas hésité, depuis août, à procéder à de nombreuses exécutions sommaires ; chez les monarchistes, en septembre, l'assassinat de Pham Quynh, ancien ministre de Bao Daï, et quatre de ses fils, ainsi que sa fille cadette, en avait été la plus spectaculaire démonstration. Alors, pourquoi pas un attentat contre le prince Vinh San ? Toutefois, les commentaires de l'époque n'évoquent guère cette hypothèse, pas plus que celle d'une possible action des communistes français. On se contenta finalement de l'hypothèse d'une défaillance technique.

La mission Paul Mus

Fin décembre, à Saïgon, l'amiral Thierry d'Argenlieu, de son côté, en était toujours à ses réflexions concernant l'éventuel retour du prince Vinh San au Vietnam. Toutefois, il n'était guère au courant des derniers événements. En particulier, il n'était pas informé, apparemment, de la rencontre du prince avec le général de Gaulle, le 14 décembre, mais savait seulement qu'il devait quitter Paris pour se rendre à La Réunion. Et encore, ses informations étaient-elles très approximatives : « Puisque l'on présume maintenant son prochain départ de la métropole pour Madagascar et La Réunion où réside l'ancienne impératrice, sa mère[19]... » En fait, il ne fut jamais question, semble-t-il, d'un retour vers Madagascar ; par ailleurs, sa mère, qui avait suivi son fils en exil en 1916, en était repartie dès 1920. C'est dire qu'à Saïgon, on avait une idée assez vague de l'affaire Vinh San.

Néanmoins, dans une longue et importante note du 28 décembre destinée au Général, Thierry d'Argenlieu exposait en détail la situation politique d'Indochine, particulièrement celle du Tonkin, et y abordait le cas Vinh San, mais en des termes aussi vagues que curieux. Dans cette note, figurait un paragraphe 2 intitulé « Le fait nouveau », où il écrivait à propos de ce dernier :

> Il pourrait être l'entrée en scène d'une personnalité annamite, capable sans lui faire perdre totalement la face, de se substituer au chef du Viet-Minh largement démonétisé et de rallier à elle, outre l'armée classique des mécontents, ambitieux et pusillanimes qui fait masse, une minorité dynamique de personnalités marquantes et convaincues. Mon attention porte activement sur pareil facteur, tout en m'interdisant d'évoquer aucun nom. Une indiscrétion suffirait à compromettre et faire échouer la manœuvre. Je reviendrai sur le sujet le moment venu[20].

En outre, concernant cette « personnalité annamite », c'est-à-dire le prince Vinh San, l'amiral, deux semaines après la rencontre de ce dernier avec le Général (!), se proposait de « faire prendre [à Madagascar et à La Réunion] des contacts faciles, sûrs et discrets avec lui pour contrôler ces multiples données[21] ». « Ce document très secret, écrira-t-il par la suite, est rédigé dans ma pensée pour le président du Gouvernement provisoire. Je prends soin toutefois d'en faire tenir copie au ministre des Colonies Jacques Soustelle, vice-président du Comité d'Indochine, au ministre des Affaires étrangères Georges Bidault et au ministre des Forces armées, Edmond Michelet. » Qui plus est, « vu son importance, je confie en mains propres au commandant Mus – que j'envoie en mission à Paris – ladite note et ma lettre de présentation du 2 janvier 1946 [...]. La fin de ma note d'information mentionne "le fait nouveau" ». Suivait une présentation assez détaillée du prince Vinh San. C'est dire à quel point l'amiral était décalé par rapport à l'actualité. Certes, les lenteurs des communications entre Paris et Saïgon pouvaient expliquer une partie de ce décalage, mais la raison profonde était que le Général n'avait pas tenu Thierry d'Argenlieu au courant de son « dessein secret[22] ».

Le « commandant Mus » mentionné par l'amiral était en fait le professeur Paul Mus, conseiller politique du général Leclerc. Né en France, mais ayant fait ses études primaires en Cochinchine où ses parents étaient instituteurs, il avait rejoint la France libre et avait été parachuté au Tonkin en 1944, en tant que commissaire de la République, en même temps que Pierre Messmer et Jean Sainteny. Homme de gauche, conscient de la force du nationalisme vietnamien, mais ne s'entendant guère avec l'amiral, il était surtout favorable à une négociation avec Ho Chi Minh qu'il considérait comme inéluctable. Toutefois, le projet de faire jouer un rôle politique au prince Vinh San lui semblait intéressant, car il savait le prestige dont celui-ci jouissait encore.

Le 3 ou 4 janvier 1946, Paul Mus s'envolait donc pour Paris, porteur de ladite note[23]. À Saïgon, on ignorait encore tout des derniers développements de l'affaire Vinh San, ni la rencontre du 14 décembre, ni, *a fortiori*, la catastrophe du 26 décembre. Celle-ci n'y sera connue que le 5 janvier, non par voie officielle, mais par une dépêche de l'Agence française de presse, laquelle mentionnera la présence du prince Vinh San parmi les victimes. C'est donc à cette date seulement que l'amiral Thierry d'Argenlieu apprit le décès de ce dernier.

Quant à Paul Mus, il ne débarqua à Paris que le 7 janvier. C'est alors que lui-même eut connaissance de la catastrophe. Sa mission, évidemment, devenait sans objet, au moins en ce qui concernait le projet Vinh San. Le général de Gaulle avait lui-même quitté la capitale à l'occasion du mariage de sa fille Élisabeth avec le commandant de Boissieu, trois jours plus tôt[24].

Il n'était plus question de rétablissement de l'ex-empereur Duy Tan sur le trône de ses ancêtres, ni de solution Duy Tan pour faire pièce à Ho Chi Minh. Le « secret dessein » du général de Gaulle et le « grand projet » du prince Vinh San étaient désormais du passé. Ce fut probablement une tragédie qui pesa très lourd sur ce qu'aurait pu être l'évolution de l'Indochine. Mais ce fut également un événement qui, probablement, eut une incidence importante sur l'histoire de l'après-guerre, en France même. En effet, un mois après la mort tragique du prince Vinh San, le général de Gaulle décidait, pour des raisons politiques intérieures, de quitter le pouvoir. Or, lors d'un colloque organisé en 1990 à propos de « de Gaulle et l'Indochine », Alain de Boissieu déclarera qu'il avait demandé à celui qui était devenu son beau-père au début de l'année 1946, s'il aurait démissionné dans l'hypothèse où le prince Vinh San n'aurait pas été tué. Le Général lui répondit très clairement : « Non ! »[25] C'était admettre l'importance qu'il attachait à la solution du problème de l'Indochine grâce à la restauration du prince Vinh San, c'est-à-dire de l'empereur Duy Tan. Dans l'esprit de l'homme du 18 Juin, fin connaisseur de l'Histoire, la France aurait ainsi oblitéré le drame de 1916 et le piètre règne de Bao Daï, permettant ainsi au peuple annamite, devenu peuple vietnamien, de renouer avec son passé dynastique, c'est-à-dire national. La question d'Indochine, sur place, se serait peut-être alors posée en des termes bien différents.

En Indochine, la presse coloniale, évidemment, déplora l'événement, parfois en termes assez grandiloquents. Ainsi l'hebdomadaire *Climats*, dès le 13 janvier 1946 : « Puisse cette fin si regrettable, si tragique, si douloureuse, mais si belle, servir la cause du grand pays d'Annam et cimenter son union libre et affectueuse avec une France nouvelle, humaine, gardienne dans le monde crispé, de deux biens inaliénables : la liberté et l'amour[26]. » Bel optimisme alors que le pays était déjà déchiré par la révolution communiste. Et c'est peut-être en Indochine que fut éditée la photographie-souvenir qui illustre la couverture du présent livre, laquelle est accompagnée d'un panégyrique tout aussi emphatique : « Le prince Vinh San qui régna en Indochine sous le nom de Duy Tan, chef de bataillon d'infanterie coloniale, titulaire de la médaille de la Résistance, et dont la mort dans l'accident d'aviation de M'Baki le 26 décembre 1945, priva la France d'un ami, l'Annam d'un chef, le monde d'une haute valeur humaine. »

11

Post mortem

La mort tragique du prince Vinh San n'était pas le point final de son épopée. Son père, le prince Buu Lân, ex-empereur Thanh Thai, était toujours à La Réunion, avec une partie de sa suite. Par ailleurs, le prince Vinh San lui-même laissait plusieurs enfants dans l'île. Mais surtout ses restes étaient inhumés en Afrique, alors qu'il avait toujours exprimé le vœu de reposer en sa terre natale, au milieu des siens. « Les siens », c'étaient les empereurs d'Annam, tous enterrés à Hué. Or, en cette fin d'année 1945-début 1946, le Viêtminh ayant pris le pouvoir à Hanoï, ce n'était plus guère le temps des empereurs. La présence de l'ex-empereur Bao Daï à Hanoï n'était en rien une gêne pour le Viêtminh : au contraire, totalement déconsidéré, il avait abdiqué à son profit et avait été réduit à l'état de « conseiller suprême » du gouvernement révolutionnaire. Mais le retour des cendres d'un empereur qui n'avait jamais abdiqué et qui demeurait relativement populaire car patriote, ne risquait-il pas de provoquer un mouvement d'opinion favorable à une restauration monarchique ?

À Saïgon, du côté français, l'amiral Thierry d'Argenlieu, bien que favorable à une telle restauration, était confronté à des problèmes considérables, politiques et militaires, qui interdisaient de se préoccuper d'une telle question. Mais dans l'immédiat, l'amiral fut très affecté par le décès du prince ; comme le Général, il avait fondé beaucoup d'espoir sur sa restauration. Par ailleurs, la ville de Hué, au tout début de 1946, était encore assiégée par le Viêtminh et inaccessible.

Bref, que ce soit au nord, du côté vietminh, ou au sud, du côté français, personne, en ce début d'année 1946, ne pouvait songer à rapatrier les restes du prince Vinh San. Et de fait, personne n'y songea. Il allait falloir attendre des années pour que tout cela se réglât. Le haut-commissariat en Indochine se contenta d'accorder une somme de 50 000 francs coloniaux à la famille du prince Vinh San par l'intermédiaire du gouverneur de La Réunion[1].

Dans un premier temps, ce fut l'état civil des enfants du prince qui fut remis en ordre. Jusque-là, tous ses enfants naturels, nés à La Réunion, portaient le nom de famille de leur mère respective : Viale, Antier ou Maillot, cette dernière étant la mère de la petite fille née le 1er décembre 1945, qu'il voulait connaître en retournant chez lui, et ne connut jamais. Par décision du tribunal de Saint-Denis, le 22 juillet 1946, une reconnaissance *post mortem* fut entérinée. Tous s'appelleraient désormais Vinh San : cela concernait cinq de ses six enfants encore en vie[2]. Il en résultait trois princes et deux princesses ! Parmi ces trois princes, figurait Claude Antier, devenu Claude Vinh San, *alias* prince Nguyen Phuoc Bao Vang (1934-2016). Il rentrera au Viêtnam entre 1946 et 1951, pour y poursuivre ses études secondaires au lycée Chasseloup-Laubat, à Saïgon, mais, finalement, vivra à La Réunion le reste de son existence. Devenu adulte, surtout connu comme chanteur et musicien, il allait réunir une importante documentation sur la vie de son père, et surtout s'occuper du retour de ses cendres à Hué. Métis et marié à une Française, les Vietnamiens le considérèrent probablement plus comme un Français nommé Claude Vinh San que comme un Vietnamien ayant pour titre prince Nguyen Phuoc Bao Vang. On n'aime guère les métis au Viêtnam.

Puis, dès 1947, fut réglé le cas du père du prince Vinh San, l'ex-empereur Thanh Thai, toujours exilé à La Réunion, depuis 1916. Ce fut une de ses filles, la princesse Cuong, elle aussi exilée dans l'île, en 1916, à l'âge de douze ans, avec son père et son frère le prince Vinh San, qui s'en occupa. Cette princesse était mariée à Vuong Quang Nhuong, franc-maçon, avocat à la cour d'appel de Saïgon, avant la guerre. En 1935-1937, Vuong Quang Nhuong avait tout d'abord été marié à Henriette Bui Quang Chieu, première femme annamite médecin, fille de Bui Quang Chieu, fondateur du Parti constitutionnaliste et franc-maçon lui-même, lequel venait juste d'être assassiné par le Viêtminh, fin 1945. C'était un nationaliste modéré, très connu dans les milieux politiques saïgonais[3]. Son épouse, la princesse Cuong et lui-même, début 1947, obtinrent d'Émile Bollaert, compagnon de la Libération, tout nouveau haut-commissaire en Indochine, l'adoucissement de l'exil de l'ex-empereur Thanh Thai, désormais âgé de soixante-huit ans : il fut autorisé à rentrer au Viêtnam, tout en étant contraint de résider dans le Sud. De fait, il quitta La Réunion en mai 1947 et s'installa à Saïgon où il résidera jusqu'à la fin de sa vie. À cette période, Claude Vinh San, adolescent, faisait ses études secondaires à Saïgon. L'ex-empereur Bao Daï, devenu chef de l'État du Viêtnam, rencontrera l'ex-empereur Thanh Thai en 1951. Et en mars 1953, ce dernier sera autorisé à se rendre quelques jours sur la tombe de ses ancêtres, à Hué. Il décédera le 24 mars 1954, en pleine bataille de Dien Bien Phu.

« Préparez vite le trou dans lequel on finira bien, j'espère, par me glisser, d'ici l'an 2000 »

La question du rapatriement au Viêtnam de la dépouille mortelle de l'ex-empereur Duy Tan, quant à elle, ne se posa, pour la première fois, qu'en décembre 1947, deux ans après l'accident, lorsqu'Air France, les corps des victimes étant identifiées, se proposa de la rapatrier. La Compagnie songeait à la transporter à Saïgon où se trouvait l'essentiel de la famille du prince, père, mère et sœur[4]. Le général Henry Le Bris, commissaire de la République en Annam, se prononça immédiatement contre un retour des cendres à Hué, la capitale impériale, seul endroit où, pourtant, il pouvait être réinhumé. La justification de cet avis négatif était la suivante :

> Seul un roi peut décerner titre posthume à un ancien empereur, instituer pour lui culte officiel et décider emplacement son tombeau. Si Duy Tan revient avant Bao Daï, ses cendres ne pourraient être considérées que comme celles d'un simple particulier. Dans ce dernier cas il serait certainement honoré comme grand patriote au même titre que Pham Boi Chau et que Phan Chau Trin et geste de le rendre au Vietnam aboutirait à une recrudescence nationalisme exacerbé.

Et d'ajouter :

> Les milieux monarchiques en remerciant Monsieur Bollaert [le haut-commissaire] de son intention qui les touche,

insistent pour que ce transfert ait lieu seulement après le rétablissement de la monarchie[5] et seraient heureux que non seulement Duy Tan mais aussi Ham Nghi[6] fussent ramenés à Hué[7].

La question allait en rester à ce point durant de nombreuses années, si ce n'est que la sœur du défunt prince Vinh San demanda, en juin 1948, à être autorisée à rapatrier la dépouille mortelle de son frère, demande qui fut à nouveau refusée pour les mêmes raisons[8].

Ce ne fut qu'après la victoire des communistes du Viêt-Cong – nouvelle appellation du Viêtminh – sur la République du Sud-Viêtnam et leur entrée à Saïgon, en 1975, que les fils et des amis de l'ex-empereur Duy Tan – en particulier Roger Guichard – commencèrent à œuvrer pour le transfert de ses cendres, d'Afrique au Viêtnam.

Curieusement, cette année 1975, quelques semaines avant la chute de Saïgon, la tombe du prince Vinh San, à la mission catholique de M'Baiki, reçut en mars une visite étrange. Le ministre de la Défense de la République du Sud-Viêtnam avait été envoyé en mission au Zaïre. Il s'agissait de demander au président Mobutu d'aider le Sud-Viêtnam « en mobilisant l'opinion mondiale en [sa] faveur, pour enfin conclure un accord politique porteur de paix[9] ». Curieuse idée. Quoi qu'il en soit, ce ministre sud-vietnamien n'était autre que le général Tran Van Don, celui-là même qui, en 1945, alors qu'il n'était que lieutenant, avait été chargé du commandement des parachutistes dont la mission aurait été de sauter sur Hué pour y préparer le retour de l'empereur Duy Tan. De passage à Kinshasa, il prit la peine de se rendre à M'Baiki pour se recueillir sur la tombe de cet empereur qu'il n'eut jamais l'occasion d'aider à rentrer dans ses États[10]. Surprenant raccourci de l'histoire.

Toutefois, ce fut en 1984 seulement que le projet de rapatriement des restes du prince Vinh San prit corps, grâce à son fidèle ami Roger Guichard. Ce dernier prit contact avec Alain de Boissieu, devenu général, qui avait tant aidé le prince avant sa rencontre avec de Gaulle[11]. Geneviève de Gaulle, nièce du Général, s'occupa activement du projet. Puis bientôt, outre le général de Boissieu et Geneviève de Gaulle, y prirent part le Premier ministre Jacques Chirac ainsi que Jacques Foccart, conseiller pour les affaires africaines, pour ce qui était des aspects diplomatiques du transfert[12]. Trois ans plus tard, celui-ci put enfin être entrepris. L'exhumation du corps, à M'Baiki, eut lieu le 24 février 1987, en présence des autorités locales, suivie d'une cérémonie organisée par l'association « Le Souvenir français », à laquelle assistaient, entre autres, l'ambassadeur de France ainsi que Georges Vinh San, fils aîné du prince. Puis les restes de ce dernier transitèrent par Paris le lendemain. Le 28 février, fut organisée une cérémonie bouddhiste à la pagode de Vincennes, en présence, outre la famille, de Jacques Foccart représentant le Premier ministre Jacques Chirac, du général de Boissieu, de Raymond Barre, ancien Premier ministre, mais aussi concitoyen du prince à La Réunion, du général Simon, président de l'Association des Français libres, et autres personnalités ; l'ambassadeur du Vietnam socialiste se contenta de se faire représenter. Enfin, le 1er avril 1987, le cercueil quittait Paris pour le Viêtnam, où il arrivait, le 2, à Saïgon. Ce jour et le lendemain, la population vint se recueillir devant la dépouille mortelle du prince. Puis le 4, le cercueil fut transporté par avion jusqu'à Danang, puis à Hué, par la route. Les cérémonies d'inhumation eurent lieu le 6 avril, à la pagode Long An, en présence d'une foule nombreuse[13].

Mais aussi en l'absence de toute personnalité politique vietnamienne d'importance. Le gouvernement communiste de Hanoï, certes, appréciait le patriotisme du prince Vinh San. Mais il se souvenait aussi que, commentant la proclamation de la République démocratique et de son indépendance par le Viêtminh, en 1945, il avait déclaré : « Je souffre de voir mon pays prendre une voie qui l'engage dans une impasse. » Quelles qu'aient été les opinions progressistes du prince, il n'en demeurait pas moins, aux yeux du régime socialiste, qu'il avait été l'homme d'un projet de restauration monarchique, en plein accord avec la puissance coloniale représentée par le général de Gaulle : cela, Hanoï ne l'avait pas oublié. Un passé qu'il était donc préférable de ne pas ressusciter. Recevant Claude Vinh San, fils de l'ex-empereur, Pham Van Dong, président du Conseil des ministres, s'était contenté d'un laconique : « Ce retour constitue pour nous un événement historique et politique important. » Claude Vinh San voulut y voir « l'amorce d'une nouvelle politique », un « espoir »[14] : ce n'était rien d'autre qu'une politesse diplomatique.

De plus, pour nombre de Vietnamiens, Georges Vinh San, *alias* prince Nguyen Phuoc Bao Ngoc ou Claude Vinh San, *alias* prince Nguyen Phuoc Bao Vang, en dépit de tout le mal qu'ils s'étaient donné en faveur de la mémoire de leur père, n'étaient en fait que des métis français, nés hors de l'Annam, d'une maîtresse française. Ces derniers savaient-ils la façon dont le Vietminh avait traité les métis franco-vietnamiens pendant et après la guerre ? Avaient-ils compris que tout s'était arrêté au prince Vinh San, leur père, et qu'eux-mêmes n'étaient guère plus que des témoins de la vie de l'ex-empereur ?

Bref, certains estimèrent que la mémoire et la dépouille mortelle de l'ex-empereur Duy Tan auraient mérité une tout autre réception.

Quoi qu'il en soit, l'empereur Duy Tan repose désormais, en périphérie de Hué, dans un groupe de tombeaux impériaux initialement prévu pour l'empereur Duc Duc, son grand-père, décédé en 1883, après trois jours de règne, mais où avait également été inhumé son père, l'empereur Thanh Thai, exilé avec lui à La Réunion, et décédé à Saïgon en 1954. Au centre de ces tombeaux, se trouve un temple, appelé Long An, à l'intérieur duquel trois autels contiennent les tablettes funéraires de ces trois empereurs, grand-père, père et fils. C'est le groupe le plus modeste de ces tombeaux impériaux, et aussi le moins visité par les Vietnamiens ou les touristes étrangers. Bien souvent, il n'est pas même mentionné dans les guides.

Apparemment, le régime socialiste n'était guère soucieux de faire connaître ce curieux empereur qu'on dit « patriote », qui effectivement le fut, mais qui « servit la France comme il servit son propre pays ». Comment se dire empereur d'Annam, tout en étant fier de porter l'uniforme de l'Infanterie coloniale française qui avait lutté contre la révolution vietminh ? L'avis de saint Luc était formel : « Aucun serviteur ne peut servir deux maîtres. Ou bien il haïra l'un et aimera l'autre, ou bien il s'attachera à l'un et méprisera l'autre » : sur ce point, le régime socialiste vietnamien, qui refusait toute double nationalité, semblait rejoindre l'évangéliste[15]. L'époque où un auteur comme Nguyen Tien Lang pouvait écrire : « Il s'agit, pour nous, d'être à la fois bons Annamites et bons Français[16] », était définitivement révolue.

En 1987, l'empereur Duy Tan apparaissait comme étant d'un autre temps et surtout il avait appartenu à une autre famille de pensée, celle du réformisme, radicalement opposée au communisme révolutionnaire. Le régime socialiste pouvait parfaitement s'accommoder des pires empereurs du passé : ils étaient les symboles du féodalisme révolu d'antan. Il ne pouvait accepter un empereur qui avait voulu incarner une voie différente de celle de la Révolution de 1945. L'empereur Bao Daï, à cette date, n'avait rien prétendu de tel : il avait abdiqué au profit du communisme dont il était devenu « conseiller suprême ». L'empereur Duy Tan, lui, n'avait jamais abdiqué et s'était présenté comme une alternative au communisme. Là était sa faute et on le lui fit sentir *post mortem*, jusque dans la tombe.

Nostalgie d'un empereur patriote

De nos jours, nombreux restent les Vietnamiens qui non seulement considèrent Duy Tan comme le dernier véritable empereur du pays, mais encore imaginent que s'il avait été rétabli dans ses fonctions en 1946, comme prévu par le général de Gaulle, l'histoire tragique du Viêtnam contemporain en eût été totalement différente. Selon une opinion très largement répandue, ses successeurs, Khai Dinh (1916-1925) et Bao Daï (1925-1945), ne furent rien d'autre que des marionnettes mises en place par le pouvoir colonial. Qui plus est, Bao Daï, outre sa vie privée dépravée et sa ligne politique inconsistante, n'était nullement le fils de Khai Dinh, lequel était impuissant, ce qui le rendait plus illégitime encore. Pour beaucoup, seul

Duy Tan, qui n'avait jamais abdiqué, fut un empereur patriote.

D'ailleurs, chez de nombreux acteurs politiques et militaires français du milieu des années 1940, l'idée était fort répandue, à tort ou à raison, que la disparition du prince Vinh San était un grand malheur pour l'avenir du Viêtnam. Il eût été une solution pour dénouer la crise politique vietnamienne en 1946 face à laquelle se trouvait la France et faire pièce au Viêtminh. Qui plus est, sa restauration sur le trône d'un Viêtnam réunifié eût peut-être évité la guerre entre la France et les communistes vietnamiens. C'était d'ailleurs l'opinion du général de Gaulle lui-même, comme il s'en expliquera de nombreuses années plus tard au général de Boissieu : « Le général de Gaulle parlait toujours de cette épreuve [la défaite de Dien Bien Phu en 1954] avec une très grande tristesse, regrettant, comme un mauvais coup du sort, la perte du prince Vinh San qui aurait pu rallier les nationalistes à sa cause et épargner à la France toutes ces épreuves[17]. »

Or, cette idée fut également partagée par une partie notable de la population vietnamienne et elle l'est encore de nos jours. Fréquents sont les témoignages de Vietnamiens, en particulier ceux d'outre-mer, selon lesquels toutes les guerres dont ils eurent à souffrir auraient peut-être été évitées. Par exemple : « Si Duy Tan était remonté sur le trône à temps, Ho Chi Minh n'aurait été qu'un simple dirigeant d'un parti communiste, la guerre d'Indochine n'aurait peut-être pas eu lieu, de même que la guerre du Viêtnam, et nous-mêmes ne serions pas en exil à l'heure actuelle », écrivait un Vietnamien de France[18].

Ce prestige posthume de Duy Tan s'explique assez aisément. De son règne, entre 1907 et 1916, alors qu'il était enfant, on ne retient que sa rébellion, en 1916, contre le régime colonial. Que pourrait-on retenir d'autre du règne d'un enfant ? Puis ce furent deux décennies d'exil fort dignes, mais aussi fort tristes, loin du pays natal : les Vietnamiens exilés y sont particulièrement sensibles. Enfin, entre 1942 et 1945, ce furent de grands textes célébrant le peuple vietnamien et réclamant pour lui unité et indépendance. Autant d'éléments qui, pour les monarchistes nostalgiques et même pour le Vietnamien ordinaire, sont suffisants pour faire de Duy Tan un empereur patriote, magnifié, tout différent de ses deux piètres successeurs.

Les communistes ont eu beau débaptiser les avenues et rues Duy Tan des grandes villes du Viêtnam, son nom n'en demeure pas moins gravé dans le cœur de nombreux Vietnamiens[19], nostalgiques de cet empereur au destin brisé.

Annexes

1

Abdication de l'empereur Thanh Thai en faveur de son fils le prince Vinh San (3 septembre 1907)

Investi par le Ciel (du mandat de faire) prospérer le cycle impérial, Nous, empereur, décrétons ce qui suit :

Le Souverain étant maître du Ciel, de la Terre, des génies et des hommes, la dignité impériale est de la plus haute importance.

Avec Notre mince vertu, Nous avons renoué la grande chaîne de succession impériale et Nous avons régné à présent dix-neuf années. C'est grâce à la protection de la grande France et aux bons services de nos mandarins que Nous avons pu parvenir jusqu'à ce jour. Cependant, par suite de l'accumulation des soucis, il Nous est devenu excessivement pénible de continuer l'exercice de Notre charge.

En matière d'abdication, il y a déjà eu des précédents au temps de nos dynasties vietnamiennes des Trân et des Lê. Après avoir délibéré avec le noble gouverneur général Notre choix est porté sur le 5e prince Vinh San, qui mérite que Nous abdiquions en sa faveur, afin qu'il continue la garde des temples des Ancêtres.

Nous n'osons avoir en cela aucune arrière-pensée. Nous Nous retirons en notre palais particulier pour Nous reposer et Nous soigner. Pour les formalités qu'il y aura lieu d'accomplir, que le Conseil de la Famille royale et les membres de la Cour confèrent avec le Noble gouverneur général. Qu'on en informe la Capitale et les provinces par voie de proclamation afin que tous en aient connaissance.

Respect à ceci.

Le 26e jour du 7e mois de la 19e année Thanh Thai

Service des Archives nationales de Dalat, vol. 72, folio 25. Reproduit *in* Nguyen The Anh, « L'abdication de Thanh Thai », *Bulletin de l'École française d'Extrême-Orient*, 1977, vol. 64, p. 255-264.

2

Circulaire relative à la déposition de Duy Tan (15 mai 1916)

Circulaire adressée par les membres du Conseil de la famille royale, les membres du Conseil de Régence, les dignitaires et mandarins civils et militaires de la Cour, à la Résidence supérieure du Tonkin et aux provinces de l'Annam.

Hué, le 15 mai 1916,

Nous, les membres du Conseil de la Famille royale, les membres du Conseil de régence, les dignitaires et mandarins civils et militaires de la Cour, avons l'honneur de porter à votre connaissance les événements suivants :

Après l'abdication du prince-père (l'ex-roi Thanh Thai), à la suite d'une maladie mentale, la Cour, après entente avec Leurs Excellences le gouverneur général et le résident supérieur à Hué, choisit l'un de ses fils pour lui succéder sur le trône. Ce fut le roi Duy Tan qui, à ce jour, compte dix années de règne.

Des maîtres éclairés ont été préposés à l'instruction et à l'éducation du jeune monarque, à qui les membres du Conseil de régence ainsi que S.E. le résident supérieur ont essayé d'ouvrir le cœur et l'esprit vers ce qui est juste et vrai. On a cherché à faire de lui un prince sage et éclairé afin d'assurer le bonheur de l'État et de resserrer de plus en plus les liens d'amitié des deux gouvernements. Aussi le jeune roi recevait-il de sages représentations lorsqu'il se laissait entraîner à des écarts de conduite ou de langage.

Sans doute, il semblait accepter nos conseils avec une apparente bonne grâce, mais sans réelle conviction, ainsi qu'il nous a été donné de le constater. Peut-être est-ce là les manifestations héréditaires de l'affection mentale dont le prince son père était atteint. Cependant cet état d'esprit ne laissait pas de nous causer de l'inquiétude.

Et brusquement, des événements inattendus surgirent et se précipitèrent.

Le 2 de ce mois (3 mai 1916), vers 10 heures du soir, le roi Duy Tan sortit clandestinement de la Citadelle, suivi de trois de ses Thi-Ve et emportant avec lui ses grands sceaux en or et un insigne en ivoire.

Aussitôt prévenus de sa disparition, nous avons pris les mesures nécessaires pour assurer la tranquillité publique et faire rechercher le fugitif.

Le 3 (4 mai 1916), la province de Quang Nam nous rendit compte que des troubles s'étaient produits au *phu* de Tam-ky et que des rebelles avaient été arrêtés, porteurs d'un étendard dit Ngu-Tinh.

Le 4 (5 mai 1916), la province de Quang Tri nous informait de la découverte d'une proclamation du roi, revêtue du sceau royal, et dont les termes constituaient un appel à la rébellion.

Enfin le 5 (6 mai 1916), le roi fut retrouvé et ramené ; les gens qui l'accompagnaient furent également appréhendés.

La commission d'enquête qui fut aussitôt désignée a établi que cette aventure était l'œuvre de Tran Cao Van et de ses complices, dont les menées tendaient à troubler les esprits.

Sa Majesté le roi Duy Tan a forfait à l'honneur et a agi contre toute raison. Il a méconnu ses devoirs envers ses augustes ancêtres et envers les Génies protecteurs du pays. Il a abandonné le trône de son propre gré et son acte le rend indigne désormais du rôle de souverain de ses serviteurs et de son peuple.

Nous avons donc demandé au Gouvernement du protectorat de prendre les décisions que comportait la situation, en tenant compte, bien entendu, des rites et des traditions séculaires de notre pays. Car le peuple, s'il se voyait privé de monarque, ne serait-ce qu'un seul jour, demeurerait sous l'impression la plus pénible, et des troubles graves pourraient se produire.

La Cour, s'étant concertée avec S.E. le résident supérieur Charles, a pensé que le prince Buu Dao, Duc de Phung Hoa, fils aîné du feu roi Dong Khanh, était le plus apte à monter sur le trône, en raison de son âge et de ses vertus. Cette mesure aurait pour résultat de ramener le calme dans les esprits et d'assurer la tranquillité aux mânes des augustes rois défunts de la dynastie régnante.

S.E. le résident supérieur a déjà câblé le résultat de cette délibération à S.E. le gouverneur général.

Le 9 mai, le chef de la Colonie se rendit dans la capitale. D'accord avec lui, une décision fut arrêtée, à l'issue d'une séance tenue le 10 mai, et communiquée par ses soins au noble Gouvernement de la République.

Le 15 mai, S.E. le résident supérieur nous a transmis la réponse du noble Gouvernement français, qui nous a fait connaître qu'après une réunion du Cabinet, il avait approuvé les mesures prises par notre Cour, d'accord avec S.E. le gouverneur général, et relatives tant à la déposition du roi Duy Tan qu'au choix de son successeur.

En conséquence, les cérémonies d'intronisation du nouveau roi ont été préparées d'urgence.

En ces temps malheureux qui atteignent le peuple, tant à la Capitale que dans les provinces, dans son affection envers la patrie, il faut que tous se rendent compte des motifs d'intérêt supérieur qui ont guidé les deux Gouvernements dans leurs actes, en exhortant fonctionnaires, lettrés, étudiants et peuple à demeurer calmes et confiants, et dans l'attente d'une pluie de grâces.

3

Lettre du prince Vinh San au ministre des Colonies, Marius Moutet (5 juin 1936)

Monsieur le Ministre,

Exilé à l'île de La Réunion depuis novembre 1916, j'ai l'honneur de vous présenter une requête tendant à obtenir une amnistie.

Sous le nom de DUY TAN, je fus empereur d'Annam de 1906 à 1916. J'ai reçu une culture entièrement française et je désirerais terminer ma vie à Paris.

Après lecture du court exposé des faits qui m'ont depuis vingt ans maintenu en cette île perdue, j'espère que votre humanité ne voudra pas me laisser un jour de plus dans ce pays où les traditions et les coutumes ne me pardonnent pas d'être asiatique et venu en exil.

Au moment où le peuple de France vient de remporter une victoire qui affirme sa foi en l'idéal de paix et de liberté, un acte de clémence ne peut que lui être agréable à accomplir. Voici mon cas :

Au début de l'année 1916, un parti s'était constitué pour essayer d'obtenir une complète révision des traités passés entre la France et l'Annam. Ce parti constitué secrètement et dirigé par de vieux annamites afin de me décider à prendre la tête du mouvement. Il ne m'appartenait pas de dénoncer mes compatriotes au Gouvernement français et je ne le fis pas, mais à leur insistance, j'opposais un refus motivé par la vanité d'un tel projet dont les conséquences ne pouvaient qu'être désastreuses pour ses promoteurs.

On ne devait plus me laisser en repos. Démarches, après démarches, tout fut mis en œuvre pour vaincre mon opposition. Mon attitude ne changea point. Vers le début d'avril, tout me sembla revenu dans l'ordre.

Fausse quiétude, car brusquement on vint me dire qu'une armée de conjurés, devant mon refus absolu de faire miennes leurs revendications, avait décidé une révolte générale pour conquérir l'indépendance du Pays.

Nous étions en pleine guerre européenne, les troupes de l'Indochine étaient réduites à leur minimum, à tous ces exaltés les chances de réussite d'une révolte paraissaient bonnes.

Telle n'était pas ma conviction.

Je sais qu'il sera aisé de dire que maintenant que je fais une démarche pour obtenir mon amnistie, je maquille les mobiles qui m'ont fait agir. Je sais aussi qu'il n'y a aucune raison pour qu'on ne mette pas en doute mes allégations. Hélas ! pour preuve, je n'ai que ma faible mémoire, bien estompée par 20 ans d'exil et, j'y compte absolument, les souvenirs de ceux qui me connurent là-bas et qui, maintenant que la psychose de la guerre n'existe plus, pourront à la lueur des faits de ce temps objectivement réexaminés, conclure en leur âme et conscience à ma culpabilité ou à mon innocence, et si je mérite ou non l'amnistie que je demande.

J'ai assez foi en la droiture de l'Humanité pour accepter d'avoir non des dossiers, mais des consciences comme jury.

Donc ma conviction était qu'une révolte constituait une folie qui ne pouvait aboutir qu'à une répression sanglante et qui, sans apporter au peuple annamite aucun soulagement ne pouvait qu'alourdir le fait de chacun.

Je ne sais pas si en lisant ces lignes, vous réaliserez bien le « climat » de cette triste affaire. En vous la relatant, aussi fidèlement que me permet ma mémoire, j'essaie de vous le situer. Excusez-moi si je m'appesantis sur ma personnalité, mais ne perdez pas de vue que je fais une suprême tentative d'appel à la justice et à la générosité française pour sauver le reste de ma vie du châtiment de l'exil en cette île perdue, châtiment que je subis depuis vingt ans.

Persuadé de la folie d'une révolte, je fis tout ce qui fut en mon pouvoir pour en détourner les chefs de conjurés avec lesquels je fus en contact. Rien n'y fit, ils étaient par trop exaltés par les circonstances. Brutalement, au milieu de la seconde quinzaine d'avril, un chef m'apporta une liste complète des conjurés et le plan minutieusement établi d'une attaque nocturne dans Hué, capitale de l'Annam et dans les chefs-lieux de provinces. Le chef me dit alors que les troupes secrètes avaient déjà reçu leur convocation et que la date de cette révolte était irrévocablement fixée.

« Rien me dit-il, ne peut plus empêcher la révolte de se produire et vous commettriez une lâcheté si vous n'êtes pas à la tête de ceux qui vont mourir pour l'indépendance d'un pays qui est le vôtre et dont vous avez reçu la charge de vos aïeux. »

Contre tous mes raisonnements, l'homme opposa une obstination que je sentis bien cette fois-ci invincible. Malgré mon jeune âge, je lus sur son visage la farouche décision de mourir mais d'agir avant.

Le drame, mon drame était là.

Lui, l'esprit tendu vers le rêve d'une glorieuse indépendance et l'âme exaltée par l'action tout proche, lui, un vieillard entraînant derrière lui une foule confiante nourrie de récits des épopées des premières troupes annamites qui conquirent le pays à l'arme blanche, lui, un homme dont la parole et l'autorité étaient suffisantes pour mobiliser tous ces hommes derrière un idéal dont personne ne peut nier la grandeur.

Et moi, qui n'avais pas encore dix-neuf ans, qui ne pouvais rien pour eux et qui savais qu'ils allaient au-devant de la mort.

Je résolus de tout tenter pour empêcher et leur projet et leur destin de s'accomplir.

Je dis au chef de revenir le lendemain et surtout de faire savoir à ses hommes que j'acceptais d'examiner leur plan, mais que je voulais qu'ils attendent un ordre de moi pour agir.

Ce fut la seule idée qui se présenta à mon esprit à ce moment-là pour temporiser et me permettre de combiner un plan d'apaisement susceptible d'aboutir.

Le vieux chef promit et partit en me laissant et la liste des conjurés et le plan de la révolte.

Lui parti, la lecture attentive du plan m'atterra. La nuit de la révolte devait débuter par l'assassinat de tous les notables français surpris si possible dans leur sommeil.

Parmi ces Français, j'avais des amis, et l'un d'eux était précisément le commandant CHAPTAL, commandant d'armes de la place de Hué.

Voilà le dilemme qui me fut posé. Ou laisser assassiner les Français pour ensuite assister à une répression sanglante, ou dénoncer mes compatriotes et commettre ainsi une lâcheté. Pour sortir de ce dilemme douloureux, un seul stratagème me restait : accepter le commandement de la révolte et voici pourquoi :

J'ai dit plus haut que le jour de la révolte était irrévocablement fixé et que d'autre part, les bandes avaient déjà reçu leur convocation ainsi que la désignation de leurs lieux de concentration.

Quant aux actes qu'elles avaient à faire, des instructions très précises leur avaient été données.

Donner brutalement l'ordre à chacun de regagner sa demeure eut été complètement inefficace, car mon autorité, basée uniquement sur mon nom et ma naissance n'aurait pas eu un poids suffisant pour dissoudre ces bandes chauffées à blanc. Faire semblant de remettre la révolte, pour la même raison, ne pouvait se faire.

Après de longues réflexions, j'adoptais le plan suivant :

Accepter le commandement de la révolte et par cela acquérir assez d'autorité pour être sûr d'être obéi. Et ensuite donner des ordres et des contre-ordres assez incohérents pour disperser les bandes à des points tout à fait éloignés et isoler les groupes les uns des autres.

Je savais que si je pouvais empêcher toute action durant la nuit fixée, la révolte avortait, sans une goutte de sang.

Une fois ce plan adopté, j'employai toute mon activité à le faire aboutir, et, la nuit fixée, sortis du Palais pour me rendre au quartier général.

C'est de-là que je crois fermement avoir sauvé la vie à beaucoup de gens, tant français qu'annamites.

Quand la nuit qui devait être tragique fut passée, je revins aux environs de Hué afin de me faire prendre et ainsi éviter les recherches et les suspicions qui les accompagnent.

À la suite de ces événements, je fus interné et déclaré déchu du trône d'Annam, puis exilé à l'île de La Réunion.

Ceci se passait en mai 1916.

Je n'ai jamais protesté ni contre ma déchéance ni contre mon exil, mais conscient du fait que je n'ai pas trahi mes compatriotes à l'égard de la France, je ne suis pas coupable, je demande l'adoucissement de mon exil.

Je demande au gouvernement français de me permettre de vivre en France, à Paris, où la largeur des esprits mettra fin à l'ostracisme douloureux que je subis ici. J'aurai vite fait d'oublier mes vingt ans de souffrance, et si ma santé se rétablit, je demanderai à servir la République et la France.

Source : ANOM. 2 HCI/255. Lettre dactylographiée (présentation respectée) datée de Saint-Denis, le 5 juin 1936.

4

Testament politique du prince Vinh San (mai 1945)

Je pense que l'avenir, même immédiat, de l'Indochine doit être basé sur l'amitié et la communauté des intérêts et non sur l'idée de domination. Je crains que les impatients ne fassent appel à l'arbitrage, intéressé, de la Chine et de l'Amérique. Pour calmer cette impatience, je pense que la France doit donner une preuve de sa volonté d'aider le peuple annamite dans son idéal de développement, et ainsi acquérir sa confiance et son attachement. Cette preuve serait la suppression de la barrière séparant le Tonkin, l'Annam et la Cochinchine. Les trois pays unis, ayant un idéal commun, s'attacheraient à cet idéal et, pour sa réalisation, donneraient leur entière collaboration à la France, pays qui peut assumer la protection militaire d'une économie nationale qui serait créée grâce à l'appui des capitaux et de l'outillage français.

Il n'est pas possible d'appeler les travailleurs, paysans et ouvriers et l'élite intellectuelle annamite à collaborer à une œuvre où ils ne verraient pas l'acheminement vers une liberté à laquelle tous aspirent en tant qu'individu. Si on ne les unissait pas dans un idéal commun, on risquerait d'aller vers une anarchie où le capitalisme, le mandarinat et le prolétariat tireraient chacun de leur côté et feraient du peuple annamite un magma ingouvernable et dont les tendances seraient alors une xénophobie irraisonnable et incontrôlable. Il faudrait employer la force pour ramener l'ordre, et cette force créerait automatiquement un regain de xénophobie.

Il est impossible, après la guerre, de se présenter devant l'Indochine, et particulièrement devant l'Annam, les mains vides en n'ayant rien que des promesses. Il faut absolument apporter à ces hommes un sacrifice véritable qui témoigne à la fois de la générosité de la France et de la hardiesse des réalisations de la Quatrième République française, en laquelle le capitalisme, le mandarinat et le prolétariat doivent s'accorder. Et cette réalisation, je la propose sous la forme suivante :

Réunir la Cochinchine, l'Annam et le Tonkin sous une obédience unique. Donner à l'organisme central une complète autonomie économique et administrative intérieure, en réservant aux armées et à la diplomatie françaises la défense et les relations avec les pays autres que la France. Ceci pour une période dont la longueur sera fixée à Paris par accord entre le Gouvernement annamite et le Gouvernement français.

Au point de vue économique : franchise douanière entre la France et l'Indochine ; montage immédiat d'usines pour l'exploitation des matières premières les plus courantes du sol indochinois, etc. ; octroi au nouveau gouvernement de crédits de démarrage.

En ce qui me concerne personnellement, je pense que le Protectorat du Cambodge est la meilleure forme à garder en permettant cependant, dans une mesure de plus en plus large, l'accession des Cambodgiens aux postes de commande de plus en plus élevés. L'avantage du Protectorat du Cambodge réside dans le fait que les frictions entre Annamites et Siamois deviendraient impossibles.

Quant au Laos, le Protectorat français compris dans le sens de la grandeur devrait inclure à ce Laos tous les territoires conquis par les Siamois sur les populations paisibles et peu guerrières de l'ancien Laos. Sur ce Laos, ce Protectorat français, sous sa forme actuelle, devra encore longtemps s'exercer jusqu'au moment où le Siam, appuyé sur des puissances fascistes, aura cessé d'entretenir une armée prête à des coups de main.

En résumé, j'envisage la Fédération indochinoise comme composée d'un État annamite autonome fédéré à deux États protégés, le tout placé sous l'autorité d'un gouverneur général qui prendrait le nom de haut-commissaire de la République française. Ce haut-commissaire prendra des décisions après délibérations d'un conseil composé des représentants de chacun des trois pays, en tout ce qui concerne l'intérêt commun de la Fédération indochinoise. Il est évident que les modalités de l'application de ce système doivent faire l'objet d'une étude technique approfondie, mais il serait nécessaire que cette étude soit faite avant la libération du territoire, afin de ne pas être obligé à des improvisations qui peuvent être dangereuses quant aux conséquences.

(Nous pouvons cependant penser qu'une large consultation des milieux annamites se trouvant en France en ce moment-ci serait utile à l'établissement d'un *modus vivendi* provisoire, applicable à la libération.)

Au point de vue du régime politique de l'Annam, je crois qu'il y a en ce moment-ci, dans tout le peuple annamite, une tendance très nette vers la démocratie, mais il est à considérer que derrière l'étiquette « démocratie », trois états d'esprit sont cachés :

— Le capitalisme qui voudrait embrigader un maximum de partisans dont le travail contribuerait à augmenter la force de ce capitalisme ;

— L'ancien et le nouveau mandarinats, l'un voulant défendre des prérogatives, soit de naissance, soit de vieille position de commandement, l'autre, le nouveau mandarinat, avide de tirer le maximum d'avantages des études faites en France et de la supériorité acquise grâce à l'estime des Français ;

— Enfin, le prolétariat, c'est-à-dire la masse vivante du peuple qui sent confusément qu'une aube nouvelle se lève, où la vie doit être meilleure et le travail moins pénible. Il est donc difficile de demander à ce prolétariat, pour l'éducation duquel rien n'a été fait, de se gouverner, du jour au lendemain, lui-même.

Une République annamite pourrait donc se concevoir qu'après une période d'instruction intensive des masses, pour leur donner, à la fois, le sens de la responsabilité nationale et le sens de la volonté nationale.

En ce qui me concerne, l'amour profond que j'ai pour mon pays m'interdit de laisser la porte ouverte à n'importe quelle querelle intérieure. Ce que je voudrais, c'est que tous les Annamites reprennent conscience qu'ils sont une nation et que cette conscience leur donne l'avidité de construire un pays digne de cette nation. Je croirai avoir fait mon devoir d'Annamite quand j'aurai donné aux paysans de Lang Son, de Hué et de Camau le sens de leur fraternité. Peu importe que cette solidarité se fasse sous l'égide d'un régime communiste, socialiste, royaliste, monarchique, l'essentiel c'est de sauver le peuple de la balkanisation. Il faut, impérativement, que les Français sachent que personnellement, j'étais prêt à mourir pour eux, et qu'en toutes circonstances, j'agirai pour le bien de mon peuple comme pour le bien de la France, car je veux qu'à ma mort, on puisse écrire sur mon tombeau la même phrase qui était inscrite sous la statue de Foch à Londres, en changeant simplement de nom :

J'ai conscience d'avoir servi la France comme j'ai servi mon propre pays.

Vinh San
Tamatave, mai 1945

Notes

Introduction

1. Dorgelès (Roland), *Sur la route mandarine*, Paris, Albin Michel, 1925, p. 135-136.

2. Brieux (Eugène), *Voyages aux Indes et en Indochine*, Paris, Ch. Delagrave, Paris, 1910. Cité par Nguyen Phuoc Bao Vang, *Duy Tan, empereur d'Annam, 1900-1945 [...]*, Azalées Éditions (La Réunion), 2001, p. 108. Désormais, ce second ouvrage, source de documentation exceptionnelle pour la vie de Duy Tan, ne sera plus cité que sous la forme : « NPBV, *op. cit.* »

3. « Le roi d'Annam », *La Croix*, 5 octobre 1906 ; « La folie de l'empereur », *Le Progrès*, 3 juillet 1907 ; « L'internement du roi d'Annam », *Journal des débats politiques et littéraires*, 2 août 1907 ; « La folie de l'empereur d'Annam », *La Lanterne*, 7 septembre 1907 ; « Un roi fou », *Le Journal*, 7 octobre 1907.

4. Doumer (Paul), *L'Indochine française. Souvenirs*, Paris, Vuibert et Nony, 1905, p. 171.

5. Pham van Son, dans l'ouvrage *Viet Su Toan*. D'après NPBV, p. 48 et suiv.

6. *Nguyen Phuc Toc The Phai* (généalogie familiale des Nguyen Phuc), Hoi Dong Tri Su Nguyen Phuc Toc, 1995. http://www.hictoricvietnam.com/ consulté le 30.06.2019.

7. Pham van Son, dans l'ouvrage *Viet Su Toan*. D'après NPBV, p. 51.

8. Nguyen Cao Duc (G.), « Thanh Thai 1879-1889-1954. Vrai empereur, faux fou », *Good Morning*, 2 décembre 2007, http://aejjrsite.free.fr.

9. Nguyen The Anh, « L'abdication de Thanh Thai », *Bulletin de l'École française d'Extrême-Orient*, 1977, p. 261-263.

10. Thébault (Eugène Pierre), « Le tragique destin d'un empereur d'Annam », *France-Asie*, n° 200, 1er trimestre 1970, p. 4.

11. Nguyen The Anh, art. cit.

1
Une succession difficile

1. Texte extrait de Nguyen The Anh, art. cit., p. 257-259.

2. Durant la période coloniale, l'administration française utilisait généralement, mais pas systématiquement, le terme de « roi », tandis que les Annamites employaient celui d'« empereur », au moins entre eux. La raison de cette ambiguïté était historique, l'empereur d'Annam ayant été suzerain de plusieurs royaumes, par exemple au Laos, mais en revanche, au temps de la suzeraineté de la Chine sur l'Annam, seule cette dernière pouvait être qualifiée d'« empire », l'Annam étant un royaume. De ce fait, on trouvera dans ce livre les deux termes de « roi » et d'« empereur », strictement équivalents à l'époque de Duy Tan.

3. « L'empereur Thanh Thai », *Les Annales coloniales*, 31 octobre 1907.

4. Mémoires de Huynh Con, *Revue indochinoise*, t. XLII, sept. oct. 1924, cité *in* NPBV, p. 114.

5. NPBV, p. 52, d'après Pham Van Son dans l'ouvrage *Viet Su Toan*.

6. « Mémoires de Phan Boi Chau », *France-Asie*, 1968, n° 194-195, p. 108.

7. Sur l'empereur Ham Nghi, voir Dabat (Amandine), *Ham Nghi, empereur en exil, artiste à Alger*, Paris, Sorbonne Université Presses, 2019.

8. « Mémoires de Phan Boi Chau », *op. cit.*, note 42, p. 36-37.

9. Au total, l'empereur Thanh Thai aura eu 45 enfants (19 princes et 26 princesses). Tuyet Tran (Mathilde), « Rencontre avec le prince Nguyen Phuc Bao Ngoc, *alias* Guy Georges Vinh San », 2008. http://archive.wikiwis.com/ (consulté le 30 juin 2019). Le chiffre de 15 correspond aux enfants officiellement répertoriés.

10. Les plus âgés des quinze enfants de Thanh Thai étaient, dans l'ordre chronologique : 1. Aîné décédé en 1898 ; 2. prin-

cesse Luong Kieu ; 3. princesse Luong Yen ; 4. Autre fils décédé en 1898 ; 5. prince Vinh San ; 6. prince Vinh Ngoan ; 7. prince Vinh Ky, etc. (Nguyen The Anh, « L'abdication de Thanh Thai », *BEFEO*, n° 64, 1977, p. 263-264. Dans les Mémoires de l'empereur Bao Daï, on trouve cette remarque curieuse : « Reprenant une formule qui l'a fort bien servi, l'administration française, avec l'appui d'une faction de la Cour, donne comme successeur au souverain exilé *son plus jeune fils*, âgé de sept ans, qui prend le nom de Duy-Tan » (*Le Dragon d'Annam*, Paris, Plon, 1980, p. 48). En fait, il s'agissait du plus âgé des fils encore vivants de Thanh Thai. Il est vrai que l'empereur Bao Daï n'était pas l'auteur de ses Mémoires. Celles-ci comportent d'ailleurs de nombreuses autres erreurs. À la même page, il est écrit par exemple que l'empereur Thanh Thai fut « exilé à l'île de La Réunion en 1907 », alors que ce fut en 1916, avec son fils, l'empereur Duy Tan (voir ci-après).

11. Nguyen The Anh, art. cit., p. 257-259. Selon Nguyen The Anh, *op. cit.*, p. 209, ce fut l'empereur Thanh Thai lui-même qui choisit le prince Vinh San comme successeur. Il est curieux de constater que pour écrire l'histoire de cette période, en particulier celle du règne de Duy Tan, Nguyen The Anh n'a recours qu'aux archives coloniales françaises et jamais à la moindre source annamite. Texte de l'abdication, ci-après, en Annexe I.

12. Vo Van Triem, extrait des *Histoires anciennes* racontées au collège Quoc Hoc, cité *in* NPBV, p. 93-94.

13. Par exemple, http://www-duhoctrungquoc-vn.translate.goog/wiki/vi/Duy Tan (consulté le 23 mars 2022).

14. Cette date n'est pas claire. Le fils aîné de Duy Tan, Georges Duy Tan, déclarera : « Mon père est né en 1898. Il avait donc 9 ans à son intronisation en 1907. Mais dans l'idée de marquer une nouvelle époque, on a "corrigé" sa date de naissance pour qu'elle coïncide symboliquement avec le siècle, 1900, et il a été déclaré âgé de 7 ans. » Tuyet Tran (Mathilde), « Rencontre avec le prince Nguyen Phuc Bao Ngoc, *alias* Guy Georges Vinh San », 2008. http://archive.wikiwis.com/ (consulté le 30 juin 2019). L'empereur Duy Tan écrira lui-même, à propos d'événements de mai 1916 : « Je n'avais pas encore dix-neuf ans », ce qui situerait sa naissance en 1897.

15. Elle était la fille aînée de Nguyen van Thanh et de Dang thi Tram, originaires du village de An Nga, dans la province de Binh Dinh.

16. *Revue indochinoise*, t. XLII, sept.-oct. 1924.

17. On notera l'excellent commentaire de G. de Gantès sur cette question : « Qu'est-ce que le "Duy Tan" ? un parti ? un mouvement ? une révolte ? En effet, ce mot désigne plusieurs réalités très différentes : le parti *Duy Tan hội*, a été créé en décembre 1903 et dont le leader est Phan Bội Châu, alors que les partisans de la modernisation (dont le symbole est Phan Châu Trinh) se reconnaissent sous le vocable de Duy Tan. Duy Tan est également le nom de règne de l'empereur Duy Tan qui a duré du 5 septembre 1907 au 10 mai 1916. Dans la nuit du 3 au 4 mai 1916, ce roi sortira de son palais pour se mettre à la tête d'un mouvement insurrectionnel (*Khởi nghĩa Duy Tan*) organisé par des partisans de Phan Bội Châu et de la ligue Quang Phục hội. La confusion vient par ailleurs de deux utilisations du mot "*hội*" en vietnamien : *Duy Tan hội* (un parti) et *hội Duy Tan* dans lequel "*hội*" a plutôt le sens de "processus". » Gantès, Gilles de et Ngoc, Nguyen Phuong. *Introduction*, in *Vietnam : le moment moderniste* [en ligne], Aix-en-Provence, Presses universitaires de Provence, p. 17-24, 2009 (généré le 8 août 2022). Disponible sur Internet : <http://books.openedition.org/pup/6636>.

18. Certaines sources avancent l'idée selon laquelle le mot « nouveau » visait surtout à démarquer le futur règne par rapport au précédent qui n'avait rien apporté de bien nouveau.

19. Récit d'après Buu Ke, revue *Da Hoc*, n° 3, juin 1962, traduit et reproduit *in* NPBV, p. 57-59.

20. Ton That Sa, de Hué. Cité *in* NPBV, p. 95.

21. Thébault (E. P.), art. cit., p. 5.

22. *L'Indochine, Histoire d'un siècle, 1843-1944*, coll. « Les Grands dossiers de *L'Illustration* », Paris, 1987.

2
Neuf années de règne

1. Journal *Cai Ta*, 22 janvier 1949. D'après NPBV, p. 70.

2. Brieux (Eugène), *op. cit.*, *in* NPBV, p. 107-108.

3. Mémoires de S.E. Huynh Con recueillis par Jean Jacnal, *Revue Indochine*, 1924. D'après NPBV, p. 114.

4. Paris, Challamel 172. Compte rendu (assez critique) par H. Parmentier dans le *Bulletin de l'École française d'Extrême-Orient*, n° 15, 1915, p. 1-4. Assez curieusement, ce livre sera réédité en 2006 par l'Université du Michigan.

5. Đinh Trọng Hiếu, « Centenaire de deux ouvrages de "sciences naturelles" de Philippe Eberhardt », *Good Morning*, 1er avril 2012, site internet (consulté le 13 novembre 2021).

6. *Bulletin de l'École française d'Extrême-Orient*, n° 29, 1929 : notice biographique ; *L'École Française d'Extrême-Orient à Hanoï, 1900-2000. Regards croisés sur un siècle de recherches*, Hanoï, 2000, p. 41. Léonard Aurousseau sera par la suite directeur de l'E.F.E.O. de 1926 à 1929.

7. Dieu Khong, *Sa Majesté Duy Tan et la famille Ho Dac Trung*, d'après NPBV, p. 124.

8. ANOM, GGI 9585. Lettre du 2 juillet 1915.

9. ANOM, GGI 9585. Emploi du temps (sans date).

10. *Ibid.*, annexes de la lettre du gouverneur général, 8 septembre 1915.

11. Mémoires de S.E. Huynh Con, *op. cit.*, p. 116.

12. Hoang Huong Thuy, « Un empereur espiègle mais délicat », d'après NPBV, p. 96-99.

13. Madame Duy Tan, « Les activités quotidiennes de Duy Tan », d'après NPBV, p. 131.

14. Delétie (H.), « Huê pittoresque », *Bulletin des amis du Vieux Hué*, 1916, 2, p. 127.

15. Orband (R.), « Éphémérides annamites », *Bulletin des amis du Vieux Hué*, 1916, 4, p. 424-425.

16. Lorsque Duy Tan fut déposé, son successeur, l'empereur Khai Dinh, homosexuel, déclara vouloir épouser Ho thi Chi, probablement pour des raisons protocolaires. Ho thi Chi qui avait fait le serment de n'épouser personne d'autre que l'empereur Duy Tan, finit par accepter par devoir ; elle fut faite concubine de première classe. Elle mena une vie effacée et triste, se retira finalement dans un monastère et mourut en 1982.

17. ANOM. GGI 9593. Lettre dactylographiée de Vinh San, datée du cap Saint-Jacques, 28 septembre 1916.

18. Dieu Khong, *Sa Majesté Duy Tan et la famille Ho Dac Trung*, d'après NPBV, p. 123-127.

19. ANOM, GGI 9586. Lettre du résident supérieur en Annam au gouverneur général, 17 janvier 1916 ; télégramme à Colonies Paris, 27 avril 1916.

20. Madame Duy Tan, née Mai Thi Vang, « Le mariage de l'empereur Duy Tan », d'après NPBV, p. 129-130.

21. Mémoires de S.E. Huynh Con, *op. cit.*, p. 116-117.

22. Site https://www.maguytran-pinterville.com/vietnam/le-dernier-empereur/ ; consulté le 28 juin 2019.

23. Orband (R.), « Les fêtes à Hué », *Bulletin des amis du Vieux Hué*, avril-juin 1916, 2, p. 183.

24. Joyaux (François), *Monnaies impériales d'Annam*, Monaco, Gadoury, 2019, p. 130-132.

25. Joyaux (François), « La collection de monnaies annamites du Dr Albert Sallet », *Numismatique asiatique*, n° 36 (décembre 2020), p. 40-41. D'ailleurs, sept ans plus tard, en octobre 1914, l'empereur Duy Tan lui conféra une seconde décoration, encore plus prestigieuse, un *kim-kanh*.

26. Mémoires de S.E. Huynh Con, *op. cit.*, p. 115-116.

27. Le texte classique sur le Nam Giao est Orband (R.), Cadière (L.), « Le sacrifice du Nam Giao », *Bulletin des amis du Vieux Hué*, janvier-mars 1936, 73 pages, très nombreuses photos.

28. Ces félicitations intervenaient après la bataille de la Marne (5-10 septembre 1914). Montagon (Pierre), *L'Indochine française, 1858-1954*, Paris, Tallandier, 2016, p. 172, écrit à ce sujet : « Le souverain annamite, après la Marne, envoie au général Joffre pour le féliciter, la plus haute décoration du royaume. L'avenir prouvera sa duplicité. »

29. L'ensemble des faits et citations ci-dessus provient des « Éphémérides annamites » de R. Orband, in *Bulletin des amis du Vieux Hué*, années 1914, 1915 et 1916.

3
Insurrection manquée

1. Anecdote rapportée par Ton That Sa, NPBV, p. 99-100.

2. Pham Van Son, *Histoire de la lutte du Viêt Nam contre les invasions étrangères*, Hanoï, 1951, *in* NPBV, p. 100.

3. En fait, ce « parti » désigne probablement un groupe de nationalistes au sein de la *Viet Nam Quang Phuc Hoi*, la « Société pour

la restauration du Vietnam », fondée en 1912 par le nationaliste Phan Boi Chau, dont le but était effectivement la renégociation des traités de protectorat avec la France.

4. Lettre du prince Vinh San [ex-empereur Duy Tan] au ministre des Colonies, 5 juin 1936. Texte complet en annexe.

5. Mémoires de S.E. Huynh Con, *op. cit.*, *in* NPBV, p. 117.

6. Mémoires de Son Excellence Nguyên Vân Mai *alias* Tiêu Cao, traduites par son fils Nguyên Hy Xuoc : « *Lô-Giang Tiêu-Su* », texte en caractères chinois, ronéotypé. D'après https://www.maguytran-pinterville.com/viietnam/le-dernier-empereur-s-m-duy-tan/ (consulté le 24 mars 2022).

7. « Troubles au centre Viêt-Nam et fuite du roi Duy Tan, mai 1916 », in *L'Agitation antifrançaise dans les pays annamites de 1905 à 1918*, d'après NPBV, p. 78.

8. ANOM, GGI 9588. Lettre du gouverneur général au ministre des Colonies a.s. des événements de l'Annam, 20 mai 1916.

9. « Mémoires de Phan Boi Chau », *op. cit.*, note 163, p. 163.

10. Cadeaux de mariages offerts par le gouverneur général.

11. Recrues en partance pour la France sur lesquelles, précisément, les comploteurs espéraient s'appuyer.

12. ANOM, GGI 9586. Lettre manuscrite datée de Hué le 11 avril 1916.

13. C'est-à-dire du jeune souverain lorsqu'il aura atteint sa majorité et que le « pouvoir » lui reviendra directement sans passer par le Conseil de régence.

14. ANOM, GGI 9586. Rapport du gouverneur général Roume au ministre des Colonies accompagnant la lettre de l'empereur Duy Tan datée du 11 avril 1916.

15. Concernant Tran Cao Van cf. Marr (David G.), *Vietnamese Anticolonialism, 1885-1925*, Berkeley, University of California Press, 1970, p. 89, 194.

16. Nguyen Hung, quotidien *Le Song*, n° 580, 30 avril 1956, *in* NPBV, p. 100-101.

17. Madame Duy Tan, *in* NPBV, p. 131.

18. Orband (R.), « Éphémérides annamites », *Bulletin des amis du Vieux Hué*, n° 4, 1916, p. 427.

19. Les détails de cette insurrection proviennent du rapport de la Sûreté déjà cité : « Troubles au centre Viêt-Nam et fuite du

roi Duy Tan, mai 1916 », in *L'Agitation antifrançaise dans les pays annamites de 1905 à 1918*, d'après NPBV, p. 75-78.

20. « L'arrestation de l'empereur Duy Tan après son arrestation par les Français », revue *Pho Thong,* n° 6, 1952, *in* NPBV, p. 90.

21. Orband (R.), « Éphémérides annamites », *Bulletin des amis du Vieux Hué,* 1916, n° 4, p. 427.

22. « La fin d'une vie de roi », NPBV, p. 91.

23. *Indochine,* 1916, p. 467, d'après NPBV, p. 81.

24. ANOM, GGI 9588. Note a.s. des événements de l'Annam, 20 mai 1916.

25. *Ibid.*

26. Bao Daï, *op. cit.,* p. 50-51.

27. Lettre du prince Vinh San [ex-empereur Duy Tan] au ministre des Colonies, 5 juin 1936. Texte complet en annexe.

28. « Duy Tan refuse de revenir sur son trône sous conditions », *in* NPBV, p. 101.

29. Information donnée à l'auteur par le petit-fils d'Albert Sallet.

30. Bao Daï, *op. cit.,* p. 51. La mention « votre père » est tout à fait convenue, car en fait on savait bien que Bao Daï n'était pas le fils de Khai Dinh, lequel était impuissant.

31. Voir en annexe la circulaire relative à la déposition de Duy Tan (15 mai 1916).

32. Bao Daï, *op. cit.,* p. 47. Rappelons que ces Mémoires n'ont pas été écrits par Bao Daï lui-même. Par ailleurs, rappelons également que l'empereur Khai Dinh n'était que le père « officiel » et non naturel de Bao Daï.

33. Ces cérémonies ont été rapportées dans le détail par Dang Ngoc Oanh, secrétaire général du Co Mat, in *Bulletin des amis du Vieux Hué,* n° 1, 1916, p. 2-24.

34. Orband (R.), « Éphémérides annamites », *Bulletin des amis du Vieux Hué,* 1916, n° 4, p. 428-431.

35. ANOM, GGI 9585. Note manuscrite de Léon Sogny reproduisant ce sceau et datée du 8 juin 1916. Léon Sogny ajoutait : « [Ce sceau] est semblable, parait-il, à certains cachets employés par Nguyen Anh (le futur Gia Long) pendant les guerres contre les Tay-Son et contre les Tonkinois (pour reconquérir le royaume). »

36. *Bulletin des amis du Vieux Hué,* n° 4, octobre-décembre 1916, p. 486.

37. Tran Cao Van, Thai Phien et deux antres complices furent condamnés à mort et exécutés.

38. Mémoires de la Bonzesse Dieu Khong, *in* NPBV, p. 127-128.

39. « Le verdict prononcé contre Duy Tan (1916) », par Le Thanh Canh, secrétaire particulier du résident supérieur, d'après NPBV, p. 71-72.

40. ANOM, GGI 9593. Lettre manuscrite du prince Vinh San au gouverneur général, Cap Saint-Jacques, 20 août 1916.

41. Madame Duy Tan, « La piété filiale de Duy Tan », d'après NPBV, p. 96. Ces propos sont-ils authentiques ?

42. ANOM, GGI 9595, a.s. d'une plainte en abus de confiance contre le prince Buu Lân, 7 août 1911.

43. ANOM, GGI 9595 a.s. de Mme Doan-thi-Chau, femme de S.A. le prince Buu Lân, 13 septembre 1911.

44. ANOM, GGI 9598. Lettre manuscrite, en français, du prince Buu Lân au gouverneur général d'Indochine, 2 février 1914.

45. ANOM, GGI 9598. Télégramme à Colonies Paris, 8 février 1916.

46. ANOM, GGI 9598. Rapport mensuel sur la conduite du prince Buu Lân et sur celle du prince Vinh San (juillet 1916). Cap Saint-Jacques, 1er août 1916.

47. ANOM. GGI 9593. Dépêche de M. Van Cauwenberghe, administrateur délégué au gouverneur de la Cochinchine, cap Saint-Jacques, 2 octobre 1916.

48. Ces deux épouses étaient les princesses Ho thi Nhan et Ho thi Mung. La princesse Nhan fut accompagnée de son fils, le prince Vinh Chuon (1907-1948) ; elle eut un autre fils, le prince Vinh Gieu, né en 1924 à La Réunion. La princesse Mung, sa sœur, avait eu deux fils en Annam, les princes Vinh Luu (1907-1948) et Vinh Quynh (1915), et en eut trois autres à La Réunion, les princes Vinh Khoi (1919-1969), Vinh Giu (1922-2007) et Vinh Cau (1924- ?). De ses huit épouses, l'empereur Thanh Thai eut, au total, vingt-huit enfants. De tous ses demi-frères et demi-sœurs, le prince Vinh San ne fréquenta guère, à La Réunion, que le prince Vinh Chuon.

49. C'est bien évidemment par erreur qu'il est indiqué dans *Le Dragon d'Annam* (*op. cit.*, p. 49) : « Duy Tan est [...] déporté à son tour à La Réunion *où il retrouve son père.* » En fait, ils partirent tous les deux sur le même bateau. Cet ouvrage, qui n'a pas été écrit par Bao Daï lui-même, comporte de si nombreuses erreurs

qu'on peut penser que l'empereur, soit ne l'a pas relu, soit ignorait largement l'histoire du pays et de la dynastie.

50. ANOM, GGI 9593. Lettre manuscrite du prince Vinh San au gouverneur général, datée du cap Saint-Jacques, 20 août 1916.

51. ANOM, GGI 9593. Lettre du gouverneur général a.i. à Son Altesse le prince Vinh San, datée de Saïgon, 3 octobre 1916.

52. ANOM, GGI 9593. Compte rendu de l'administrateur délégué au gouverneur de la Cochinchine, daté du cap Saint-Jacques, 2 novembre 1916.

53. ANOM, GGI9598. Instructions du 2 novembre 1916.

54. « L'arrivée des souverains annamites à La Réunion », *in* NPBV, p. 103.

55. *La Dépêche*, 22 novembre 1916, rubrique *Mémorial de La Réunion*, d'après NPBV, p. 104.

4
Vingt-huit ans d'exil

1. Barrier (Marie-France), *Ranavalo, dernière reine de Madagascar*, Paris, Balland, 1996 ; Barraux (Roland), *Ranavalo III, une reine malgache en exil*, Paris, L'Harmattan, 2013.

2. Malbert (Thierry), *L'Exil d'Abdelkrim El Khattabi à La Réunion 1926-1947*, Saint-Denis (La Réunion), Orphie, 2016.

3. Elle ne deviendra département français qu'en 1946.

4. Varga (Daniel), « Les Vietnamiens à La Réunion, de la déportation à l'émigration volontaire (1859-1910) », *Outre-Mers*, n° 374-375, 2012, p. 233-273.

5. Alrich (Robert), *op. cit.*, n. p.

6. ANOM, GGI 9593. Lettre du résident supérieur en Annam au gouverneur général de l'Indochine, Hué, le 3 septembre 1919.

7. Wattebled (Charles), « Dans la maison du Roi chinois », *L'Écho annamite*, 9 mars 1927. Retraduit de l'anglais d'après http://www.historicvietnam.com/house-of-the-chinese-king/ Consulté le 24.3.2022.

8. « Lettre de M. Jean-Paul Caboche à M. Claude Vinh San (1999) », NPBV, p. 285.

9. Nous faisons ici allusion au rapatriement de certains *regalia* d'Annam en France, du temps de l'empereur Bao Daï, et de la vente aux enchères de certains par son fils, le prince Bao Long,

en 1995-1996. Cf. notre ouvrage *Nam Phong, dernière impératrice du Viêtnam*, Paris, Perrin, 2019, p. 242-243 et 317.

10. ANOM, GGI 9593. Lettre du gouverneur de La Réunion au gouverneur général de l'Indochine, Saint-Denis, 4 décembre 1916.

11. ANOM, GGI 9593. Copie de cette lettre au gouverneur de La Réunion, Saint-Denis, 11 janvier 1917. Également, lettre du gouverneur de La Réunion au gouverneur général de l'Indochine, Saint-Denis, 18 janvier 1917.

12. ANOM, GGI 9593. Télégramme du résident supérieur à Hué au gouverneur général à Hanoi, 28 février 1917. De même, Note du gouverneur général de l'Indochine au gouverneur de La Réunion, Hanoi, 14 mai 1917.

13. ANOM, GGI 9595. Note pour le directeur des Affaires politiques et indigènes, Hanoï, 16 mars 1920 ; Chapuis (Oscar), *op. cit.*, p. 27.

14. ANOM, GGI 9598. Lettre de la princesse Nguyen Thi Dinh au gouverneur général de l'Indochine, Saïgon, 30 juin 1920.

15. ANOM, GGI 9593. Minute de lettre du gouverneur général de l'Indochine au gouverneur de La Réunion, Hanoi, 10 mai 1917. Elle arriva en Indochine en juin 1917 et se fit débarquer à Tourane, probablement pour rallier Hué (Message du gouverneur de Cochinchine au gouverneur général de l'Indochine, Saïgon, le 22 juin 1917).

16. Thébault (Eugène), art. cit., p. 7.

17. ANOM, GGI 9590. Extrait du procès-verbal de la séance du Conseil du Co-Mat du mardi 5 septembre 1916. Situation financière du prince Vinh San. De même, décret du 8 avril 1917.

18. NPBV, p. 213.

19. Née en 1890.

20. ANOM, GGI 9594. Lettre du gouverneur de La Réunion au gouverneur général de l'Indochine, Saint-Denis, 21 août 1917 (suite à une correspondance sur le même sujet datant du 15 février 1917).

21. ANOM, GGI 9594. Lettre du résident supérieur en Annam au gouverneur général de l'Indochine, Hué, 12 janvier 1918. De même, Alrich (Robert), *op. cit.*, n. p.

22. ANOM, GGI B222.58. Note du gouverneur général de l'Indochine au gouverneur de La Réunion, Hanoï, 12 mai 1928.

23. NPBV, p. 44.

24. *Ibid.*, p. 296.

25. ANOM, GGI 9593. Lettre du gouverneur de La Réunion au gouverneur général de l'Indochine, « a.s. des princes annamites », Saint-Denis, 18 janvier 1917.

26. ANOM, GGI 9594. Lettre du gouverneur de La Réunion au gouverneur général de l'Indochine, Saint-Denis, 21 août 1917.

27. ANOM, GGI. Lettre du gouverneur de La Réunion au gouverneur général de l'Indochine, Saint-Denis, 12 janvier 1922.

28. ANOM, GGI 9595. Note pour le directeur des Affaires politiques et indigènes, Hanoï, 16 mars 1920 (souligné par nous).

29. NPBV, p. 40.

30. Dabat (Amandine), *Ham Nghi, empereur en exil, artiste à Alger*, Paris, Sorbonne Université Presses, 2019, p. 60-61.

31. Thébault (E.), art. cit., p. 7.

32. NPBV, p. 36.

33. *Ibid.*, p. 36.

34. Site *https://www.maguytran-pinterville.com/vietnam-le-dernier-empereur/* ; consulté le 28 juin 2019.

35. NPBV, p. 36.

36. « Variations sur une lyre brisée (1923) », NPBV, p. 187.

37. Conférence du 21 novembre 1997, NPBV, p. 281.

38. NPBV, p. 37-39.

39. *Ibid.*, p. 39.

40. *Ibid.*, p. 38-39.

41. Cilaos, site Wikipédia.

42. *Peï* : un « noun masculine » qui signifie « pays » en créole de La Réunion ; un commerce *peï* est un commerce typiquement local.

43. « Témoignage de M. Gilbert Manès (2000) », NPBV, p. 293-294.

44. Wattebled (Charles), « Un empereur d'Annam à La Réunion », *L'Écho annamite*, 7 mars 1927. Retraduit de l'anglais d'après http://www.historicvietnam.com/emperor-of-annam-in-la-reunion/ (consulté le 24 mars 2022).

45. Alrich (Robert), *op. cit.*, p. 157.

46. Ton That Sa, « Deux sentences parallèles caustiques », *ibid.*, p. 105.

47. Entretien avec M. Jean Henri Azema, à la Bibliothèque départementale de La Réunion, Saint-Denis le 3 mars 1990, https://gabas.pagesperso-orange.fr › temoin (consulté le 13 décembre 2019).

48. Lettre du 11 novembre 1917 à Monsieur Pallant, Vénérable de la Loge, Saint-Denis, *in* NPBV, p. 328. Claude Gendre a consacré un chapitre entier à « Duy Tan, l'empereur franc-maçon » (p. 123-132) dans son *livre La Franc-Maçonnerie, mère du colonialisme. Le cas du Vietnam*, Paris, L'Harmattan, 2011, 163 p.

49. Texte complet de ce *Message*, *in* NPBV, p. 190-195.

50. NPBV, p. 296-297.

51. NPBV, p. 211.

52. Lettre du prince Vinh San à son fils Claude Vinh San, 9 septembre 1945, NPBV, p. 210.

53. Lettre du prince Vinh San à M. Van Sa (1945), NPBV, p. 205.

54. Lettre de Roger Guichard à M. Vinh Chuon, 1984, *in* NPBV, p. 256.

55. Thébault (Pierre Eugène), *op. cit.*, p. 8. Le Parti communiste dont il s'agit ici est le Parti communiste français, le Parti communiste réunionnais n'ayant été fondé qu'en 1959, par Paul Vergès. Par ailleurs, il semble invraisemblable que Pierre Thébault songe, dans ce texte, au Parti communiste indochinois, fondé depuis 1930.

56. « Les raisons de la fondation de *Témoignages* par le Dr Raymond Vergès », 11, Témoignages.re, 18 mai 2004.

57. ANOM, GGI 9599. Extrait du *Courrier colonial* du 29 juillet 1921.

58. Alrich (Robert), *Banished Potentas. Dethroning and Exiling Indigenous Monarchs under British and French Colonial Rule, 1815-1955*, Manchester, Manchester University Press, 2018. Ch. 4, « Imperial Banishment : French Colonizers and Exile of Annamese Emperors », p. 129.

59. ANOM, GGI 9599. Lettre du gouverneur de La Réunion au gouverneur général de l'Indochine, Saint-Denis, 12 janvier 1922.

60. ANOM, GGI 9599. Lettre du gouverneur de La Réunion au gouverneur général de l'Indochine, Saint-Denis, 12 janvier 1922.

61. ANOM, GGI 9599. Lettre du prince Vinh San au résident supérieur d'Annam, Saint-Denis (Hôtel Mac-Cay, rue du Conseil), 3 septembre 1921.

62. Lettre du directeur des Archives de La Réunion, 9 novembre 1960, *in* NPBV, p. 251.

63. Hémery (Daniel), « Les communistes vietnamiens et le Front populaire (1936-1939) », *Contretemps*, n° 14-15, mars-avril 1977,

p. 147 ; plus généralement, cf. Gratien (Jean-Pierre), *Un socialiste à l'Outre-Mer*, Paris, L'Harmattan, 2006.

64. Texte de cette lettre en annexe, d'après ANOM. 2 HCI/255. Lettre datée de Saint-Denis, le 5 juin 1936.

65. Hémery (Daniel), art. cit., p. 143-148.

66. Concernant Ham Nghi, on consultera Dabat (Amandine), *Ham Nghi, empereur en exil, artiste à Alger*, Paris, Sorbonne Université Presses, 2019, 486 p. Les citations qui suivent sont extraites de cet ouvrage.

67. Dabat (A.), *op. cit.*, p. 394.

68. *Ibid.*, p. 361-362.

69. *Ibid.*, p. 503.

70. *Ibid.*, p. 495. En revanche, on évitera la confusion de Charles Fourniau dans sa thèse *Les Contacts franco-vietnamiens en Annam et au Tonkin de 1885 à 1896*, Université d'Aix-Marseille, 1984, p. 1657, qui écrit : « ... au début de 1945, à un moment où, une nouvelle fois, on pensait à lui [Ham Nghi] pour occuper le trône des Nguyen. » Cet auteur confond probablement avec Duy Tan, d'autant que Ham Nghi était décédé en 1944.

71. Concernant Abdelkrim, on lira avec intérêt l'excellent article du grand orientaliste Robert Montagne, spécialiste du monde berbère, « Abd el Krim », *Politique étrangère*, n° 12-3, 1947, p. 301-324.

5
De la TSF à la Résistance

1. Thébault (Eugène), art. cit., p. 9.

2. NPBV, p. 40.

3. Témoignage de M. Omer Hoarau (2000), NPBV, p. 295.

4. D'après le site www.uft.net/f2vx/afrique/Afrique-6.pdf (consulté le 19 août 2019).

5. Alrich (Robert), *op. cit.*, p. 159.

6. NPBV, p. 38.

7. Thébaut (Eugène), art. cit., p. 8.

8. Lettre de la Préfecture de la Réunion, 1960, NPBV, p. 251.

9. Témoignage de M. Simon Lucas, in *Un petit Créole et ses souvenirs*, La Réunion, Océan Éditions, 1992.

Repris *in* NPBV, p. 267. Simon Lucas était également franc-maçon, mais aussi membre de la SFIO.

10. Thébault (E.), art. cit., p. 9.

11. Guichard (Roger), « Au rendez-vous du prince : la mort et le non de l'histoire », *Journal de l'île de La Réunion*, 9 décembre 1975.

12. On lui doit un *Recueil de poèmes de Raoul Nativel*, poète chrétien, choisis par Claude Vinh San, fils du prince Vinh San, Saint-Denis, Azalées Éditions, 2008, 85 p. Le 23 juin 1940, en tant que président du Conseil général depuis 1937, il dénoncera l'armistice à Radio Saint-Denis : « Qu'il plaise à l'ennemi d'escamoter la France et de nier son histoire de quinze siècles, mais il ne pourra pas être dit que nous, les Français des colonies, nous nous sommes faits par notre silence pusillanime, les fossoyeurs consternés de la patrie. Vive la France brisée, mutilée, mais immortelle ! »

13. Responsable militaire de la place de Saint-Denis.

14. Résistant, tué en 1942 lors du ralliement de l'île au général de Gaulle. Compagnon de la Libération à titre posthume.

15. Qui sera muté à Madagascar et déclassé en 1941 en raison de ses opinions gaullistes.

16. Issu de la grande bourgeoisie réunionnaise, ancien employé des chemins de fer, devenu député en octobre 1945, il sera l'un des artisans de la départementalisation de la colonie de La Réunion.

17. Rives (colonel Maurice), « Le prince Vinh San, joker du général de Gaulle (1900-1945) », *Bulletin de l'A.N.A.I.*, 4e trimestre 1996, p. 14.

18. La Réunion et le régime de Vichy (2e partie), http://www.clicanoo.com/index.php?page=article&id_article=97621 (consulté le 29 juin 2019).

19. Témoignage de M. Simon Lucas, NPBV, p. 267 ; cette référence vaut également pour les développements suivants. Également : « Lettre de M. Simon Lucas, enseignant en 1939 ». https://gabas.pagesperso-orange.fr › témoin (consulté le 13 décembre 2019).

20. Le fils du prince Vinh San, radioamateur lui-même, met en doute ces émissions à partir de l'extérieur ; il pense qu'il les effectuait plutôt à son domicile.

21. Rives (colonel Maurice), art. cit., p. 14.

22. Annet (Armand), *Je suis gouverneur d'outre-mer*, Paris, Éditions du Conquistador, 1957 ; *Aux heures troublées de l'Afrique française, 1939-1943*, Paris, Éditions du Conquistador, 1939-1943. Jennings (Eric T.), *Vichy in the Tropics : Pétain's National Revolution*

in Madagascar, Guadeloupe, and Indochina, 1940-1944, Stanford University Press, 2004.

23. NPBV, p. 137. En fait, sa mère était repartie en Indochine depuis 1920.

24. *Ibid.*

25. Témoignage de M. Simon Lucas, NPBV, p. 269.

26. D'après le site www.uft.net/f2vx/afrique/Afrique-6.pdf (consulté le 19 août 2019).

27. Pourtant, le fils du prince estimera que ce n'était pas possible car la police lui avait confisqué son poste émetteur lors de son arrestation en mai.

28. De Gaulle (général), *Mémoires de guerre*, Paris, Plon, 1956, t. II : *L'Unité*, p. 55.

29. Après bien des commandements en Méditerranée, à Madagascar, dans l'océan Indien et le Pacifique, il deviendra, en 1961, chef du cabinet militaire du Premier ministre Michel Debré et finira sa carrière comme amiral. Compagnon de la Libération, il décédera en 2002, à l'âge de 94 ans et sera inhumé dans son village natal de Pléguien.

30. Jules Evenou, site internet du Musée de l'Ordre de la Libération. Consulté le 7 août 2019. Jules Evenou et Jean Cadéac d'Arbaud seront tous les deux faits compagnons de l'Ordre de la Libération. Cf. Notin (Jean-Christophe), *1 061 compagnons : histoire des Compagnons de la Libération*, Paris, Éditions Perrin, 2000.

31. Le Joubioux, « L'île de la Réunion dans la Seconde Guerre mondiale », *Revue historique des armées*, n° 263, 2011, p. 81-92 ; Combeau (Yvan), « La Réunion : une colonie gaulliste en reconstruction (1942-1945) », in *Guerres mondiales et conflits contemporains*, n° 246, 2012, p. 63-78.

32. De Gaulle (général), *op. cit.*, p. 55.

33. Thébault (Eugène), art. cit., p. 12.

34. Témoignage de M. Simon Lucas, NPBV, p. 269.

35. Thébault (Eugène), art. cit., p. 12.

6
Dans les Forces françaises libres

1. *Ibid.*, p. 12.

2. Plus tard, il sera transféré à Alger. À la Libération, il passera devant la Cour de justice de Paris et sera relaxé.

3. Jean Capagorry. Site internet de l'Ordre de la Libération (consulté le 7 août 2019).

4. Il restera gouverneur jusqu'en 1947, accompagna l'évolution du statut de La Réunion, de colonie à département d'outre-mer, et viendra y prendre sa retraite ; à son décès, en 1981, il sera enterré au cimetière des Volontaires, près de l'endroit où il débarqua le 28 novembre 1942.

5. L'exil d'Abdelkrim sera d'ailleurs commué en exil dans le sud de la France, en mai 1947, mais à l'occasion de son transfert vers la métropole, il s'évadera lors de l'escale de Suez et passera le reste de sa vie en Égypte, militant pour la libération du Maghreb.

6. Par le tribunal militaire de Tananarive, avec maintien de pension, en septembre 1944.

7. On lui doit en particulier une importante contribution sur la vie du prince Vinh San à La Réunion, sous le titre « Le destin tragique d'un empereur d'Annam », dans la revue *France-Asie* (Voir la bibliographie).

8. Thébault (Eugène), *art. cit.* p. 12.

9. Le Joubioux, art. cit., p. 19 (d'après les Archives d'outre-mer, série 1, Affaires politiques, n° 1131 : télégramme de Capagorry au Comité national français du 9 avril 1943) ; Thébault (Eugène), *op. cit.*, p. 13.

10. Vo Quang Yen, *Gui Thuong Ve Hué*, Tap V : *Hué qua trang Su*, 2008, Ch. 47 (« Les derniers jours de la vie du roi Duy Tan »). Site internet, consulté le 9 août 2019.

11. Thébault (Eugène), art. cit., p. 13 ; Chaffard (Georges), *Les Carnets secrets de la décolonisation*, Paris, Calmann-Lévy, 1965.

12. Chaffard (Georges), *Les Carnets secrets de la décolonisation, in* NPBV, p. 236. Sur Nguyen The Truyen, cf. Pierre Brocheux, « Une histoire croisée : l'immigration politique indochinoise en France, 1911-1945 », mai 2009.

https://indomemoires.hypotheses.org/tag/nguyen-the-truyen, consulté le 20 août 2019. Nguyen The Truyen (1878-1969) refusera le poste de vice-président de la République démocratique du Viêtnam que lui proposera Hô Chi Minh en 1946.

13. De Boissieu in *De Gaulle et l'Indochine, op. cit.*, p. 176 ; Rives (colonel Maurice), « Le prince Vinh San, joker du général de Gaulle (1900-1945) », *Bulletin de l'A.N.A.I.*, 4e trimestre 1996, p. 15.

14. *Ibid.*

15. De Boissieu (Alain), *Pour servir le Général*, Paris, Plon, 1982, « Lettre du gouverneur François de Langlade » (non datée), p. 269.

16. ANOM, 2 HCI/255. Lettre du prince Vinh San au gouverneur, Saint-Denis, 29 août 1944.

17. Télégramme n° 226 Ch. 2200 – 31-68 gouverneur Réunion à Colonies Paris. Texte *in* Thébault (Eugène), art. cit., p. 14-15.

18. Lettre du prince Vinh San à M. Roger Guichard, 10 décembre 1944, *in* NPBV, p. 196.

19. Lettre du prince Vinh San à M. Paul Bour, 29 janvier 1945, *in* NPBV, p. 197.

20. Site internet http://vinhsan.free.fr. Consulté le 19 août 2019. En revanche, Bernard Fall, dans ses différents livres sur le Vietnam, écrit régulièrement que le prince Vinh San fut fait Compagnon de la Libération, seul Vietnamien ayant obtenu cette distinction (Bernard Fall, *Street Without Joy*, Stackpole Books, rééd. 2018, p. 329) : c'est évidemment une erreur.

21. Lettre du prince Vinh San au général de Gaulle, 19 avril 1945, *in* NPBV, p. 198.

22. Montagne (Robert), art. cité, p. 314.

7
« J'ai conscience d'avoir servi la France comme mon propre pays »

1. Sur cette « Sphère », cf. Poujade (René), *L'Indochine dans la Sphère de coprospérité japonaise de 1940 à 1945*, Paris, L'Harmattan, 2007.

2. De Boissieu (Alain), *Pour servir le Général, op. cit.*, p. 270.

3. Allocution du 14 mars *in* De Gaulle, *Mémoires de guerre*, Paris, Plon, 1959, t. III, p. 488-490 ; déclaration du 24, *ibid.*, p. 458-460. Sur un plan plus général, cf. Turpin (Frédéric), *De Gaulle, les gaullistes et l'Indochine, 1940-1956*, Paris, Les Indes savantes, 2005.

4. Thébault (E.), art. cit., p. 25.

5. *Ibid.*, p. 21.

6. De Boissieu in *De Gaulle et l'Indochine, op. cit.*, p. 174-175 (voir texte en annexe) ; Rives (colonel Maurice), art. cit., p. 14. École créée en 1942, en Angleterre, pour la formation des futurs officiers de la France libre.

7. Rives (colonel Maurice), art. cit., p. 15.

8. De Boissieu (Alain), *Pour combattre avec de Gaulle*, Paris, Plon, 1981, p. 308.

9. *Ibid.*, p. 308-309.

10. *Ibid.*, p. 309-310 ; sur la mission de Boissieu, voir également *De Gaulle et l'Indochine, op. cit.*, p. 176-177.

11. ANOM, 2 HCI/255. Lettre du prince Vinh San à un ami (non identifié), Saint-Denis, le 27 avril 1945. Il ne semble pas que cette lettre figure dans les archives.

12. De Boissieu in *De Gaulle et l'Indochine, op. cit.*, p. 177.

13. Rives (colonel Maurice), art. cit., p. 15.

14. *Ibid.*

15. « Autour d'un périple africain, par M. Roger Guichard », NPBV, p. 260-261.

16. Ce texte sera publié dans le journal *Combat* du 16 juillet 1945. Reproduit *in* NPBV, p. 170-172. Texte complet en annexe. La date de 1947 figurant dans NPBV est une erreur. On retrouve cette même date de 1947 in *De Gaulle et l'Indochine, op. cit.*, p. 31, note 1. Boissieu fit lire ce texte au Général en 1945, mais il s'agissait d'une copie non encore publiée. Toutefois, il précise bien que le prince Vinh San lui avait demandé s'il pouvait le faire paraître dans un journal. De Boissieu en avait référé à Palewski qui avait donné son accord. C'est alors qu'il fut publié dans le journal *Combat* : « Cet article de *Combat* a suscité une certaine curiosité et le général de Gaulle l'avait parfaitement remarqué. » Il s'agit probablement du n° 345, des dimanche 15 et lundi 16 juillet 1945 ; n'a pu être vérifié.

17. Cette statue, sculptée par Georges Malissard en 1928, se trouve aux Grosvenor Gardens, près de la gare Victoria de Londres et porte l'inscription : « J'ai conscience d'avoir servi l'Angleterre comme mon propre pays. »

18. « Fiche de renseignements au sujet de l'aspirant Vinh ex-empereur d'Annam », EMGDN, troisième section, Paris, 21 mai 1945, Série Asie 1944-1955, sous-série Indochine, cité par Turpin

(Frédéric), *Le Gaullisme et l'Indochine (1940-1956)*, thèse, Université de Paris IV-Sorbonne, 2001, p. 308, note 110.

19. Étienne Boulé se disait lui-même, en 1946, « professeur de philosophie, ancien proviseur, ancien chef de service en Indochine, ancien prisonnier en Allemagne, ancien membre de la Résistance et des FFL (groupe Didier de l'Allier), chef de la Mission indochinoise d'information de Tananarive ».

20. NPBV, p. 173.

21. *Ibid.*, p. 238. Texte complet, p. 237-239. Cette référence vaut également pour les citations ci-après.

8
Chef de bataillon ou empereur ?

1. De Boissieu (Alain), *Pour combattre avec le Général, op. cit.*, p. 311.

2. Thierry d'Argenlieu (amiral), *Chroniques d'Indochine, 1945-1947*, Paris, 1985, annexes du ch. IV, p. 436.

3. *Ibid.*

4. Lettre du prince Vinh San à M. Van Sa, 21 juillet 1945, NPBV, p. 200.

5. Dans son ouvrage en vietnamien *Ben giong lich su – Hoi ky 1940-1965* (1971) (*Du côté de l'histoire, 1940-1965*). D'après http://www-duhoctrungquoc-vn.translate.goog/wiki/vi/Duy Tan. Consulté le 23.3.2022.

6. Chaffard (Georges), *op. cit.*, *in* NPBV, p. 235.

7. Archives de la France d'outre-mer, lettre au ministre des Colonies, Tananarive, 11 juillet 1945, NF 1105. Cité par Turpin (Frédéric), *op. cit.*, p. 310.

8. Lettre du prince Vinh San à M. Van Sa (1945), NPBV, p. 200.

9. Lettre de M. Étienne Boulé au ministre des Colonies (1946), NPBV, p. 243.

10. Thébault (Eugène), art. cit., p. 19.

11. Lettre du prince Vinh San à M. Van Sa, art. cité, NPBV, p. 200.

12. De Boissieu (Alain), *Pour combattre avec de Gaulle, op. cit.*, p. 311.

13. Thébault (Eugène), art. cit., p. 16.

14. ANOM, 2 HCI/255. Lettre à Roger Guichard, datée de Paris, le 16 novembre 1945.

15. Lettre du prince Vinh San à son frère Vinh Chuon, 14 septembre 1945, NPBV, p. 203.

16. Lettre du prince Vinh San à son fils Claude Vinh San, 9 septembre 1945, NPBV, p. 209.

17. Lettre du prince Vinh San à M. Van Sa, NPBV, p. 205.

18. Lettre du prince Vinh San à M. Van Sa, 17 novembre 1945, NPBV, p. 205.

19. Lettre du prince Vinh San à M. Étienne Boulé, 16 novembre 1945, NPBV, p. 206.

20. Thébault (Eugène), art. cit., p. 28-29.

21. De Boissieu in *De Gaulle et l'Indochine, op. cit.*, p. 177.

22. Thébault (Eugène), art. cit., p. 29.

23. ANOM, 2 HCI/255. Lettre dactylographiée datée de Paris, 7 novembre 1945.

24. Rives (colonel Maurice), art. cit., p. 15.

25. *Ibid.*, p. 18.

26. ANOM, 2 HCI/255. Lettre à Roger Guichard, datée de Paris, 16 novembre 1945.

27. Lettre du prince Vinh San, Saint-Denis, le 7 décembre 1937. Site internet consulté le 26 août 2019 :

https://www.maguytran-pinterville.com/viietnam/le-dernier-empereur-s-m-duy-tan/

28. Devillers (Philippe), *Histoire du Viêt Nam de 1940 à 1952*, Paris, Le Seuil, 1952, p. 171. Cette information semble authentique, même si, par ailleurs, Philippe Devillers est très souvent peu fiable. Ainsi, à cette même page, écrit-il à propos de Vinh San : « exilé à seize ans en *Algérie*, il s'était engagé en 1942 dans les forces *aériennes* de la France libre », alors que ce fut à La Réunion et dans les forces navales.

29. Ces quelques lignes relatives à Jacques Bousquet s'inspirent de Ragache (Gilles), « Un illustré sous l'occupation : Le Téméraire », *Revue d'histoire moderne & contemporaine*, 2000/4 (n° 47-4), p. 747-767.

30. Lieutenant de réserve, Jacques Bousquet servira en Indochine en 1946-1947 comme officier d'état-major. On le retrouvera en 1946 comme membre des différentes délégations françaises chargées de négocier avec les Vietnamiens aux conférences de Dalat

et Fontainebleau (Thierry d'Argenlieu, *op. cit.*, p. 247 note 2, 296 note 1 et 300, note 2). On perdra ensuite sa trace, en Indochine, puis à Hong Kong et en Extrême-Orient.

31. Rives (colonel Maurice), art. cit., p. 15.

32. Thébault (Eugène), art. cit., p. 19. Il sera décoré de la médaille de la Résistance indochinoise en mars 1948.

33. Devillers (Philippe), in *De Gaulle et l'Indochine, op. cit.*, p. 201.

34. Thébault (Eugène), art. cit., p. 32.

35. Lettre du prince Vinh San à M. Paul Bour, 29 janvier 1945, NPBV, p. 197.

9
Le « dessein secret » du Général

1. De Gaulle (général), *op. cit.*, p. 230.

2. Cité par Turpin (Frédéric), *Le Gaullisme et l'Indochine (1940-1956)*, 2001, vol. 1, p. 310.

3. De Gaulle (général), *op. cit.*, p. 230.

4. Raphaël-Leygues (Jacques), *Ponts de lianes. Missions en Indochine, 1945-1954*, Paris, Hachette, 1976.

5. Decoux (amiral), *A la barre de l'Indochine*, Paris, Plon, 1949, p. 438.

6. Lettre du prince Vinh San à M. Étienne Boulé, 10 septembre 1945, NPBV, p. 201.

7. Lettre du prince Vinh San à M. Étienne Boulé, 16 octobre 1945, NPBV, p. 204.

8. De Boissieu (Alain), *Pour combattre avec de Gaulle, op. cit.*, p. 334.

9. Thébault (Eugène), art. cit., p. 26. La suite de ce récit, jusqu'à la rencontre entre le prince et le Général, s'appuie entièrement sur cette source qui ne sera plus autrement citée.

10. « Le gouverneur François de Langlade [...] était l'ancien chef de la Délégation politique de la France libre en Extrême-Orient, ancien commandant de la section française des services spéciaux à Calcutta. Il avait été parachuté en Indochine plusieurs fois, la dernière en date avec mission de rencontrer l'amiral Decoux de la part du général de Gaulle et de l'informer de l'organisation de la résistance en Indochine, sans lui confier de responsabilité en la matière, étant

donné son attitude antérieure [favorable à Vichy]. » De Boissieu (Alain), *op. cit.*, p. 270.

11. Lettre du prince Vinh San à M. Étienne Boulé, 16 novembre 1945, NPBV, p. 206.

12. Thierry d'Argenlieu (amiral), *op. cit.*, p. 112. Toutes les citations qui suivent sont extraites de ce même texte, p. 112-113, qui ne sera plus cité.

13. *Ibid.*, p. 436.

14. ANOM. 2 HCI/255. Demi-feuille volante sans en-tête ni date, dans un dossier « Haussaire Indo à Comindo », Hanoï, 29.12.1945.

15. Thierry d'Argenlieu (amiral), *op. cit.*, p. 113.

16. Dans son livre sur de Gaulle, Jean Lacouture affirme que le prince Vinh San, pour cette rencontre, était « flanqué d'un conseiller, M. Thébault » : c'est une erreur.

17. De Gaulle (général), *op. cit.*, p. 231.

18. Thierry d'Argenlieu (amiral), *op. cit.*, p. 437.

19. Thierry d'Argenlieu (amiral), *op. cit.*, p. 436-437. On notera que bien peu d'historiens contemporains, retraçant les événements de 1945 au Viêtnam, prompts à rappeler les déclarations d'Hô Chi Minh ou le texte d'abdication de l'empereur Bao Daï, citent cet Appel du prince Vinh San, le 14 décembre 1945.

20. Thébault (Eugène), art. cit., p. 29. Les citations qui suivent proviennent de ce texte qui ne sera plus autrement cité.

21. De Boissieu (Alain), *Pour combattre avec de Gaulle, op. cit.*, p. 335.

22. De Boissieu (Alain), *Pour servir le Général, op. cit.*, p. 269.

23. Secte religieuse fondée en Cochinchine, en 1939, pour la « restauration » du bouddhisme. Cf. Bourdeaux (Pascal), « Croyances populaires et rétorsion coloniale dans le delta du Mékong. Commentaires sur la découverte d'une secte religieuse au village Hòa Hảo (mars-mai 1940) », *Aséanie,* n° 16, 2005, p. 109-142.

24. De Boissieu (Alain), *Pour combattre avec le Général, op. cit.*, p. 336.

25. Franchini (Philippe), *Les Guerres d'Indochine*, Paris, Pygmalion, 2008, p. 281-282.

26. Rives (colonel Maurice), art. cit., p. 15-16. Il est surprenant que les principaux responsables politiques et militaires français de l'époque – général Leclerc, amiral Thierry d'Argenlieu, comman-

dant de Boissieu, *et al.* – ne mentionnent nullement ces préparatifs militaires. La source de cette information est fiable, le colonel Maurice Rives étant un auteur reconnu en ce qui concerne l'histoire des troupes coloniales. Par ailleurs le fait est confirmé par les mémoires de Tran Van Don lui-même. Le colonel Rives ne donne pas directement la date du 14 décembre 1945, mais écrit : « Vinh San écrit *le 16 décembre* etc. », puis « *Deux jours auparavant* à Saïgon, le général Leclerc a ordonné etc. », ce qui correspond donc au 14 décembre.

27. Par exemple général Crépin in *De Gaulle et l'Indochine, op. cit.*, p. 210 ; « Le général Leclerc, curieusement, n'a jamais été mis au courant de l'affaire Vinh San. »

28. Ph. Devillers in *De Gaulle et l'Indochine, op. cit.*, p. 201.

29. Sur tous ces événements concernant la ville de Hué et l'ex-impératrice Nam Phuong, cf. notre ouvrage *Nam Phuong, dernière impératrice du Vietnam*, Paris, Perrin, 2019, p. 194-197.

30. Rives (colonel Maurice), art. cit., p. 15-16. D'après Tran Van Don, *Viêt Nam Nhan Chung*, Californie, Éditions Xuan Thu, 1989.

31. Il sera au cabinet du gouverneur général Thierry d'Argenlieu, de 1945 à 1947, puis président du gouvernement vietnamien en 1949-1951. Il était marié à Gabrielle, fille de l'ambassadeur Tran Van Don, père du général Tran Van Don, et donc beau-frère de ce dernier. Arrêté par les communistes en 1975, il sera interné dans un camp de rééducation, au Nord-Vietnam, de 1975 à 1982, date à laquelle il se réfugiera en France où il décédera en 1987. Son épouse, Gabrielle Le Van Kim décédera en France, en 2014.

32. Devenu général, il soutiendra le régime du président Ngo Dinh Diem à partir de 1955, puis sera l'un des artisans du coup d'État de 1963 contre ce dernier. Il deviendra vice-ministre, puis ministre de la Défense et se réfugiera aux États-Unis en 1975 où il décédera en 1998. Ses mémoires ont été publiées en français : Tran Van Don (général), *Les Guerres du Vietnam. Un quart de siècle au Vietnam Sud*, Vertiges, 1985, 395 p. Son père finira sa vie publique comme ambassadeur du Sud-Vietnam à Rome, poste dont il sera révoqué par Ngo Dinh Diem.

33. C'est Jean Sainteny lui-même qui le déclarera lors d'une conférence prononcée le 23 juin 1975 à l'Institut Charles de Gaulle : « Le secret avait été si bien gardé que ni M. Sainteny ni le général

Leclerc n'en surent rien à l'époque », précisait le compte rendu de cette conférence donné par *Le Monde* (*Le Monde*, 25 juin 1975). En ce qui concerne le général Leclerc, c'est erroné.

34. Il sera tué à Mytho (Cochinchine), en avril 1947.

35. Tran Van Don, *Les Guerres du Viêtnam*, S. l., Vertiges, 1985, p. 36.

36. Curieusement, ce sera effectivement en mars 1946 que le siège de Hué par le Vietminh sera enfin levé, grâce à une colonne militaire française commandée par le lieutenant-colonel de Crèvecœur.

37. Joyaux (François), *Nam Phuong, op. cit.*, p. 189-192.

38. Probablement la Guerre ou les Colonies lui avaient préparé des fiches, mais nous n'en avons retrouvé aucune trace dans les archives et ne connaissons pas les renseignements indiqués. Le fils du prince Vinh San affirme avoir rencontré « M. Boulet, administrateur au Laos. Il connaissait très bien mon père et a même fait une fiche signalétique des services de mon père à présenter au général de Gaulle vers 1944-1945 ». Émission sur RFI, 7 mai 2016. https://www.rfi.fr › viet-nam › 2016... Consulté le 7 août 2022. Est-ce celui que le princeVinh San appelait « l'ami Étienne Boulé, de Radio Tananarive » ?

39. Vaïsse (Maurice), « De Gaulle et Mohammed V. 18 juin 1940 -18 juin 1945 », *Guerres mondiales et conflits contemporains*, n° 241, 2011, p. 91-106.

40. *Ibid.*

41. Ce serait par trop dépasser le cadre de cette biographie du prince Duy Tan, mais il serait également intéressant d'évoquer et lui comparer les figures de Félix Éboué (1884-1944), d'origine guyanaise, franc-maçon comme Duy Tan, administrateur colonial, rallié au général de Gaulle dès après le 18 juin 1940, troisième Compagnon de la Libération, ou encore celle de Léopold Senghor (1883-2001), son gendre, d'origine sénégalaise, auteur, en janvier 1945, de *La Communauté impériale française*, défenseur de l'idée d'Union française (et futur président de la République du Sénégal), voire celle d'un Ferhat Abbas (1899-1985), l'Algérien correspondant de Charles Maurras, rédacteur dans les années 1930 de *L'Entente franco-musulmane* et de l'article « La France, c'est moi », avant qu'il ne radicalise son discours, ou bien encore celle d'Aimé Césaire (1913-2008), le Martiniquais anticolonia-

liste et communiste, mais très modérément résistant, partisan, en 1945, de la départementalisation de l'île pour en accélérer la modernisation.

10
« Vraiment, la France n'a pas de chance »

1. Actuellement N'Djaména, capitale du Tchad.

2. Et non le 24 comme indiqué dans la chronologie de Thierry d'Argenlieu, *op. cit.*, p. 457.

3. Thébault (Eugène), art. cit., p. 34.

4. Actuelle République centrafricaine.

5. Lacouture (Jean), *op. cit.*, p. 166-169. Cette phrase, rapportée par d'autres auteurs, est avérée, mais de façon générale, Jean Lacouture est souvent très approximatif sur le plan historique. Ainsi écrit-il, par exemple : « L'avion qui emportait Vinh San, regagnant l'Indochine, s'était écrasé en mer », alors qu'il regagnait La Réunion et s'était écrasé dans la brousse africaine (Jean Lacouture, *Nos Orients*, Paris, Éditions du Rocher, 2009).

6. De Boissieu (Alain), *Pour combattre avec de Gaulle, op. cit.*, p. 335-336.

7. Rallié à la France libre dès juin 1940 ; commandant du Groupe de bombardement Bretagne jusqu'en 1943, date à laquelle il avait été amputé d'une jambe à la suite d'un accident d'avion.

8. Résultat de l'enquête du lieutenant-colonel Tassin de Saint-Péreuse *in* Thierry d'Argenlieu (amiral), *op. cit.*, p. 437-438.

9. De Folin (Jacques), *Indochine. 1940-1955. La fin d'un rêve*, Paris, Perrin, 1993, p. 113-114.

10. Thébault (Eugène), art. cit., p. 33. Confirmé par le général de Boissieu, *De Gaulle et l'Indochine, op. cit.*, p. 162.

11. Chaffard (Georges), *op. cit.*,

12. Thébault (Eugène), art. cit., p. 35.

13. Salel (lieutenant-colonel H.), « Destin tragique d'un empereur », *Revue économique française*, n° 3 et 4, 1967. NPBV, p. 181.

14. NPBV, p. 376.

15. Rives (colonel Maurice), art. cit., p. 16.

16. « Mountbatten would almost certainly not have approved the placing of Vinh San in the position of puppet emperor previously occupied by Bao Daï », écrit Peter Neville in *Britain and*

Vietnam. Prelude to Disaster, 1945-1946, Londres, Routledge, 2007, p. 117.

17. Tran Van Don, *op. cit.*, p. 57.

18. De Boissieu (Alain), *Pour combattre avec le Général, op. cit.*, p. 336.

19. Thierry d'Argenlieu (amiral), *op. cit.*, p. 113. L'amiral ne savait pas que le prince Vinh San était parti vers La Réunion pour y retrouver sa famille (De Boissieu, in *De Gaulle et l'Indochine, op. cit.*, p. 199).

20. *Ibid.*, p. 110.

21. *Ibid.*, p. 113.

22. Dans *De Gaulle et l'Indochine*, Patricia Sockeel-Richarte écrit (p. 35) ; « Le général de Gaulle avertit, à la mi-décembre 1945, l'amiral d'Argenlieu de son intention d'aller prochainement en Indochine, notamment à Hanoï. Il serait accompagné du prince Vinh San. » Il est regrettable que l'auteur ne donne pas la source de cette information qui semble erronée. L'amiral était au courant du projet de voyage, mais apparemment pas de l'accompagnement par le prince Vinh San.

23. Assez curieusement, le professeur Paul Mus prononcera, en 1946, une conférence intitulée « L'Indochine en 1945 » au cours de laquelle il ne dira rien de cette mission, ne prononçant pas même les noms de Vinh San ou Duy Tan (*Politique étrangère*, n° 5, 1946, p. 433-464).

24. Thierry d'Argenlieu (amiral), *op. cit.* ; Chandler (David), « Paul Mus (1902-1969) : A Biographical Sketch », *Journal of Vietnamese Studies*, University of California Press, vol. 4, n° 1 (Winter 2009), p. 171.

25. Rives (colonel Maurice), art. cit., p. 16.

26. ANOM, 2 HCI/255. Extrait de *Climats*, 13 janvier 1946. Article signé Claude Artois.

11
Post mortem

1. ANOM, 2 HCI/255. Conseiller politique du haut-commissaire en Indochine au gouverneur de La Réunion, s.d. [courant 1946].

2. NPBV, p. 44.

3. Il deviendra ministre de l'Éducation nationale de Bao Daï au début des années 1950.

4. ANOM, 2 HCI/255. Lettre du secrétaire général d'Air France, Brazzaville, Dakar, 28 novembre 1947 et Télégramme de Bollaert à Messmer, 23 décembre 1947.

5. À cette date, le nouveau statut du Vietnam n'était nullement fixé. Il ne le sera qu'en 1949, le Vietnam réunifié devenant alors un « État associé » à la tête duquel sera placé l'ex-empereur Bao Daï, mais nullement une monarchie.

6. Décédé en exil à Alger en 1944.

7. ANOM, 2 HCI/255. Télégramme du général Valluy pour la présidence du Conseil à Paris, s.d. (mais très probablement décembre 1947).

8. ANOM, 2 HCI/255. Lettre de la princesse Luong Nhan au haut-commissaire en Indochine, Saïgon, le 12 juin 1948. Message du général Blaizot, haut-commissaire par intérim au ministre de la France d'outre-mer, Saïgon, 27 juillet 1948.

9. Tran Van Don, *op. cit.*, p. 344.

10. Rives (colonel Maurice), art. cit., p. 16. À noter que le général Tran van Don, dans ses mémoires, mentionne bien cette réception par le président Mobutu (p. 344), mais ne fait aucune allusion à sa visite de la tombe du prince Vinh San.

11. Par la suite, après avoir suivi les cours de l'École d'état-major à Paris, il s'était vu refuser de servir en Indochine, s'étant occupé du retour du prince Vinh San en Annam, et avait donc été affecté en Afrique équatoriale (août 1947).

12. Lettres de Roger Guichard, NPBV, p. 253-263.

13. Retour des restes mortels de l'empereur Duy Tan, NPBV, p. 303-325.

14. NPBV, p. 325.

15. Ce n'est d'ailleurs pas spécifique du régime socialiste. Une des premières mesures du régime nationaliste du président catholique Ngo Dinh Diem, à partir de 1955, avait été d'obliger les fonctionnaires civils et militaires ayant la double nationalité française et viêtnamienne, à abandonner l'une des deux.

16. Nguyen Tien Lang, « Les beautés du "Hoa-Tien" », *Bulletin des amis du Vieux Hué*, 1938, vol. I, p. 2 et suiv.

17. Boissieu (général de), *Pour servir le Général*, *op. cit.*, p. 75.

18. Docteur Tran Ngoc Quang, Vietnamien exilé en France, Aejjrsite.free.fr, *Good Morning*, 7 août 2016.

19. Par exemple : Dang Anh Tuan, « Duy Tan (1907-1916) », https://www.vietnammonpaysnatal.fr/duytan/ (consulté le 23 janvier 2023).

Archives et bibliographie

ARCHIVES

Archives nationales d'outre-mer (ANOM, Aix-en-Provence).
L'essentiel des archives d'Indochine concernant l'empereur Duy Tan, *alias* prince Vinh San, se trouve sous les cotes GGI 9585, 9586, 9588, 9590, 9593, 9594, 9595, 9598, 9599 et 2 HCI/255.
Un grand nombre de documents d'archives le concernant, et conservé aux Archives départementales de La Réunion, se trouve en copie aux Archives nationales d'Outre-mer.

BIBLIOGRAPHIE

Alrich (Robert), *Banished Potentas. Dethroning and exiling indigenous monarchs under British and French colonial rule, 1815-1955*, Manchester, Manchester University Press, 2018 (Ch. 4).

Annet (Armand), *Je suis gouverneur d'Outre-Mer,* Paris, Éditions du Conquistador, 1957 ; *Aux heures troublées de l'Afrique française, 1939-1943*, Paris, Éditions du Conquistador, 1939-1943.

Bao Daï, *Le Dragon d'Annam*, Paris, Plon, 1980.

Boissieu (Alain de), *Pour combattre avec de Gaulle*, Paris, Plon, 1981 ; *Pour servir le Général*, Paris, Plon, 1982.

Brocheux (Pierre), « De l'empereur Duy Tan au prince Vinh San : l'Histoire peut-elle se répéter ? », *Approches Asie*, 10, 1989-1990, p. 1-25.

Bulletin des amis du Vieux Hué. Années 1914-1916.

Chapuis (Oscar), *The Last Emperors of Vietnam : From Tu Duc to Bao Daï*, Westport, Greenwood Press, 2000.

Combeau (Yvan), « La Réunion : une colonie gaulliste en reconstruction (1942-1945) », in *Guerres mondiales et conflits contemporains*, n° 246, 2012, p. 63-78.

Dabat (Amandine), *Ham Nghi, empereur en exil, artiste à Alger*, Paris, Sorbonne Université Presses, 2019.

De Gaulle et l'Indochine, Colloque de l'Institut Charles de Gaulle, Paris, Plon, 1981.

Devillers (Philippe), *Histoire du Viet Nam de 1940 à 1952*, Paris, Le Seuil, 1952.

Eve (Prosper), *Les Sept Dernières Années du régime colonial à La Réunion, 1939-1945*, Paris, Karthala, 2005.

Folin (Jacques de), *Indochine. 1940-1955. La fin d'un rêve*, Paris, Perrin, 1993.

Gaulle (général de), *Mémoires de guerre*, Paris, Plon, 1956, 3 vol.

Gendre (Claude), *La Franc-maçonnerie, mère du colonialisme. Le cas du Vietnam*, Paris, L'Harmattan, 2011.

Jennings (Eric T.), *Vichy in the Tropics : Pétain's National Revolution in Madagascar, Guadeloupe, and Indochina, 1940-1944*, Stanford University Press, 2004.

Journoud (Pierre), *De Gaulle et le Vietnam (1945-1969)*, Paris, Tallandier, 2011.

Lacouture (Jean), *Charles de Gaulle*, t. 2 : *Le Politique*, Paris, Le Seuil, 1985.

Le Joubioux (Hervé), *L'Administration coloniale : les gouverneurs de La Réunion et de Madagascar de 1939 à 1947*, thèse de doctorat, Université de La Réunion, novembre 2008 ; « L'île de La Réunion dans la Seconde Guerre mondiale », *Revue historique des armées*, n° 263, 2011, p. 81-92.

Lucas (Simon), *Un petit Créole et ses souvenirs*, La Réunion, Océan Éditions, 1992.

Marek (Bernard) et Bourau-Glisia (Guy), *Une île dans la guerre*, La Réunion, Azalées Éditions, 1992.

Nguyen Phuoc Bao Vang, *Duy Tan, empereur d'Annam, 1900-1945, exilé à l'île de La Réunion ou Destin tragique du prince Vinh San*, Sainte-Marie (La Réunion), Azalées Éditions, 2001, 392 p. Cet ouvrage, source de documentation exceptionnelle pour la vie de Duy Tan, est cité sous la forme : « NPBV ». Toutefois, son caractère quelque peu « hagiographique » demande à être nuancé par les archives d'Indochine et de La Réunion.

Nguyen The Anh, « L'abdication de Thanh Thai », *Bulletin de l'École française d'Extrême-Orient*, Année 1977, p. 257-264 ; *Monarchie et fait colonial au Vietnam, 1875-1925*, Paris, L'Harmattan, 1992.

Notin (Jean-Christophe), *1061 compagnons : Histoire des Compagnons de la Libération*, Paris, Éditions Perrin, 2000.

Rives (colonel Maurice), « Le prince Vinh San, joker du général de Gaulle (1900-1945) », *Bulletin de l'A.N.A.I.*, 4e trimestre 1996, p. 13-16.

Thébault (E.P.), « Le destin tragique d'un empereur d'Annam », *France-Asie*, n° 200, 1970, p. 3-40. Témoignage essentiel.

Thierry d'Argenlieu (amiral), *Chroniques d'Indochine, 1945-1947*, Paris, Albin Michel, 1985.

Tran Van Don, *Les Guerres du Viêtnam*, S. l., Vertiges, 1985.

Turpin (Frédéric), *De Gaulle, les gaullistes et l'Indochine, 1940-1956*, Paris, Les Indes savantes, 2005.

Index

Les deux noms Duy Tan (empereur) et Vinh San (prince) ne sont pas indexés.

Abdelkrim : 95, 105, 133-135, 161, 174
Alessandri (général) : 246
Allys (père) : 27
Annet (Armand) : 150-151
Antier (Fernande) : 102-103, 106, 266
Aubert (Pierre-Émile) : 142-143, 151, 153, 155, 160
Auclair : 47
Aurousseau (Léonard) : 41-42, 46

Baker (Joséphine) : 125
Bao Daï (empereur) : 76, 80-81, 97, 116-117, 131, 144, 170, 178-180, 185-186, 193, 209, 211, 214, 224-225, 232, 242-243, 245, 247-248, 259, 263, 265, 267-268, 273
Baraquin (Hippolyte) : 157, 160
Barjot (capitaine de vaisseau) : 179
Barre (Raymond) : 161, 270
Barrès (Maurice) : 226
Beau (Paul) : 21-23, 26, 28, 31-36, 56, 118, 279-281, 283
Bidault (Georges) : 179, 261
Blum (Léon) : 214
Boissieu (Alain de) : 165, 167, 182-190, 194, 202-204, 206, 215, 227-228, 240-242, 244, 253, 258, 262, 270, 274
Bollaert (Émile) : 267-268
Bonnard (Abel) : 218-219
Boulé (Étienne) : 195, 198-199, 205-207, 214, 227, 256-257

Bour (Paul) : 172, 221
Bousquet (Jacques) : 218-220, 246-247
Brieux (Eugène) : 16, 37
Bui Quang Chieu : 12, 267
Bui Quang Chieu (Henriette) : 267
Buu Dao (prince) : 27, 77, 80-81, 283
Buu Lân (prince) : 15, 90-101, 104, 151, 265, 267-268
Buu Toan (prince) : 25

Caboche (Jean-Paul) : 99, 140
Cadéac d'Arbaud (Jean) : 155, 160
Cadière (père) : 84
Cao Van Luan : 204
Capagorry (André) : 122, 124, 126, 139, 141, 146, 154-156, 160-162, 165, 168-169, 171, 173, 181-183, 215, 220, 229, 266
Casseville (général) : 185, 188, 205
Catroux (général) : 144
Charles (Eugène) : 35, 38-39, 42, 58-60, 64, 66, 68-69, 72-74, 76-77, 79-80, 82, 88, 92, 107, 113, 281, 283
Chauvel (Jean) : 179
Chirac (Jacques) : 270
Coppet (Marcel de) : 142, 150, 198
Cuong De (prince) : 21, 27, 30, 36, 140, 178-179
Cuong (princesse) : 100, 218, 267-269

Darlan (amiral) : 144, 153
De Tham : 22, 27, 36
Decoux (amiral) : 144, 164, 168, 178, 220, 224, 226
Decugis : 147
Devillers (Philippe) : 218-220, 244
Diethelm (André) : 183-185, 187, 202, 206
Dieu Khong : 41, 48
Dinh Ngo Hang : 220, 244
Dong Khanh (empereur) : 15, 77, 80-81, 283
Dorgelès (Roland) : 13, 29
Doumer (Paul) : 15, 17, 24
Duc Duc (empereur) : 15, 59, 272
Duong Van Sa : 203, 205-206, 210, 212, 256
Dupont : 147
Duprat (Pierre) : 95-96, 100, 102-104

Eberhardt (Philippe) : 40-46, 51, 75
Estrade (docteur) : 107, 218
Evenou (Jules) : 154-155

Ferhat Abbas : 12
Foccart (Jacques) : 270
Franchini (Philippe) : 243

Gaide (docteur) : 72, 75, 84
Gaud (Maurice) : 142
Gaulle (Charles de) : 7, 9-11, 123, 130, 135, 146-147, 154-156, 160-161, 164-168, 170-171, 173-174, 179-190, 194-195, 198-199, 201, 203-204, 207, 209, 212-217, 220-221, 223-251, 253-254, 257, 260-263, 266, 270-271, 273-274
Gaulle (Élisabeth de) : 186, 253, 262
Gaulle (Geneviève de) : 270
Gia Long (empereur) : 13-14, 21, 29, 51, 57, 81, 168-170, 197, 227, 249
Giacobbi (Paul) : 184, 187, 198, 201, 215
Giscard d'Estaing (Valéry) : 161
Gracey (général) : 209
Guichard (Roger) : 147, 171, 189-190, 208, 215, 217, 269-270

Halifax (lord) : 142
Ham Nghi (empereur) : 15, 24, 26-27, 65, 82, 95, 105, 130-133, 169, 211, 269
Hiep Hoa (empereur) : 14
Ho Chi Minh : 9, 122, 125, 209, 216-217, 231-232, 258, 261-262, 274
Ho Dac Trung : 47-49, 86-88
Ho thi Chi : 48-49, 86
Hoang Hoa Tham : 22
Huynh Con : 29, 40, 44, 46-47, 52, 56-58, 65, 73, 80-81, 83

Jacob : 110
Joffre (général) : 60
Juin (général) : 179

Khai Dinh (empereur) : 77, 80-85, 116, 124, 242, 273
Kien Phuc (empereur) : 14
Klobukowski (Antony) : 35

La Tour du Pin (de) : 226
Laloë (Marcelle) : 26
Lang (Paul) : 220, 244
Langlade (gouverneur de) : 167, 179, 228-230, 242
Laurentie (gouverneur) : 179-180
Laval (Pierre) : 219
Le Bris (Henry) : 268
Le Fol : 73-74, 84, 113
Le Marchant de Trigon : 83, 88-89, 126
Le Trinh : 40, 47, 243
Le Van Kim : 243, 246-247
Leclerc (général) : 185, 209, 216, 219, 228, 241, 243-244, 246, 254, 256-257, 261
Legentilhomme (général) : 182-185

Lelong (général) : 163
Lépervanche (Léon de) : 122, 147, 214
Lévecque (Fernand) : 18-19, 21, 25, 28, 34-35, 44, 56, 118
Loeb (père) : 253
Lucas (Simon) : 137, 143-144, 146, 148, 152-153, 156, 270
Luong Kieu (princesse) : 90
Luong Nhan (princesse) : 91

Mai Khac Don : 41-42, 46, 49, 51, 91
Mai thi Vang : 49-52, 68, 79, 91-92, 99, 101-103
Maillot (Ernestine) : 103, 251, 266
Manès (Gilbert) : 111
Marmier (Lionel) : 251-252
Mas (Louis) : 29, 111
Maurras (Charles) : 226
Mesnier (Georges) : 111
Messmer (Pierre) : 217, 261
Michelet (Edmond) : 107, 261
Millerand (Alexandre) : 126
Minh Duc (prince) : 132
Minh Mang (empereur) : 51
Mobutu (président) : 269
Mondain (Jean-Raoul) : 147
Montagne (Robert) : 174
Mounier (Emmanuel) : 226
Moussa : 109
Moutet (Marius) : 78, 120, 126-127, 179, 285
Mus (Paul) : 259-263

Nam Phuong (impératrice) : 178, 245, 248
Nativel (bâtonnier) : 147
Ngo Dinh Diem : 25, 204
Nguyen Huu Bai : 63-65, 70, 76-77, 80
Nguyen Phuoc Bao Vang : 103, 266-267, 271
Nguyen Phuoc (Jean-Luc) : 108
Nguyen The Song : 165
Nguyen The Truyen : 164-165, 218
Nguyen Thi Dinh : 29, 66, 91-92, 100-102, 107, 151, 218, 260, 268
Nguyen thi Kieu : 91
Nguyen Tien Lang : 12, 129, 272
Nguyen Van Mai : 66
Nguyen Van Tan : 218
Nguyen Van Vinh : 12

Orband (Richard) : 53, 59, 84

Pagnol (Marcel) : 246
Palewski (Gaston) : 253
Pallant : 117
Patureau (capitaine) : 149
Pétain (Philippe) : 123, 142, 150, 224

Pham Quynh : 11, 129, 133, 193, 259
Pham thi Khang : 123
Pham Van Dong : 271
Phan Boi Chau : 10, 21, 25, 27, 30, 36, 70, 117, 268
Phan Chau Trinh : 36, 268
Pillet (Jean-Jacques) : 151, 160-161
Plat (capitaine) : 147
Pleven (René) : 165-166, 171, 179, 183, 187
Pu Yi (empereur) : 205

Ranavalona III (reine) : 24, 95, 105, 131
Raphaël-Leygues (Jacques) : 225
Raymond (Jean de) : 231
Regnault de La Susse (Robert) : 58
Revest (Ludovic) : 111
Rheinart (général) : 15
Richard-Evenou (capitaine de frégate) : 154-155, 182
Rives (Maurice) : 243
Roume (Ernest) : 39, 42-43, 50, 60, 68-69, 75, 79-80, 88, 90, 92-93

Sainteny (Jean) : 217, 246, 261
Saint-Mart (Mme de) : 255
Salel (H.) : 256
Sallet (Albert) : 54, 80
Sarraut (Albert) : 35, 37, 58, 100, 102-103, 124
Sogny (Léon) : 19, 30, 73-74, 83-84, 93, 113
Soustelle (Jacques) : 201, 203, 205, 215, 261

Tassin de Saint-Péreuse (Pierre) : 254
Thai Phien : 70-71, 73
Thanh Thai (empereur) : 15-19, 21-30, 35, 40, 54, 74, 80, 82, 89, 91, 97-98, 114-115, 170, 265, 267, 272, 279-281
Thébault (Eugène) : 19, 32, 122, 146-147, 149, 156-157, 161, 165, 181, 215, 220, 228-230, 238, 240-241, 247, 251, 254-255, 257
Thi Hué (princesse) : 90
Thierry d'Argenlieu (amiral) : 216-217, 230-235, 242, 245, 259-262, 265
Thieu Tri (empereur) : 74
Thorez (Maurice) : 214
Thuong Tan Thi : 101
Ton That Han : 56
Ton That Sa : 44
Tran Cao Van : 70-74, 86, 148, 282
Tran Trong Kim : 179
Tran Van Don : 243, 246-247, 257, 269

Trocard (lieutenant-colonel) : 247
Tru : 73
Truong Nhu Cuong : 25, 27, 33, 40
Tu Duc (empereur) : 14, 58, 196-197

Ung Chan : 14

Vallon Hoazeau : 208
Van Sa (voir Duong Van Sa)
Vavasseur : 111
Veloupoullé : 109
Vergès (Raymond) : 122-123, 133, 214
Viale (Marie-Anne) : 102, 266
Villèle (de) : 187
Vinh Chuon : 108, 114, 208, 218
Vinh San (Claude) : 104, 106-107, 109, 121, 138, 208, 266-267, 271
Vinh San (Georges) : 270-271
Vinson (docteur) : 147
Vuong Quang Nhuong : 267

Wattebled (Charles) : 112

Youssef (Sidi Mohammed ben) : 248-250

Table

Avant-propos 9

Introduction 13

1. Une succession difficile 21
   Que faire de l'empereur Thanh Thai ? 23
   Un empereur enfant 29

2. Neuf années de règne 35
   Un enfant dans la Cité impériale 37
   Grand pontife entre Terre et Ciel 52

3. Insurrection manquée 63
   L'échec 69
   Une succession dans la précipitation 79
   Jugement et exil à La Réunion 85

4. Vingt-huit ans d'exil 95
   Un citoyen tout simple… ou presque 96
   Autoportrait 112
   Pas de politique indochinoise 115
   Franc-maçon convaincu 117

Devenir français et vivre à Paris 124
Duy Tan et quelques autres exilés politiques...... 130

5. De la TSF à la Résistance 137
Un sans-filiste hors pair 138
Dans une colonie vichyste.................................. 142
Du Lazaret au Léopard 149

6. Dans les Forces françaises libres 159
Mission à Madagascar... 162
L'Annam lié à la France 167

7. « J'ai conscience d'avoir servi la France comme mon propre pays »............................ 177
L'Indochine sous la botte nipponne 177
La mission de Boissieu.. 182
Testament politique 190
« L'âme de la terre natale vous parle »............... 195

8. Chef de bataillon ou empereur ?..................... 201
Paris et l'Allemagne 202
« Mon état-major ».. 213

9. Le « dessein secret » du Général 223
Restaurer une « dynastie solide »........................ 225
La solution Vinh San vue d'Indochine 230
Une rencontre historique 234
Préparatifs militaires... 243
Vinh San et Sidi Mohammed ben Youssef......... 248

10. « Vraiment, la France n'a pas de chance »..... 251
La catastrophe 252
Un sabotage anglais ? 254
La mission Paul Mus.. 259

11. *Post mortem* 265
« Préparez vite le trou dans lequel on finira bien, j'espère, par me glisser, d'ici l'an 2000 »... 268
Nostalgie d'un empereur patriote 273

Annexes 277
1. Abdication de l'empereur Thanh Thai en faveur de son fils le prince Vinh San (3 septembre 1907) 279
2. Circulaire relative à la déposition de Duy Tan (15 mai 1916) 281
3. Lettre du prince Vinh San au ministre des Colonies, Marius Moutet (5 juin 1936) 285
4. Testament politique du prince Vinh San (mai 1945) 290

Notes 295

Archives et bibliographie 325

Index 329

Pour plus d'information :

#lisez! engagé

www.lisez.com

Imprimé sur du papier issu de forêts gérées durablement.

CET OUVRAGE A ÉTÉ ACHEVÉ D'IMPRIMER SUR ROTO-PAGE
PAR L'IMPRIMERIE FLOCH À MAYENNE EN MAI 2023
N° d'impression : 102631
Imprimé en France